教学探究，交响共奏

中学课改研究

黎 军 著

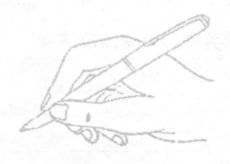

　　从每天的工作做起，潜心研究教学，用心研读教材，沐浴着新课程雨露的滋养，感受着新课改阳光的温暖，体验着课改收获的喜悦，自己的教学水平因此而不断提升，拾到自己心仪的"项链"。

中国国际广播出版社

图书在版编目（CIP）数据

教学探究，交响共奏：中学课改研究 / 黎军著 . ——
北京：中国国际广播出版社，2020.5
ISBN 978-7-5078-4669-0

Ⅰ . ①教… Ⅱ . ①黎… Ⅲ . ①中学—课程改革—研究
Ⅳ . ① G632.3

中国版本图书馆 CIP 数据核字（2020）第 031258 号

教学探究，交响共奏：中学课改研究

著　　者	黎　军
责任编辑	张娟平
装帧设计	有　森
校　　对	吴光利

出版发行	中国国际广播出版社［010-83139469　010-83139489（传真）］
社　　址	北京市西城区天宁寺前街 2 号北院 A 座一层
	邮编：100055
印　　刷	廊坊市海涛印刷有限公司

开　　本	710×1000　1/16
字　　数	271 千字
印　　张	14.75
版　　次	2020 年 5 月　北京第一版
印　　次	2020 年 5 月　第 1 次印刷
定　　价	48.00 元

绪 言

打开论文集，翻阅着自己那篇篇墨迹清晰的文章，一份份感动扑面而来。我倍感欣喜，宛如躬耕于陇亩的劳作者，手执着沉甸甸的谷穗，不由得回顾起二十年来的历练与跋涉，成功与失败、反思与实践……文字承载的意蕴太多，一串串鲜活的故事，渗透着人性的光辉，承载着我学海励耕的经历；一篇篇精美的文章，记录着心灵的对话，迸溅出我教坛探索的火花；一个个翔实的记载，再现着勤奋的场景，反映出我吐故纳新的思索。我围绕探究新课改下教师的教学如何才能取得最佳的效果这一课题，二十年来，撰写一篇篇教学论文、记录一个个教学场景、解读一篇篇教材内容、做好一个个科研课题，这些都需要毅力、耐心、勇气、执着和智慧。朱永新曾说，写教育日记，开展课题研究，要从记录教育现象、记录自己的感受开始，把一串串"珍珠"穿起来，那就是一条美丽的项链。从每天的工作做起，潜心研究教学，用心研读教材，沐浴着新课程雨露的滋养，感受着新课改阳光的温暖，体验着课改收获的喜悦，自己的教学水平因此而不断提升，拾到自己心仪的"项链"。

教育是心的事业，心路的历程在岁月的风化中不留痕迹，所以需要用一种文字、一种形象、一种声音记下从教的峥嵘岁月。空暇之余，捉笔撷取。今天以论文集的形式攒缀封存的零散的记忆，就是为了记录我教坛耕耘者多年来的心迹，希冀与参阅者形成一次交流，得到一些启迪。

苏霍姆林斯基说："如果你想让老师的劳动能够给老师带来乐趣，使天天上课不至于变成一种单调乏味的义务，那你就应当引导每一位教师走上从事研究这条幸福的道路上来。"育人的事业充满乐趣，身为园丁，自带清香，在促使学生成长的同时，自己也在学习中发展，反思成长，追求卓越。"赠人玫瑰，手有余香"，我们把美好的东西无私地奉献给学生，自己也一定能收获到美好的东西。

"苔花虽米小，亦学牡丹开。"这是一种心态，更是一种精神。"而今迈步从头越"，"活到老，学到老"，"身无彩凤双飞翼，心有灵犀一点通"。在以后的教研之路上，我会在更广的领域、更深的层面开展教育教学研究和实践，用笔记录下身边的故事、教学的机智和心灵的足迹，让思烁的火花绽放精彩，让行动的成果积淀希望。

作者

（辛卯年丙申月戊子日戌时于石桥中学）

教师，仅有爱是不够的

如果借用古希腊神话人物来比附教师，那么，他就是给人类送来天火的普罗米修斯，光明象征的太阳神阿波罗，爱与美的化身阿芙洛狄特，智慧女神雅典娜，文艺女神缪斯。他高举真理的火炬带领人类穿越愚昧的大森林，他拥有善良的灵魂温暖世道日益沉沦的冰河期，他怀揣美好的情怀呵护人们追求天真的童稚心。

是的，教师就是真善美完美结合的化身，就是知情意高度和谐的象征。这也许是我 20 世纪 80 年代两度弃政从事基础教育，90 年代不懈坚守中师教职，2000 年勇于挑战高等教席，所形成的人生经历和生命刻痕吧。所以，我一直固执地认为一个有追求的教师应该历经，并依次递进的三种境界是：养家糊口的职业境界，教书育人的事业境界，完善自我的审美境界。这就是爱的境界：爱天真烂漫的学生，爱三尺讲台的岗位，爱呕心沥血的专业。

今天，当翻阅了一本来自偏远山区学校一位普通教师的教育文集后，我不得不重新审视"爱与教师"的命题含义了。那么，这是一位什么样的教师呢？他有什么样的辉煌业绩呢？他这本文集又写了些什么呢？带着这种种疑问，我们先认识认识一下作者。

黎军，四川省达县石桥中学教科室主任，中共党员，中学高级教师，达州市首届骨干教师，达县第四届骨干教师，达县第五届学科带头人，达县教育学会会员，多次荣获"优秀教师""优秀班主任""优秀共产党员"等荣誉称号。长年担任班主任工作和高中毕业班的思想政治教学工作，近年来担任以下课题的主研：市级课题"农村初中弱势群体学生教育优化策略研究"和"高中文言文教学策略的研究"、国家级电影课题的子课题"中学电影课与书本课有效结合途径研究"，他有多篇教研文章在国家级、省级刊物上发表，还有不少文章在市、县教育主管部门举行的征文竞赛中获一等奖。

平心而论，作者的经历并不特别曲折，业绩也不十分优异，影响还有待提高。和我仅有一面之交的黎军老师是什么打动了我，并让我若有所思呢？那就是在爱的强大力量源泉促涌下，对教育的思考和对思考后的理性认识，并形成了这洋洋二十余万字的思维成果。尽管他的思考深度还须进一步提高，厚度还须进一步增强，宽度还须进一步拓展。但是，他毕竟勇敢而坚毅地迈开了思考的步伐，并沿着这条崎岖的山路持之以恒地走下去。这在教师社会处境不断边缘化、教师人格魅力不断矮小化、教师个人素质不断低档化的当今，不少教师职业倦怠，甚至忙于创收，个别教师无心从教以致误人子弟，黎军老师的思考就显得尤为突出和重要了。退一步讲，黎军老师即使闲暇之余，茶楼打牌，网上偷菜，平时回家看电视，周末外出去钓鱼，也无可厚非。但是他一头扎进书堆，两眼直视电脑，三心思索教育，四季遨游学海，不论其成就有多大，学问有多深，影响有多远，但其精神可嘉，其勇气可贾，其行为可效，其意义真是可圈可点。

重要的是，他启发我们作为"人类灵魂工程师"的教师，仅有爱是不够的，还必须有思考，仅有思考是不够的，更应该有行动：教育过程的实践和教育问题的思考。

四川文理学院　范藻

2011 年 10 月 14 日夜于莲湖山庄

目 录

第一章

课前准备

KEQIAN ZHUNBEI

四 "三"思路是奏响课堂高效婉转悠扬的交响曲

——贯彻新课改、深化高效课堂、优化备课方略之我见

课堂教学的高效是指通过教师引领和学生配合，在常态化的课堂教学中，在一节课内高效率、高质量地完成教学任务、学生高效掌握知识、分析问题的能力得到高效提升的过程。评价一堂课是否高效主要是看教师的教学能否实现预期教学目的、是否高效地促进学生的发展。课堂是否高效关键在教师，看教师研读教材的功夫、对教材的精心取舍与提炼、课堂的精心设计及教学的科学规划，教师能否不失时机地对知识进行引导和提升。而这一切与教师的备课、如何备课、怎样备高质量的课有关。

"备课"是实施教学高效的首要前提，是师生双边教与学的先导，是教师上好课的关键因素之一。备课不等于只写教案。备课包括钻研教材、储备信息、了解学生、考虑教学思路和教学方法、构思教案等。写教案只是备课的最后一个环节，即把钻研教材等方面的构想（教学的目的、要求、重点难点、教学过程和方法等）记录下来，是教师讲课的"备忘录"。所以备课在实施高效教学过程中占据着十分重要的地位。

为了实现课堂教学的高效，自 2013 年以来，结合学校实际，我在高中三个年级中进行了长达三年的探索与实践。三年来的实践证明：课堂教学高效与否的关键是抓好备课环节。为此在备课中必须坚持四"三"思路，即贯穿新课改理念做到"三坚持"；列举实例立足"三实际"；引用备课资源注重"三研读"；编写教案做到"三设计"。

一、贯穿新课改理念做到"三坚持"

"为了一切学生的发展"是新课程的核心理念。因此，教师在备课中要坚持以促进学生发展为本的备课观念，认真编写课时教案，明确备课不仅要实现传授知识和培养技能的教学目标，还应顾及学生的健康成长和长远发展。教师不仅要考虑课堂上让学生学什么、怎样学，更应考虑这样学对学生的发展有什么作用，时时把学生的需要放在首位，为促进学生的全面发展服务，为学生的幸福成长奠基。我认为，

备课中应做到三坚持：坚持"以促进学生全面发展为本"的教育理念，坚持"以提高学生学科素养为本"的课程理念，坚持"以指导学生练习运用为本"的实践理念。在教学设计中，以促进学生的生命发展为核心，着眼于学生的情智发展，提升学生的思想境界；以学生为本，着力于学科实践活动，以质疑启迪智慧，激发学生的潜能，积淀学生的文化修养；以兴趣激发情趣，着重于学科内化，培养学生的人文素养，塑造学生的人格品质。

（一）备课应坚持"以促进学生全面发展为本"的教育理念，是因为学科教学是一项直面生命并以实现生命价值为目的的活动

备课应当"以学生为本"，涉及学生的身心健康，教师的备课应当充满情感关怀，关注学生的自然发展、生命的健康成长。传统的教案普遍存在着两种倾向：一是教学的单向性，以"教师为本"，即以教师和课本为中心，更多是考虑教师如何把课本知识内容讲得准确无误，精彩完美，使教学内容重点突出，难点到位，而忽视学生的学习情绪，学习的主动性和自主性；二是教案的封闭性，即教案是老师自备、自用，是专为教师的"教"而设计。而忽视了学生如何"学"，缺少公开性和透明度。这样学生在上课前对教师的教学意图无从了解，学生上课只能是一种被动接受，这样的教学与发挥学生的主体性，提高学生素质的要求是背道而驰的。备课凸显"以促进学生全面发展为本"的要素，是为了在教学中更多地关注学生的生存状态和精神自由，体现课程工具性与人文性统一的基本特点。教学的艺术在于营造气氛，创造心灵的共振，拨动心灵的琴弦，做好空间的文章；教学的科学在于发展学生的思维，追求思维的创新，提高习作的效率，做好时间的文章。因此，我们备的课应建立在以学生为本的基础上，能让学生知道教师的授课目标、意图，让学生学习能有备而来，给学生以知情权、参与权，在所设计的教学过程中，教师扮演的不仅是组织者、引领者的角色，而且是整体活动进程的调节者和局部障碍的排除者角色。

（二）在备课中坚持"以提高学生学科素养为本"的课程理念，是因为"学科素养"是"学科教学"的家

"以提高学生学科素养为本"的基本内涵有四点：一是培育学科语言素养。在让学生阅读教材时，能体会和感受到学科语言的精妙之处，并能透视其中的言外之意、弦外之音；在自己运用时，随心所欲地调动你的知识储备，并尽可能地让自己使用的学科语言具有意味；不断地积累，不断地分析比较，不断地借鉴吸收，不断地加以实践运用。二是提升文化素养。教师在备课的过程中既要全面，又要突出重

点，既要细致、具体，又要大胆取舍，一切视学生的实际需要而定。该详则详，该略则略，但必须完整、准确，不能只言片语，不能断章取义，更不能妄下断语。三是拓展心智素养。备课时应想到，在阅读指导和评价的过程中，必须启迪学生的思维，让学生对感知的过程充满兴趣和热情；必须满足学生的求知欲望，让他们在不断的探索发现中获得更高更深的感悟；必须注意学生的认知方法，让他们以一种理性而科学的态度面对未知的领域；必须注意他们积极而健康的人生态度，让他们在不断深化的阅读、鉴赏、审美过程中，能形成对社会人生的正确看法；必须让他们具备一种认知能力，在不断分析、归纳、比较、综合中，形成一种敏锐的洞察力和准确的判断能力。四是丰富情感素养。备课时应注意到，在教学的过程中，主要体现在学生对社会对人生应有的积极健康的态度；体现学生对社会生活的充满热情的关注；体现学生感知领悟知识对象时情感的正确导向。因此，在教学中，我们应该积极引导，努力使学生形成健康而丰富的情感，引导学生正确地看待生活，看待人生，正确地把握和处理成长过程中所面对的问题；正确地处理好个人与集体、个人与国家民族的关系，正确地处理社会中遇到的各种问题。使学生在教师的指导和培养下，形成健康而丰富的情感世界。要让学生思辨，要让学生借鉴，要让学生取舍，要告诉学生获得健康情感的途径。具有了健康而丰富情感的人，才有可能是对社会有用的人，才有可能是对时代有所贡献的人，才有可能是具有强烈的责任感与使命感的人。

（三）在备课中，坚持"以指导学生练习运用为本"的操作理念，具体体现在有效的科学指导上

衡量学生是否学会课本知识，不是看"理解"了多少知识和规律，也不能仅仅看"积累"了多少知识，而是应该看他是否能够熟练地"运用"知识分析和解决实际问题。因此，在备课时教师应做到心中只有学生，促进学生情智发展。"以指导学生练习运用为本"的基本要求是强调多元、崇尚差异、主张开放、重视平等、推崇创造、关注边缘群体，实现和谐课堂，使每一个学生都得到发展。教学设计应能开启心窍，举一反三地创新练习，其练习过程中应该做到"四导四有"：教师导源→使预习充满情趣；教师导路→使预习过程探究得法；教师导悟→使学生开卷有益；教师导评→使学生言之有理、借鉴有法。教学设计的重点在"导"，变传统的讲授式的"要我学"为学生积极主动参与式的"我要学"。所以要想到如何才能把整堂课"导"好"导"活，让学生真正学到知识，提高能力。因此一是教案的编写要能够最大限度地调动学生的积极性，充分体现"学为主体、教为主导"的思想，

把学习的主动权真正还给学生；二是教学设计时要把握住导学的时机，采取有效的手段，真正调动学生的积极性。学校要求教师在设计教学方案时，要给学生预留出他们参与和创造的时间与空间，提供学生心灵驰骋的平台。在设计激发学生释放潜能的活动时，要多站在学生的角度来考虑和预设突破口。如政治教学中要在学生兴趣所在的集中点预设切入；在多元和有争议处预设切入；在重难点或理解的关键处预设突破口；在学生学习最困惑之处预设切入；等等。兴趣点，可以激起学生关注的热情，从而引发学生的多元智能；争议点，可以调动学生自我潜能的释放，从而发展学生的多元智能；主题点，可以诱导学生深入把握教材内容，以突破重点，从而体现学生的多元智能；困惑点，可以召唤学生追问思索，从而提升学生的多元智能。

在备课中教师只有做到三个坚持，才能实现三个转变：第一，目标转变。变单一的传授知识目标为"三维目标"。第二，评价转变。变只重知识积累、只重学习结果的质量评价体系为重过程、重学生全面素质的综合评价。第三，备课重点转变。变重备"教师教"为重备"学生学"，变"教案"为"学案"，变重"教教材"为重"用教材教"。

二、列举实例立足"三实际"

许多教师备课时，没有认真研读课标、深入分析教材、了解学情，而是急于从网上查找与上课课题相关的教学设计、课件以及相关资料，然后花大量的时间去下载和"研究"这些资料，找出每个教学设计、课件的"精彩"之处加以合并，然后稍做修改，一堂课的教学设计就这样完成了。这样的教学设计，不能激发、促进、辅助学生的学习，不能保证教学面向全体学生，不利于教学过程最优化。我们备课的根本任务是通过发现、分析和解决教学问题来提高教学效率。因而备课中设计教和学的方案，应着眼于教学条件与教学策略之间的互动，注重教学结果的高质量：达成教学效果、教学效率和教学吸引力的统一，实现"减负增效"、促进学生全面发展的目的。学校要求教师备课之前应该做到以下三方面：

（一）教师必须换位思考，研读学生实际

教学的根本目的是促进学生的发展，教学过程中最重要的任务是发展学生的主体性，教学设计的过程首先就是深入研究学生的过程。因此，教师备课时要换位思考，把"假如我是学生"作为座右铭，坚持主体性、差异性和发展性原则，了解学生的学科认知特点和规律、知识基础、经验、生活关注点、能力情感因素及身心特征。树立"教为学服务"的新思想。要深入具体地了解每一位学生，了解他们对所

学知识是否感兴趣，有多少知识准备和心理准备，能够搜集到哪些相关资料，有哪些学习困难等。在此基础上，准备指导方案，以便更好地为学生的学服务。这样就彻底改变了以往备课时以教师怎样教，学生再怎样接受的"以教论学"的备课思路，树立起全新的"以学论教、以教促学"的指导思想。

（二）教师必须熟悉实际环境

《标准》明确指出："要努力建设开放而有活力的学科课程。"这一理念就要求我们的学科课程应植根于现实，面向世界，面向未来，要拓宽学科学习和运用的领域。因此，搜集、整理、合理利用各种资源是我们备课时要考虑的重要问题。其实，学科的学习资源和实践机会无处不在，可以说教师、学生、教材、周围的环境、现实生活、其他学科的相关知识等都是丰富的教学资源，关键看教师备课时能不能"独具慧眼"，认真发现这些可供使用的资源，海纳百川，使我们备课储备的资源广博而深刻。教师要在教学中给学生一个精彩的学习环境，就应该在备课时设计教学的过程中了解环境，了解环境主要应了解学生群体的内环境和课堂教学的外环境。

（三）教师自身实际

所谓"知己知彼，百战不殆"，每个教师都有优点和缺点。一节课能否成功的关键，是看教师是否能够扬长避短，按照自己的习惯把自己的长处发挥得淋漓尽致。因而，在教学设计中教师必须自我解剖，知晓、了解自己的长处和短处，选择适合自己的教学方式。备课中教师思考的过程就是从狭隘走向广阔的过程。人的胸怀比天大，每一位教师应不断学习新课程理论，把握中国文化和先进生产力发展的方向，努力使自己的思想和国际接轨，这样，我们就能高瞻远瞩、胸襟广阔、视觉开阔；我们的头脑就不会固执，思想就不会僵化。

三、运用备课资源注重"三研读"

著名特级教师靳家彦执教四十余载，备课小有心得。他说：备课如同打井，只有深钻，才能得水。我在备一课时，总要先放声诵读，一丝不苟，反复吟咏，口诵心惟，如朱熹所言"使其言皆若出于吾之口""使其意皆若出于吾之心"。教师在备课中应做到"三研读"，即研读课标、研读教材和研读教学资源。

（一）研读课标，依据课标，忠于课标

在设计一节课时，研读课标主要应研读课程目标和课程内容标准，认真研究

学生在课堂上知识与技能、过程与方法、情感态度与价值观等方面所应达到的基本要求。

（二）研读教材，立足教材，超越教材

研读教材应依据课程教学目标"直读"教科书中直观素材的编写意图：教材编写者为什么要设计这个内容？其目的何在？对于这节课的整体目标有什么作用？这个题材对我的课堂、我的学生能用吗？如果不能用，改用哪些替代材料更合适？……另外，还应挖掘教科书中直观素材背后的隐义。

（三）研读教学资源，充分运用，优教促学

教师在选用教学资源时应该从优教、促学两方面出发，提高使用的有效性。"优教"指教学资源的内容和形式有利于教师科学组织课堂教学。"促学"指材料内容和形式符合学生的认知规律和学习需求，能激发学生主动学习的愿望，提高学习效率。因而教师在教学设计过程中应钻研教学资源的科学性、合理性和典型性，并能在课堂上充分运用，以促进教学。要全面提高学生的学科素养，备课时就要充分研究学生的知识水平、能力状况，对他们在情感、态度、价值观的发展上处于何种状态做到心中有数。教材前后的联系很密切，要从纵、横两方面研究它们的内在逻辑，重视知识、能力、智力的提升线路与范畴，促进学生得到切实的发展。然而，传统的教学设计无视这一因素，仅仅把教者、教参和课本作为全部资源。在备课中，学生全部的知识、经验、智慧和学习的内在动力都应当为教师所用，成为教学的动力之源、能量之库。最大限度地发挥和利用学生这一教育资源，是教育的新境界。同时，还要充分利用生活中的学科资源，在备课中应充分考虑到，生活的周围时时处处都存在与学科相关的知识，如学校、商店、广告、商标等上的图文都是学生学习的不尽资源；电视中的评论性节目、新闻报道、健康的歌曲、报章杂志上的文章等一并成为学生学习的好素材。如果把这些内容纳入教学设计，学生不仅学到了活生生的学科知识，更重要的是养成了留心观察身边事物的习惯，开阔了视野，为今后的可持续发展奠定了良好的基础。

四、编写教案做到"三设计"

教案编写应做到"三设计"，即设计学习目标、设计教学过程方法和设计教学情境。

（一）设计学习目标

一堂好课应有明确具体的学习目标，学习目标既是课堂教学的出发点，也是课堂教学的落脚点，它支配着课堂教学的全过程，规定着教与学的方向。怎样设计学习目标呢？其一应依据课标并对课标进行分解，学习目标不是课标要求的重复，而是对课标要求的创造。其二进行学情分析，调整学习目标，即将操作目标结合学情分析进一步细化。学情分析包括教学起点分析，对学科知识、学生和教师进行的全面分析以及对学习环境和学习资源的正确分析。以往，人们主要把教学目标定位在对知识特别是教材内容的掌握上，对教材以外的目标考虑较少。当前，在现代教学思想的指导下，课堂教学目标的确立越来越强调促进学生的发展为根本宗旨。这里所说的学生的发展包含三个层次：一是基础性目标。指国家颁布的教学大纲和课程标准中所明确规定的学生必须掌握的学科基础知识、基本技能及基本学习能力和相应的思想品德。它是对学生提出的一般要求，是教学质量的基本体现。基础目标体现在课堂教学中，应明确、具体，有层次性和可操作性，并能反映各学科的不同特色。二是发展性目标。这是提高目标，主要表现为学生的主体性发展。主体性是学生作为认识、实践和自身发展主体的本质属性，是全面发展的学生的根本特征。主体性发展目标主要包括自主性、主动性和创造性三方面。自主性又称独立性，集中表现为自尊自信、自我调控、独立判断、自觉自理等。主动性是对现实的选择和对外界适应的能动性，集中体现在学生对学习的选择性和对社会的适应性上，主动性强调学生有高的成就感，强烈的竞争意识，浓厚的学习兴趣和求知欲，主动积极地参与教学并有很强的合作交往能力。创造性是学生在现有知识的基础上，对知识进行加工、提炼，得出简练的方法或对知识的高度概括。是对现实的超越，是主体发展的最高表现。主体性强的学生不仅表现出强烈的创新意识，而且具有创新思维能力和动手实践能力。三是体验性目标，主要表现在课堂教学注重通过教师与学生间的情感交流，形成民主和谐的课堂教学心理气氛，让各个层次的学生都能获得亲自经历或成功的心理体验，感受到课堂生活的乐趣和愉悦。

（二）设计教学过程方法

人们常说，教学有法，教无定法，贵在得法。教学有法是指教学时有法可依、有法可循。常用的教学方法有讲授法、谈话法、演示法、实验法、发现法、自学辅导法、引探教学法、合作教学、探究式教学等。教无定法是指在实际教学时，没有固定不变的教学方法，所以教师在教学设计时要根据教学内容、学生的年龄特点、接受能力以及自己的教学风格，选择恰当的教学方法，以达到最佳的教学效果。

一堂课的教学必须切实解决一两个真正需要解决的问题，切忌蜻蜓点水。"面面俱到，等于不到。"设计教学过程方法应做到"三定"：一是"定标"，即确定教学目标的依据。是课程标准，是学段要求，而它直观地体现在教材编者精心设计的教材后面的"思考·练习"中。据此，目标就易做到准确、简明，就能避免教学中面面俱到的现象，有效克服常见的承载太多使命而把教材教"肿"了的弊端。准确、简明的教学目标。要实现"三维"的整合，做到在学科知识获得、学科能力形成的过程中掌握规律方法，形成正确的情感态度价值观；要突出学科教学的个性。二是"定点"，即定点设计具有探究性的学习过程，精心设计具有实践性的教学活动，巧妙设计具有开放性的问题。具体地说，如备课先备学。哪一块应怎样学，心中有数。学习的形式要多样（预习、快速浏览、自由读、精读）。读书要有层次，每次解决一个什么问题，要有目的，要心中有数。重点部分要鼓励学生精读，直到理解。养成良好的学习习惯，边读边划，不动笔墨不读书。每节课读书的时间不少于 10 分钟，等等。三是"定法"，即选择确定的教学方法。方法要科学、管用。可用哪些方法，采取哪种手段，哪种方法、手段最能调动学生的学习积极性，效果最佳……这些都是"定法"的内容。科学的教法，适时地点拨提示，持之以恒地潜移默化，学生学科能力的提高自在其中。

（三）设计教学情境

教学情境就是以直观方式再现书本知识所表征的实际事物或者实际事物的相关背景。创设情境既要为学生的学习提供认知停靠点，又要激发学生的学习心向。教师在教学设计过程中可借助实物和图像、动作、语言、新旧知识与观念的关系和矛盾、问题等创设基于生活、注重形象、体现学科特点的教学情境。

备课过程中的三个设计要过好两关。

第一关是学生关

学生的学习基础、学习兴趣及学习能力，是教师设计教学的出发点，了解学生的学习意向，体察学生的学习情绪，诊断学生的学习障碍，从而确定有效的、切实可行的教学对策。

第二关是教材关

吃透和挖掘教材的育人因素，立足学生的全面发展，解决全面育人问题；吃透教材的编写意图、知识体系，解决知识的结构问题；吃透教材中对不同层次学生的学习要求，解决因材施教、"差异教育"问题；吃透让学生参与知识发生、发展与应用全过程的脉络和布局，把握住知识的停靠点、能力的生长点和思维的激发点，解决学生思考、参与、探求的问题。

总之，教师的备课是为了上好课，而不是为了写教案。备课是一个教师的良心、责任心、文化底蕴、教学能力的综合，它凝聚着教师钻研的心血与汗水，构建出具有个性特色的教学方案以指导教学。从这个意义上来看，备课没有特定的框架模式，也不应该要求所有教者千篇一律，而应该大力提倡有创意的、独特的备课风格，使教师的备课和课堂教学更鲜活起来。三年来的实践证明：在贯彻新课改的今天，如果我们的教师重视备课环节，坚持四"三"思路，那么好的备课就犹如交响曲必将使课堂奏出一曲曲婉转悠扬的高效乐章。

拿到新教材后……

今天是开学第二天，上午第一节课，当我从周念华老师那里拿到高二年级的政治课本向办公室走去，边走边翻着这带有清香的教材。这本教材的内容是全新的，突然心灵深处涌出一种不可名状的滋味，它使我感到焦躁不安，我知道那是一种没有底气的不安，一种手足无措的烦恼，这种不安和烦恼取代了多年来教学成功的喜悦，竟从心底涌现出一种如履薄冰的恐惧。我把书放到了办公桌上，习惯地用手搓了搓两腮，深深地呼了一口气，振奋起精神，调节心情，唉！该来的还是要来，该我做的我还要做！趁着今天没有上课，把课本浏览一遍，做到心中有数，然后确定本期的教学计划。

订好了计划后，心中那股不安随即被一种跃跃欲试的冲动所代替，自信又回到我的身上。我翻开从网上下载的高中政治新课标，仔细阅读和分析，试着从中找到本册教学重点，勾画本期的教学总体思路。

翻阅了新课标，学习之余觉得找到了些感觉，思路逐渐地清晰起来。

于是，我拿出备课本，很迅速地制订了本期的教学计划：

一、课堂教学

更新教学策略和评价方式，采用影视教学、策划丰富的活动等，以适应激发学生的学习欲望，推进新课程改革。

让学生掌握文化的含义、作用，理解文化对人的影响，通过了解文化的多样性，使我们明白在继承民族优秀文化的同时，必须接纳世界其他民族的文化，从而弘扬我们中华民族的民族精神，创新我们的民族先进文化，培养学生的人文素养。

在让学生理解这些内容时，先设置问题，让学生通过看电影片段，模拟电影片段及自制电影片段合作、探究解决问题。

对学生的学习评价是在原有的评价基础之上，"采取以教师自我评价为主，学生、同事、学校领导、学生家长共同参与的评价方式；特别要关注教师是否认同并完成本课程教学目标，是否尊重学生的自主发展和人格完善"的开放的教学评价方式，关注学生的能力发展。

二、课外教学

（1）布置适量的作业，主要是一些开放性的主观试题，以强化学生对知识的理解和应用，培养学生的答题技能。

（2）继续开展影视资料的收集、编制活动。目的是发挥学生的主体作用，让学生通过上网、查阅报刊、收看电视根据实际情况"能动地去寻找、认识、选择与教材相联系的资料或边缘资料"；在此基础上，学生在教师的指导下，设计情景，模拟电影片段并录制或在教师的指导下，设计情景，自编动作，自制电影片段。

三、写学习体会

这学期我打算开展一些趣味丰富的活动来调动全班学生的积极性，让他们把课堂教学与活动中的收获和体会以日记的形式记录下来。不在写多写少，而是让他们自发地去写出自己的所见所感，着重培养学生用政治术语，分析、提高解决问题的表达能力，培养他们学习政治的兴趣。

计划的制订终于完成了，但是具体策划实施还是要多动脑思考的，我坚信我会走进学生中去的，我的教学也一定会成功的。

2011 年 9 月 5 日晚

第三框政治生活：自觉参与

教材分析

《课程标准》要求"公民有序的政治参与是在党的领导下，遵循宪法和法律的权限、责任、程序参与政治生活"。本课内容讲述了在人民当家做主的国家，公民有怎样的政治生活，本着怎样的原则参与政治生活。

本课第一目《置身于政治生活》是情景导入，通过中学生参与政治的四个镜头，引导学生结合自己认识政治生活，思考中学生应该怎样参与政治生活。第二目《当代中国公民的政治生活》是情景分析，教材从四方面介绍了当代中国人政治生活的主要内容。第三目《我们要参与，我们会参与》是情景回归，引导学生明确我国公民参与民主政治建设的意义、途径和方式，提升参与政治生活所应有的正确态度和理性思考。

学生分析

学生的年龄特点和知识结构，对政治生活的兴趣不大，也不甚了解。在教学中运用多媒体教学的优势，吸引学生兴趣，组织一些合作探究活动，培养学生的能力。

教学目标

【知识目标】

（1）识记我国公民参与政治生活的主要内容。

（2）理解积极参与公共事务管理的方式及必要性。

（3）中学生应该怎样参与政治生活。

【能力目标】

（1）联系实际，结合所学内容，分析说明我们应该怎样参与政治生活。

（2）联系实际，培养应用能力，运用所学知识结合自己的体会和感受，增强参与政治生活的能力。

【情感、态度、价值观目标】

引导学生积极参与政治生活，幻想脱离政治或认为政治与自己无关是错误的，树立民主政治的参与意识。中学生应丰富参与政治生活的方式，进一步了解身边的政治生活，树立公民作为国家主人的责任感。以积极的热情参与政治生活，关心国家大事，增强责任感和使命感。

教学重点与难点

重点：当代中国人的政治生活的主要内容。

难点：公民怎样参与政治生活。

教学方式：

采用情景教学法，师生互动交流。

教学用具

PowerPoint 课件。

教学过程

【课前探究】

（1）组织学生网上查阅资料，初步了解教材的相关内容。

（2）思考课文中的"探究与共享"题。

【导入新课】

复习导入：我国公民的政治权利和政治性义务是什么？公民参与政治生活依法行使政治权利和履行政治性义务，要遵守哪些基本原则？结合教材四个镜头思考：

（1）这些中学生的行为有什么共同之处？

（2）根据自己已有的认识，你认为作为一名中学生，应该怎样参与政治生活？（有哪些方式和途径）

教师分析点拨：

（1）这些中学生都以热情的态度、以不同的方式积极参与政治生活。

（2）公民可以通过电话、信函、电子邮件、新闻媒体等多种形式提出自己的意见和建议……这些都是公民参与政治生活的表现。

那么，我们的政治生活有哪些内容呢？

【教学结构】

（一）当代中国人的政治生活

（1）行使政治权利，履行政治性义务

（2）参与社会公共管理活动

（3）参加社会主义民主政治建设

（4）关注我国在国际社会中的地位和作用

（5）树立社会主义民主法治理念

（二）我们总要参与，我们总会参与

（1）参与政治生活，必须明确政治生活的作用

（2）参与政治生活，学习政治知识是非常必要的

（2）参与政治生活，贵在实践

【师生互动】

（一）当代中国人的政治生活

（1）行使政治权利，履行政治义务。

情景设置：播放视频：奇志、大兵小品《110》

课堂设问：在小品中，有人打 110 电话进行无端骚扰、消遣、寻开心，在政治性权利与政治性义务方面上说明了什么？

提示：说明这些人不懂得怎样参与政治生活，只有权利意识而无义务意识。需要增强公民的责任意识。中国公民依法行使政治权利，依法履行政治性义务，是我们政治生活的基本内容。

（2）参与公共活动——体验参与社会公共管理活动。

课堂设问一：公民如何参与社会公共管理？（要求学生阅读思考后总结）

提示：从社会公共管理看，我国有公民自治管理和政府管理两方面。无论是哪一方面都有赖于人民群众的广泛参与。因此，依法实行民主选举、民主决策、民主

管理、民主监督，积极参与对社会公共事务的管理活动，是我们政治生活的主要内容。

课堂设问二：请举出自己所知道身边的参与社会公共管理活动的生活中的事例与同学分享。

教学过渡：公民可以通过多种方式和途径参与社会公共管理活动，这也是社会主义政治文明建设的主要一环。

（3）参加社会主义民主政治建设。

课堂设问一：回忆一下初中所学的党的基本路线是什么。

提示：党的基本路线表明社会主义现代目标是实现社会主义物质文明、社会主义精神文明和社会主义政治文明。发展社会主义民主政治，建设社会主义政治文明是社会主义现代化建设的重要目标。必须坚持党的领导、人民当家做主和依法治国的有机统一。

课堂设问二：怎样建设社会主义民主政治？

提示：最根本的就是要坚持党的领导，人民当家做主和依法治国的有机统一。这要求每个公民积极参与社会主义政治文明建设，发展社会主义民主政治，这也是我们政治生活的有机组成部分，也是我们的追求。

（4）关注我国在国际社会中的地位和作用。

课堂讨论：如何认识我们的伟大母亲——祖国？

情景营造：演示改革开放二十多年来的成就图片。

提示：随着我国经济发展，中国和平发展已是不争的事实。如今中国的声音在世界舞台上越来越响亮。我们只有认识世界，才能更好地认识中国。关心祖国的前途命运，维护国家利益，关注我国在国际社会中的地位和作用，维护世界和平与发展，也就成为我们政治生活中不可或缺的一部分。

（5）树立社会主义民主法治理念。

课堂设问一：同学们，现在我们的班无论是学习，还是参加学校组织的活动，同学们都积极参与，取得了一个又一个的成绩，成绩的取得离不开干部的管理，请同学们回忆一下开学之初我们班的干部是怎样产生的。

提示：他们是通过自荐及部分同学提名，然后通过无记名投票的方式，以得票的多少和听取任课教师的意见最终由班主任确定的。

课堂设问二：班支委干部的产生说明了什么问题？

提示：班支委干部的产生说明了只有发扬民主，才能调动人民群众的积极性，使整个社会充满生机与活力。这要求每个公民树立社会主义民主法治理念，这既是社会主义民主的应有之义，也是构建社会主义和谐社会的内在要求。

（二）我们要参与，我们会参与

（1）参与政治生活，必须明确政治生活的作用。

情景营造：我国第一次铁路列车价格听证在北京召开。

课堂设问："政治是大人的事，与我们中学生无关。"结合材料驳斥此观点。

提示：铁路春运价格涉及千家万户老百姓的利益，而听证会的举行表明公民积极介入政治有利于自身利益分配产生影响。我们在明确参与政治生活意义基础上，要培养关心社会事务和国家大事的观念，增强公民的责任感、权利意识与义务意识，激发参与政治生活的热情，自觉地投身于政治生活之中。

（2）参与政治生活需要学习政治知识。

课堂设问：生活中有人这样认为，人不能生活在真空中，政治生活的参与也是免不了的，但是，政治不过是些大道理，无须像其他学科那样学习。对这一观点，你是怎么看的？

提示：学习政治知识有助于掌握马克思主义的基本观点，提高分辨是非的能力，坚持正确的政治方向。参与政治生活，要学习政治知识。

（3）参与政治生活，贵在实践。

课堂设问：古人说"纸上得来终觉浅，深知此事要躬行"。"躬行"就是实践。结合书本 P14 探究题，你能提出哪些参与政治生活的方式？

提示：实践出真知，每个人只有在政治实践中才能不断提高思想政治素质，增强参与政治生活的能力。

【教学总结】

（一）对教材知识的归纳总结

演示：当代中国人的政治生活和"我们总要参与，我们总会参与"的结构示意图。说明当代中国人的政治生活是丰富多彩的，人们在政治生活中会认同这样一个信念：崇尚民主与法制。这也是中国民主政治建设的主题。作为当代的中学生，我们正在学习，我们已经参与政治生活，将来还将继续积极参与。

（二）合作探究

以"中学生如何对待政治生活"为主题进行问卷调查，并根据调查结果，政治小组以"中学生如何对待参与政治生活"为题，合作完成一篇政治小论文。

设计意图：通过调查，撰写小论文，使学生加强对当代中国政治生活的认识，并积极参与国家政治生活。

配套练习

单项选择

1. 社会主义现代化建设的重要目标是（　　）　答案：B

    A. 人民当家做主　　　　　　　B. 发展社会主义民主政治

    C. 行使权利，履行义务　　　　D. 公众参与，公开透明

2. "风声、雨声、读书声，声声入耳；家事、国事、天下事，事事关心。"这副对联启示我们（　　）　答案：D

    A. 读书是为了参与政治生活

    B. 政治生活是人们最主要的生活

    C. 在所有事件中，政治事件最为主要

    D. 政治与我们息息相关，应积极参与政治生活

3. 我们政治生活的基本内容是（　　）

    A. 行使政治权利，履行政治性义务

    B. 参与社会公共管理活动

    C. 参加社会主义民主政治建设

    D. 关注我国在国际社会中的地位和作用

    E. 树立社会主义民主法治理念

教学反思

本课内容以理论性知识为主，学生对于如何参与政治生活不甚了解，而且兴趣不强，所以在教学中尽量采用学生感兴趣的实例分析讨论，加强学生学习兴趣，并增强对政治生活的了解，教学效果良好。

《价值规律的作用》教学设计

教学目标：

知识方面：理解价值规律的三点作用。

能力方面：培养学生从现象中概括本质的能力，运用价值规律分析社会现象、处理经济问题的能力。

情感、态度、价值观方面：使学生在学习的过程中充分认识到自觉运用价值规律的重要性。

教学重点：价值规律的三点作用。

教学难点：培养自觉运用价值规律的能力。

教学方法：通过思考、提问、讨论、总结等方式，充分发挥学生的主体作用，达到突出重点、突破难点的目标。

课堂导入：上一节课，我们共同学习了商品经济的基本规律——价值规律及其表现形式。它的内容是什么呢？

（回答略）

那么在现实经济生活中，价值规律究竟发挥着什么样的作用呢？今天，我国最初的大哥大手机（砖头手机）摩托罗拉手机是在1995—1997年上市的，由于我国科技不发达，只能进口，所以一部手机的价格非常高，售价在1万元左右，因而当时能够使用手机的只有极少数人。到2000年，普通翻盖手机问世，手机行业的生产率提高，手机价格下降，一部手机当时的卖价在1000～1800元之间。由于价格适度，所以它开始风靡全国。

第一部分

PPT（1）2000年，国内几家企业率先进入了普通翻盖手机生产领域，当年在国内市场上一款手机所耗费的劳动量相当于600元左右，而市场价格则在1000～1800元之间。

问：假如是你，你此时此刻投资吗？

2001 年、2002 年智能手机生产厂家如雨后春笋般出现，仅深圳、东莞就超过 20 家，市场上智能手机产品数量激增，品牌多达 20 余种。

问：你觉得还会涨吗？

PPT（2）到 2003 年底，大量厂商疯狂涌入，致使订单直线下降，利润不断降低。到 2004 年，原来最高卖到千元的手机，市场最低价不足 500 元。大批厂商倒闭或转产，仅东莞就有 8 家。

问：怎么会如此波动呢？

答：略。

PPT（3）

问：跟着价格走就一定能获利吗？如果是你，你将如何选择投资呢？

（讨论）答：略。

小结：价值规律自发起作用，引起盲目投资，市场供大于求，资源浪费。不盲目投资，而应自觉运用价值规律，增强市场意识。

第二部分

正当许多厂家纷纷退出的时候，一些有实力的竞争者却在这一行业中蒸蒸日上，天语便是其中一家，天语手机品牌家喻户晓。它是怎么做的呢？

PPT（4）

创业理念：自主创新，产业报国

管理模式：注重团队、支持员工发展、公司与员工循环。

结果：大大提高了劳动生产率，2004 年销售量超过全球前三的智能手机生产商。

问：天语为什么如此重视技术改造和企业管理呢？包含着什么样的经济学道理？

答：略。

问：为什么一定要提高劳动生产率呢？

PPT（5）

答：略。

问：你作为生产厂家，将如何使自己的产品在同类产品中处于优势地位？

（讨论）答：略。

小结：大家都在重视自己企业的劳动生产率的提高，想出了许多的好办法，从中我们看到了科技的作用。在这个行业当中我们做得不是最好的，但我们也看到了自己努力的方向——靠科技，靠创新。要具备科技意识，创新意识。

第三部分

事实上，每一个企业都在努力提高自己的劳动生产率。但并不是所有的企业都能做到，并不是所有的企业都能提高劳动生产率。在竞争中，许多企业被淘汰了。

PPT（6）

问：为什么会这样呢？

答：略。

PPT（7）

问：我们如何看待优胜劣汰这一结果呢？

小结：必然结果；企业增强实力；产品更好；减少浪费，资源合理作用。

综述：通过以上三点作用，我们可以看到价值规律在经济运行中确实就像无形的手一样使得资源得到优化配置。作为经济活动的参与者，我们应该充分认识价值规律，并在现实生活中自觉地运用它，让它为我们的经济发展服务。

板书：略。

教学评价：

《价值规律的作用》教学点评

黎军老师这节课，以教师角色的转变促进学生学习方式的转变，教材处理恰当，选材贴近学生实际，体现了新课程改革的基本理念，是一节较为成功的优质课。

（1）贴近学生生活，注重德育课学习的生活化。黎老师根据教学内容特点，选取"智能手机"为实例，一例到底，把学生的课堂学习同他们的学校生活、家庭生活和社会生活有机结合起来。材料贴近学生生活实际，使学生有话可说，有话要说，有话能说。随着情景的发展，不断抖出问题，激发了学生的探究欲望、表达欲望，点燃了学生的智慧之花。使学生感到所学的知识就在身边，学了知识就能解决生活中的问题，体现了"政治学习的生活化、学习生活的政治化"。

（2）留有思维空间，有利于培养学生的创新能力。黎老师在教学中善于并多次给学生留下思考空间，充分发挥了学生的主体作用。他采用探究式教学法，让学生针对问题自己讨论探讨得出结论，做到了过程与结果并重，了解了知识的来龙去脉，给了学生一个进行思考和表现、张扬个性的机会，使学生的学习过程不仅仅是一个接受知识的过程，更是一个再创造、再发现的过程。

（3）体现了学生学习方式和教师角色的转变。本课教学中，教师不再是课堂的主角，而是学生学习的帮助者、组织者和合作者，注重引导学生进行自主、合作、探究学习，整节课以学生活动为主，体现了生生互动、师生互动，使比较深奥、枯燥的一节课变得生机盎然，使学生在争论、快乐中获得了知识、提高了能力。

（4）超越教材，丰富了学生的课程资源。郝老师打破了"教材是上课的唯一法典"的旧观念，在教学过程中，利用学生已有知识和经验，结合学生生活世界，寻找课堂的支撑点与结合点，做到了创造性地使用教材，体现了"用教材而不是教教材"新理念。

（5）体现了现代教育技术与学科的整合。在整个教学中，黎老师运用多媒体也恰到好处，生动形象，直观入眼、入耳、入心，既激发了学生学习兴趣，又环环相扣，使多媒体的作用得以充分发挥。

（此公开课的教学设计在达县电化教育馆于 2006 年组织的达县中小学远程教育资源应用——说课竞赛活动中荣获一等奖）

《市场交易的原则》教案

一、教学目标

（一）知识方面

识记：市场交换原则的含义及内容；

理解：市场交易原则的作用；

运用：辨别各种交易行为是否违反了市场交易原则。

（二）能力方面

（1）比较能力：通过比较市场交易各原则之间的区别和联系，提高学生的比较能力；

（2）辨别能力：分析交易活动，运用所学知识，辨别市场交易活动是否违反市场交易原则，提高学生的辨别能力；

（3）情感态度价值观方面：自觉遵守市场交易原则，保证市场交易健康、正常、有序地运行，自觉抵制不法交易，增强社会责任感，促进社会主义精神文明建设。

二、教学重点与教学难点

（1）教学重点：市场交易原则的含义及内容；

（2）教学难点：市场交易原则的内容。

三、教学手段

五点合一 教学方法：小品和音乐创设情境、探究、讨论等。

四、教学过程

（一）导入新课

学生表演小品《如此卖肉》（对白可自由发挥）

小品《如此卖肉》(道具：一本书夹一支笔当刀，一本书当猪肉)

买：老板，这肉怎么卖？（普通话）

卖：13块一斤。（普通话）

买：K来边布你！（以下全是上思话）（译：这么贵？）

卖：勾杜人为蒙达犊氓碍姥哒！蒙欧勾10门培蒙噢。（译：我还认为你是外地人！你要我10元给你了。）

买：勾欧根卖哦。（译：我要一斤猪肉。）

卖：（一"刀"切下去并把"肉"放秤上）12根水。（译：12元。）

买：米达10门啦？（译：不是10元啊？）

卖：按米准丢来，1根2当。（译：按不太准头，1斤2两。）

买：勾米带K来现麻，欧根屋爱噢。（译：我没带那么多钱来，要一斤得了。）

卖：来杜门西啊！蒙米欧赌米准掉。（译：赖什么账，你不要就不准走。）

买：勾米美K来现随！（译：我没有那么多钱买。）

卖：（把当成刀的书扔向买者）

买：（惨叫）

感谢刚才两位同学给我们的精彩表演。

设疑：小品中反映的现象说明市场具有什么样的特点和不足呢？我们应该如何做才能发挥商品服务市场的作用，建立和完善社会主义市场经济呢？

学生回答：市场经济具有自发性的弱点，商品服务市场上的商品交易必须依法维护商品交易原则，才能发挥商品服务市场的作用，促进资源的优化配置，市场经济才能健康发展。

归纳：这些事给了我们一条深刻的教训，那就是市场经济必须讲诚信，自愿、平等、公平交易，按市场交易原则进行。那么，什么是市场交易原则？市场交易原则的作用是什么？市场交易原则有哪些内容？违背市场交易原则有什么危害？坚持市场交易原则有何意义？这些就是这节课我们要一起探讨的问题。

新课教学：

学生阅读课本并填写"讲学案"中的表格。让预习好的同学到黑板上把相关"知识点"和"思考点"的答案写出来。

（二）市场交易的原则

1. 市场交易原则的含义

是指商品服务市场上的一切交易活动必须遵守的规则和秩序的根据。

请注意：所谓必须遵守，就是所有的交易者，无论是消费者还是经营者，无论是买者，还是卖者，不分权力、地位、性别、年龄，人人都必须遵守，谁也不能超出这些原则之外或凌驾于这些原则之上。只有这样，交易才能顺利进行。

2. 市场交易原则的作用（学生阅读教材，举例说明，归纳总结）

（1）是保证市场交易活动有秩序，按规则进行的基本条件。

（2）对规范经营者和消费者的交易活动有至关重要的作用。

3. 市场交易原则的基本内容

提问小品中的买卖为什么不能成功？　问：刚才表演的现象是一种什么行为？是否符合市场交易原则？为什么？　（让学生参与课堂教学，能有效激发学生的主体作用，促进生生互动）

这是一种强卖行为，违反了市场交易的自愿原则。

商品买卖能得以实现的前提就是自愿。自愿是市场交易的基本原则。市场交易就是要买卖双方一个愿买，一个愿卖，要两相情愿。强买或强卖，会破坏正常的市场交易规则，损害对方的利益，造成买卖双方之间的矛盾，使市场交易不能实现。

（1）自愿的原则

①含义：买卖双方自愿成交，不能强买强卖。

②重要地位：是市场交易的基本原则，是交易实现的前提条件。

③违背自愿原则的现象及危害：

现象：强买强卖。

危害：会破坏正常的市场交易规则，损害对方的利益，造成买卖双方之间的矛盾，使交易不能实现。

学生介绍中国电信我的 E 家、《卖炭翁》中的强卖强买行为后讨论：在什么情况下容易出现强买强卖的行为？（主体地位不平等。）

（2）平等的原则

① 含义：平等是指在商品服务市场上，尽管交易双方是以购买者和销售者的不同身份出现，但都是地位平等，机会均等的市场主体。

②重要地位：是市场经济的一般特征，是市场交易的重要原则。

③违背平等原则的现象及危害：

现象：以貌取人，势利眼，把顾客分成三六九等或以权势欺人、以垄断损人。

危害：会破坏正常的市场交易规则和秩序，歧视别人使交易不能实现或以权欺人或以垄断损人不利于资源的优化配置。演唱《卖汤圆》（见附件）后提问：小二哥的汤圆好卖吗？为什么这么好卖？

（3）公平的原则

① 含义：公平指在交易中明码标价、秤平尺准、童叟无欺；而缺斤少两、坑蒙拐骗、黑市交易等现象，则是违反公平的市场交易原则，消费者的利益就会受到损害，甚至消费者的生命也会受到侵害。

② 重要地位：是市场交易的灵魂，是衡量市场交易活动是否有序、是否规范的试金石。

③ 违背公平原则的现象及危害：

现象：假冒伪劣、缺斤短两、坑蒙拐骗、黑市交易等。

危害：会损害消费者的利益，甚至是生命财产，违背公平竞争，破坏市场秩序。

讨论：平等原则和公平原则有何区别与联系？

两个原则是从不同的方面规范着市场上买卖双方的交易方式和交易行为。

平等，强调的是市场主体的地位平等与人格尊严；公平，强调的是交易中的买卖公平。平等原则是公平原则的前提和基础，公平原则是平等原则的体现与保证。

学生阅读课本漫画《客高一尺，商高一丈》后提问：漫画讽刺了什么？漫画讽刺了某些销售者利用缺斤少两的方式欺骗消费者的行为，反映了在缺乏"公平"，不讲"诚实信用"的交易活动中的一种现象。（学生回答）出现不合理的市场交易行为与人主观的精神状态是分不开的，良好的市场秩序需要诚实信用。

（4）诚实信用的原则

① 含义：就是买卖双方在交易活动中应遵守商业道德，讲诚实守信。

② 重要地位：一种主观精神或基本精神。

③ 违背诚实信用原则的现象及危害：

现象：掺杂使假、以次充好、假冒伪劣、非法销售等。

危害：会破坏市场交易秩序，无法进行正常的交易活动。（高考新考点：社会信用体系）诚实信用仅仅是销售者、经营者的道德，对不对？请大家来做一次法官，判决下面的案子。

今天我断案：（学生当家做主，巩固知识）《今日说法》曾报道了这么一件事：某消费者到一大型商场购买了一套中日合资生产的价值上千元的"非毛料服装"用于送礼。购买时，该消费者对商场售货员说，为了送礼时体面一些，请售货员在购物发票上注明"纯毛服装、日本产"字样。售货员为做这笔生意，就按照该消费者的要求开具了发票。时隔不久，该消费者凭发票找到商场，以售货员把"非毛料服装"当成"毛料服装"出售为由，认定该商场对顾客进行商业欺诈，要求退售并双倍索赔，商场负责人认为这个顾客是来讹诈的，没有答应，双方只好对簿公堂。

大家认为法官对此案会怎样判决？为什么？

学生断完案后老师适当补充：我们先来看看购物发票。销售者在购物发票上把"非毛料服装"写上"纯毛服装、日本产"字样，是违反诚实信用的一种欺诈行为，因而商家有责任。一般来说，发票上是不写服装的面料和产地的，而这张发票上注明面料和产地是怎么回事呢？是售货员应顾客的要求而写的，后来顾客又凭此发票来告销售者，并欺诈索赔。据调查，该顾客在其他商场也有类似的行为。因为他自身的行为就带有欺诈性，违反了诚实信用原则。所以，顾客也有责任，最终结果是退货，但不赔偿。

从此案中我们得到什么启示？

诚实信用不仅是销售者应具有的道德，也是消费者应具备的道德。因为某些消费者违反诚实信用原则，做出了损害经营者利益的不文明、不道德行为。如顺手牵羊、进行商业欺诈等同样会引发市场交易中的纠纷和矛盾，不利于市场交易健康、正常、有序地运行，也不利于社会主义精神文明建设。

4. 坚持市场交易原则的意义

（1）是遵循市场运行规律的必然要求。

（2）是加强社会主义精神文明建设的题中之义。

（3）是保证市场交易活动按规则、有秩序进行的基本条件，使市场交易健康、正常、有序地运行。

（4）是企业提高信誉和形象，增强竞争力和经济效益的必要条件。

5. 现状（坚持市场交易原则的表现）

（学生畅所欲言）想一想身边的哪些活动是符合市场交易原则的？"承诺制""示范窗口""百城万店无假货""中国质量万里行"。

小结：总之，只有所有经济活动的参与者都遵守市场交易原则，严格依法规范自己的行为，才能制止和杜绝假冒伪劣，才能建立良好的经济秩序。

五、板书设计

在课前把框架在黑板上板书出来，对有关知识点留空让预习好的同学到黑板把答案写出来。

（此公开课的教学设计在达县中小学教研室于 2008 年 5 月组织的达县中小学思想政治教师优质课展评活动中荣获二等奖）

《我国的政府是人民的政府》教学设计

【课标要求】

列举生活中的实例，评议政府履行职责的表现。例如，交通管理、公共设施建设、市场管理、社会治安、环境保护等。

【教学目标】

（1）知识与技能：明确我国政府的性质和主要职能，培养学生归纳与分析的能力，培养学生自主学习、合作学习和初步探究学习的能力。

（2）过程与方法：创设情境，采用学生讨论与教师讲授相结合的方法，充分发挥学生的主体作用和教师的主导作用，理论联系实际，归纳总结出我国政府的主要职能。

（3）情感、态度与价值观：体验政府面对困难和挑战所做出的果断决策，体验政府对人民做出的承诺，感受我国政府是便民利民的政府。

【教学重点】政府的职能

【教学难点】我国政府是便民利民的政府

【教学方法】指导自学法、案例分析法、讲授法

【课时安排】一课时

【教学过程】

一、复习提问：我国的国家性质是什么？

生答略。

二、导入新课（直接导入）

我国是一个人民民主专政的社会主义国家，人民民主的本质是人民当家做主。这就决定了我们的政府是为人民服务的政府。大到社会的管理，小到公民的日常生

活，我们时时刻刻都感受到政府的作用。那么，在社会生活中，政府作为执行国家意志的行政机关，它的主要职能是什么？政府履行职能对我们的生活有什么影响？政府怎样行使权力才能更好地为人民服务？如何保证政府及其工作人员不滥用手中的权力？这些是本单元所要了解和探究的问题。那么，今天我们首先来了解一下政府的职能是什么。

三、进入新课

（一）政府的相关知识

1. 人大与政府的关系

我国的权力机关：全国人大及地方各级人大；

我国的行政机关：国务院及地方各级人民政府；

两者的关系：领导与被领导、监督与被监督。

综述：我国的行政机关（政府）是国家权力机关的执行机关，由其产生、对其负责、受其监督。

2. 我国政府的性质

为人民服务的政府，是人民意志的执行者和人民利益的捍卫者。

（二）政府的主要职能

1. 保障人民民主和维护国家长治久安（政治职能）

政府担任着保卫国家的独立与主权，保护公民的生命安全及各种合法权益，保护国家、企业和个人的合法财产不受侵犯，保障人民民主，协调人民内部矛盾、惩治犯罪分子，维护社会治安和社会秩序等职能。

多媒体展示：幻灯片 5、6

2. 组织社会主义经济建设（经济职能）

在社会主义市场经济条件下，政府在经济建设中负有特别重要的职能，主要是进行经济调节、市场监管、社会管理和公共服务，以促进社会经济发展，提高生产力水平和人民生活水平。

多媒体展示：幻灯片 7、8、9、10

3. 组织社会主义文化建设（文化职能）

一方面，政治思想教育。政府宣传马克思主义科学理论，引导人民抵制封建主义和资本主义腐朽思想的侵蚀，在全体人民中进行"有理想、有道德、有文化、有纪律"的教育，弘扬和培育民族精神，提高全民族的思想道德素质和科学文化素质。另一方面，科学文化建设。政府组织和发展教育、科学、文化、卫生、体育等各项事业。

多媒体展示：幻灯片 11、12

4. 提供社会公共服务（公共服务职能）

政府在社会主义和谐社会的建设中，提供各种社会公共服务。例如，加强公共基础设施、公共文化、公共卫生设施等方面的建设；提高医疗保健水平；促进收入分配的公平，建立健全社会保障体系；控制人口增长，促进优生优育；保护公共环境，防治污染等。

多媒体展示：幻灯片 13、14、15、16

探究与共享——危难之中见"公仆"本色：

（1）我国政府在非典肆虐期间采取的措施，体现它履行了哪些职能？

提示：① 政府召开新闻发布会，澄清事实，实行非典疫情每日一报制度。弘扬广大医务工作者救死扶伤，无私奉献精神，激发人民与疫情斗争的信心和勇气，缓解人们的恐慌心理等举措，是政府履行公共服务职能和文化建设职能。② 政府一方面组织药品、大米、食盐等物品的供应；另一方面严厉打击不法商贩套购商品、囤积居奇、哄抬物价、掺杂使假的行为，稳定市场秩序，是政府履行组织社会主义经济建设和维护国家长治久安的职能。③ 中央政府设立 20 亿元防治非典基金，各地政府也筹集资金，加紧科研攻关，全力查清病源，并动员社会力量，对公共环境进行消毒，这是政府提供社会公共服务的职能。④ 政府对疫情地区、部分困难行业，在限定时段实行减免税、费等政策，帮助受到疫情影响较大的行业和企业克服困难、恢复生产，体现了政府组织社会主义经济建设职能。

（2）政府履行职能对我们的生活有什么影响？

提示：①在非典期间，通过政府积极履行其职能，首先，缓解了群众对非典的恐慌心理，减少了非典对人们的工作、生活、学习的消极影响，提高了人民与疫情斗争的信心和勇气。②通过政府的努力，稳定了市场秩序，避免了市场秩序混乱影响人们生产、生活的秩序。③通过政府组织经济建设的履行，保证了非典时期社会主义经济建设的顺利进行。

（3）假如没有这样一个政府，将会出现怎样的局面？

提示：假如没有这样一个政府，非典给我国人民生产、生活造成的负面影响将是可想而知的：①如果政府不及时公布疫情、澄清事实，那么群众的恐慌心理加剧，无法正常生产和生活。②市场上会出现混乱。囤积居奇、哄抬物价、掺杂使假成风，进而导致整个社会人心涣散、恐慌，使人们的生产、生活无法正常进行。③部分行业、企业受非典的影响，特别是餐饮、娱乐、旅游等行业的经营将非常困难，进而影响整个国民经济的正常进行，影响国家安全。④除去对人们的生产生活造成严重影响外，如不及时对非典疫情进行控制，对非典患者及时救助，会使更多的人失去生命。⑤如果疫情得不到及时控制，导致非典疫情在中国全面蔓延，那将影响中国在国际上的形象，影响中国改革开放的大好形势，进而影响到整个国家的经济发展、国家稳定，给西方国家封锁扼杀中国提供了很好的借口。

三、便民利民的政府

1. 政府在我们日常生活中的作用的主要表现

一方面，人们得公共生活受到政府的管理；另一方面，人们又享受着政府提供的公共服务。

2. 公民应该如何对待我们的政府

（1）了解政府的性质和职能，相信政府是为人民服务的。

（2）支持政府的工作，寻求政府的帮助，监督政府行为。

自主探究：教材第38页：如果出现下列问题应该找谁？是不是所有问题都找政府？

多媒体展示：幻灯片23

四、建设有限政府

辨析：政府承担着重要的职能，是否意味着政府可以包办一切？

首先，政府必须承担重要的职能，这是国家和社会的存在发展所必需的。

其次，政府职能是有明确定位的，政府有该管的事情，也有不该管的事情。政府职能的履行不能出现缺位、错位和越位。否则，必然导致机构臃肿、行政效率低下、政府不作为以及损害人民自由、束缚市场活力等恶果。政府不能也不应该包办一切。

总之，政府的职能是有限的，那种认为政府是"万能政府"，政府包办一切的想法是错误的。

【课堂小结】幻灯片 26
【课后作业】《同步作业》相关内容

（此公开课的教学设计在达县中小学教研室于 2012 年组织的中学思想政治教师优质课活动中荣获达县二等奖）

《具体分析和解决不同的矛盾》教学设计

一、教材分析

本课在前面学习唯物辩证法的联系的观点和发展的观点的基础上，进一步讲述唯物辩证法的矛盾的观点，领会唯物辩证法与形而上学的根本对立。矛盾的观点是唯物辩证法的最根本的观点，在唯物辩证法中处于核心地位。

具体分析和解决不同的矛盾是矛盾普遍性和特殊性辩证关系原理的方法论，是解决事物矛盾问题的方法，这一方法论在唯物辩证法中具有重要地位。世界上的矛盾是普遍存在的，又是各具特点的，只有深入理解矛盾普遍性和特殊性的辩证关系及其方法论，才能正确地认识矛盾和解决矛盾，推动事物的发展。

二、学情分析

高二（1）班是文科直播班，学生总体素质较高，关心时政和身边的生活，有较强的问题分析能力；另外，大部分学生学习积极努力、目标明确，但也有少数同学仍抱有侥幸心理，没有明确的学习目标和计划。所以我这节课以学生自身和学生身边的事情为案例，既能引导学生学习新知，又能对学生合理安排自己的学习和生活有所启迪。

三、教学目标

（1）知识、技能目标：了解矛盾的普遍性和特殊性的含义，领会矛盾的普遍性和特殊性、深刻理解具体问题具体分析的含义，特别是在日常生活中运用此方法论解决实际问题应注意的问题；通过学习，提高在学习和生活中培养具体问题具体分析、解决问题的能力。

（2）过程、方法目标：以"开石快速通道"为素材，形成教学案例，在学生对问题进行讨论、交流的过程中学习新知。

（3）情感、态度和价值观目标：通过学习，使学生认识到学习和生活过程中会遇到重重难题，让他们通过学习能理解和认同我国现阶段所选择建设中国特色社会主义道路的原因。

四、教学重点、难点

矛盾普遍性和特殊性的关系。

五、教学方法

案例教学法。

六、教学过程

教学环节	教师活动	学生活动	设计意图
新闻发布		学生进行新闻发布	了解国内、外时事新闻，养成关心时政的好习惯
导入新课	以学生身边事件为例，设置问题	学生思考、个别交流	由学生身边的案例导入新课，引起学生的学习兴趣
教学过程	以"开石快速通道"为例，讲解矛盾的普遍性和特殊性的含义及其具体表现	结合教材知识点和教师提供的案例材料进行学习	以"开石快速通道"为例，结合教材知识点，与学生一起学习矛盾的普遍性和特殊性的含义及其具体表现
	以"公孙龙白马非马"材料为例，设置问题，引导学生开展小组讨论：公孙龙"白马非马"的说法对不对？为什么？	学生结合案例材料和书本知识点，以小组为单位对教师设置的问题进行讨论、交流	通过小组讨论与交流，使学生从中领悟到相关的哲学道理，即矛盾的普遍性和矛盾的特殊性的辩证关系
教学过程	结合教材P71虚线框与P72名言所提供的材料，设置议一议问题："建设中国特色社会主义"怎样体现了坚持矛盾普遍性和特殊性的有机统一？	学生结合教材内容进行议论、交流	理论联系实际，结合我国实际，理解和认同我国的相关制度，明白为什么在当代中国，坚持中国特色社会主义就是原理的具体运用
课堂小结	教师小结		对本堂课的教学内容进行总结、提升
课后作业	教师结合学生实际设计课后作业：结合本课学习内容和期中考试成绩，反思自己在高三学习生活中，有没有抓住主要矛盾和矛盾的主要方面。希望对你下一阶段的学习有所启发	学生课后，结合本课学习内容和自身实际情况进行反思、总结	将理论知识与学生自身实践结合起来，使学生在实际的学习生活中，能善于抓住主要矛盾和矛盾的主要方面；正确处理各种矛盾间的关系，合理安排自己的学习和生活

七、教学设计说明

本框题教学内容较多，教学重点和难点是矛盾的普遍性和矛盾的特殊性的关系，所以，在教学设计中，我争取把它讲清讲透。

本节课以案例教学法为主。我结合"开石快速通道"的修建以及时事"俄乌冲突"，形成教学案例，设计讨论问题。学生结合教材内容和案例材料进行讨论、交流，在讨论、交流中学习新知。这些案例材料都是发生在他们身边的事情或者是学生熟悉的时事事件，他们有话可说，能有效调动学生参与学习的积极性。

课后作业设置，结合学生实际，学以致用，希望能对学生的学习起到一定的启发作用。

八、教学反思

总的来说，本节课达到了预期的教学目标，还是比较主动、有效的。但是也有不足之处，需要进一步改进。

通过本次教学设计、上课、评课，对我启发比较深的一点是：教学过程中，如何有效地、合理地设计问题。总结下来有这样几点需要注意：第一，是问题设计的难易程度要恰到好处，能有效引起学生的思考，对学生有启发。如果问题太容易，那么问题的思考价值很小，对学生的学习起不到有效的启发，调动不了学生的学习兴趣；太难也不行，学生苦思冥想找不到问题的答案，也达不到预期的教学效果，所以问题要难易适度。第二，问题从哪个角度切入。特别是案例教学过程中，一个材料往往可以从多个角度去理解。到底哪个角度是我们教学过程中，希望学生关注的，要通过问题的设计，进行合理的引导，为学生指明思考方向。第三，是问题的设计与教材知识点之间如何衔接。我们的教学，不是为了讨论而讨论，是为教学服务的，所以要把二者有机地结合起来。当然，如何设计问题，还有很多需要关注的方面，这些是我通过本节课的教学想到的。

（此公开课的教学设计在达州市电化教育馆于 2010 年 5 月组织的达州市农村中小学现代远程教育资源应用展评公开课活动中荣获二等奖）

第二章

课堂教学

KETANG JIAOXUE

多媒体使高中政治课教学焕发青春活力

现代教学过程应该是由教师、学生、教材、媒体四要素构成。在政治课教学中运用多媒体教学，借助它的声、形、色，创建出与课堂教学相适应的情景和意境，从而能起到唤起学生的注意和兴趣、诱发学生好奇心、提高学生学习政治课积极性的作用，使我们的政治课堂焕发青春活力。

在常年运用多媒体教学的实践中，我不断总结，发现多媒体应用于政治教学能使我们的政治课堂焕发青春活力。

一、激发学生的学习积极性

政治是一种艺术，政治课是一门综合性很强的学科。传统的高中政治课教育容易产生枯燥乏味、简单说教的现象，而充分合理地利用多媒体教学，以声、形、色创建和谐宽松的教学环境，能激发学生感情上的参与，诱发他们的好奇心，提高他们学习政治的热情。

多媒体教学直观简洁，能增强教学效果。特别是高中政治教学中应该广泛采用多媒体进行教学。例如在讲"科学发展观"时，利用多媒体播放我国改革开放以来取得的伟大成就等内容，收到了较好的效果，从而提高了学生学习知识的兴趣，增强学生的爱国主义热情。

二、更好地完成教学任务

多媒体在教学中的最大优势就是能融声、文、画为一体，以直观鲜明的图像、生动精练的语言、极富感染力的音乐创设一种情境，使学生深深地被吸引、被感动，在潜移默化中接受熏陶，提高学习兴趣。教学内容与多媒体是一种内容与形式的关系，采用恰当的教学形式有利于帮助学生理解教学内容，使课堂教学收到事半功倍的效果。因此，为了把抽象的知识具体化、形象化，帮助学生更好地感知教材和理解教材，教学手段的选用是不能不考虑的。随着课堂教学改革的发展，例如在讲到"具体问题具体分析"时，我联系实际设置了一堂讨论课，给出了讨论的问题。我特意剪辑了《心理访谈》的两个片段：一个是反映母女关系非常紧张的，一个是反映母子关系紧张的。

我把它运用在教学中，通过文字、图像、声音紧扣学生的心弦，让他们去探究母女、母子关系紧张的原因及解决策略。在讨论中，学生积极参与，踊跃发言，思想得到了升华，懂得了什么是"具体问题具体分析"及遇事怎样具体处理。

近年来，随着互联网的迅猛发展，社会面貌发生了深刻变化，它使我们的政治教学工作面临严峻挑战。对于网络这个重要阵地，我们要主动去占领它。因此在高中政治新课改教学中，教师一定要运用多媒体为我们的教育教学服务。充分利用电教媒体教学，丰富政治课的教学资源。教师要做到网上网下"两栖"全能，利用网络信息的丰富性，弥补教学信息量的不足；利用网络信息传播的便捷性，增强教学活动的实效性。例如，在讲授高一年级"分配制度"时，我要求学生课前预习，利用网络资源，查找现阶段我国主要有哪些分配方式。在上课时，学生在讲台上展示自己收集的信息，其他同学根据展示的信息，判断是哪种性质的分配方式。学生利用网络资源，既完成了教学任务，又在亲自查找资料的过程中，深深地感受到分配制度在我国经济发展过程中的重要作用，进一步理解现阶段我国改革完善分配制度的意义，从而让学生接受、拥护我国现行的分配政策。

高中政治新课改的一个重要方面是培养学生分析和解决问题的能力，要求学生从具体事件中深入地思考问题，透过现象抓住本质，逐渐培养学生的抽象思维能力和逻辑思维能力。教学中运用多媒体，能把所研究的问题引申，开导学生探究其实质，有效地培养学生思维。例如在讲市场经济时，运用多媒体，通过直观的形象对比，引导学生思考，真正认识到社会主义市场经济与资本主义市场经济二者本质的不同。同时，还可以利用多媒体把相关知识设计成表格、网络图等形式的投影片，便于学生整理知识，使之条理化、系统化。例如在讲我国的投资方式时，我就运用多媒体把"股票与债券中的三种债券，商业保险与社会保险"的异同点运用投影仪显示出来，图片简洁，一目了然。

三、活跃课堂教学气氛

（一）改变学生的认知过程

在政治课堂中运用多媒体进行教学，能使单调的认知过程变得生动活泼，变厌学为乐学，对于提高学生学习的自觉性、主动性和参与性等都能起到很重要的作用。例如在讲《矛盾特殊性》一框时，我给学生播放了歌曲《在希望的田野上》，充分调动了学生的积极性，使沉闷的课堂气氛变得活跃，讲课的质量也提高了。同时，还要运用多媒体，补充一些同学感兴趣的例子，深入浅出，讲清道理，使学生感到学习既不枯燥，也不神秘，从而使课堂活起来，师生之间的感情就容易沟通，情感共鸣就能产生，学生对教师的信任感就能增强，有助于提高整体教学质量。

（二）变教师的讲授为引导

在知识爆炸性增长的信息时代，在知识天空翱翔的学生对现有知识的广度和深度的要求有时会远远超过教师涉及的领域。在这种情况下，认为教师是"传道授业"的观念在信息时代已经面临挑战。教师应该改变角色，从最初的讲授者转化为努力帮助学生寻找最佳的学习方式，支持学生成为探索怎样学习和从哪里获取新知识的导航者。有人说，教师应该像拨号上网的"猫"，可以帮助学生链接到各种信息资源。在多媒体教学中，教师可将从报纸、杂志上的文字、图像，VCD上的声像中选择内容及自己制作的动画有机集合在一起，甚至可以链接因特网让学生搜索相关信息，从而给学生提供更多、更新的信息，同时辅以课堂讲解、通过人机交互等模式，增加课堂教学信息知识的容量，学生知识的来源不再仅仅依赖教科书和教师。这有利于学生发散、联想思维的培养，有利于教师创设模拟、仿真的可供讨论、合作和体验的多种教学情境。在多媒体教学中，学生可以利用教师提供的课件，进行课堂模拟。笔者曾观摩一场别开生面的《具体分析和解决不同的矛盾》模块教学，教师在课件中设置"人机对话"，引导学生对火灾的不同起因的探究，查找灭火的对策，让学生在有害甚至危及生命的虚拟情景中进行，从而使学生在自主探究中明白哲学中"具体问题具体分析"的道理，激发学生的求知欲望和对生命的尊重。

（三）变学生的被动听讲为主动思考

多媒体的优势在于它能将静止抽象的文字内容变成生动形象的视听影像，能将教师难以用语言表达的抽象原理形象生动地表现出来，从而从根本上提高学生的理解能力，通过交流、讨论、评价等活动促使学生勇于发表见解，变被动听讲为主动参与课堂教学，这样既培养了学生动手能力、创新能力，又提高了解决实际问题的能力。在讲《我国处理民族关系的基本原则》一目时，教师可以参阅"新疆7.5事件"的网页，通过网站上的文字、音像资料，方便学生讨论的聊天室和BBS及其拓展的相关网站链接，使学生通过切磋、交流、评论，加深对民族分裂主义分子漠视他人生命的愚蠢行为的憎恨，懂得应善于与不同民族同学友好交往。同时使学生明白我国新型民族关系形成的原因，加深对"民族平等、民族团结及各民族共同繁荣"三原则的理解，提高处理民族关系的认识，珍惜今天来之不易的民族团结，为巩固、发展和繁荣的民族大团结做出自己应有的贡献。

　　高中政治课是一门实践性和时代性很强的学科，多媒体与高中政治新课改的有效整合，必将促进教师的教学思想、教学方法、教学手段和学生的学习方式的巨大变革，从而导致其课堂教学结构的变化，提高学生学习政治的浓厚兴趣，使高中政治新课改得到真正的贯彻和实施，使我们的政治课堂焕发青春，充满活力。

　　（此文原题为《浅论多媒体在高中政治课上的优势》，于 2010 年 5 月在参加达县教育局组织的达县第十一届教育装备论文评比活动中荣获二等奖，达教发〔2010〕169 号）

电影资源的使用给高中政治教学带来的变化

作为艺术，电影集戏剧、文学、雕塑、音乐、建筑、摄影、舞蹈、美术等多种艺术元素的精华于一身，具有传播知识、宣传教育和休闲娱乐等强大功能。同时电影在消除文化障碍、征服人心方面远远超出人们的预想。一部好的电影，可以引起学生强烈的共鸣，达到震撼心灵、陶冶情操、提高审美能力的目的。电影课在培养学生的核心素养和教育学生树立正确的人生观、世界观和健康人格心理方面发挥举足轻重的作用。开设电影课是落实素质教育、推进新课改的重要举措，是一个真正寓教于乐的教育途径。

一、电影资源在政治教学中的优势

一年来，在探索将电影资源用于政治课堂教学的实践中，我体会到使用电影教学有如下优势：

（一）增强课堂教学的直观性，深化学生对知识的理解

通过语言的描述、音乐的渲染、画面的展示，把形、声、色、光有机地结合起来，绘声绘色地展现教材相关内容，特别是生、难等不易掌握的知识，让学生多种感官同时参与，优化了感知渠道，使抽象的概念具体化、深奥的道理形象化、枯燥的知识趣味化，变传统说教为生动、直观、形象的愉快教育……

（二）信息量大，效率高

以插图为例，现在一般的教科书都配有一些插图（少则几张，多者数十张），以补充说明教材内容。教师制作的课件，也可能有几十张图片，辅以教师的讲解，学生能更好地理解教材，但这些远不如电影。一部电影可以将以往需要花几个小时甚至较长时间才能阅读讲解完的材料在较短的 40 分钟内通过情景模拟、人物对话及动作运用就能随时挑选展示，直观、形象、生动，增强了课堂教学效果，教学质量无疑大大提高，对教学内容的改革无疑是有很大帮助的。

（三）提高课堂质量，提高学生探究问题的能力

可以把教材相关内容及其观点特别是教材中的重难点通过电影片段来表现，深入浅出，化难为易，形象生动，学生在愉悦的气氛中轻松理解和掌握这些知识，将这些知识用之于解决实际问题，提高了学生探究和分析问题的能力。

（四）丰富教学内容，增大教育信息

把电影运用到高中政治教学，延伸了教学内容，教学更贴近生活，教学的信息容量急剧增大，打破时空限制，实现资源共享，使教学内容更新的步伐加快了。

二、引入电影资源后，我们的政治课堂会发生哪些变化呢

将电影课引入政治课堂会使我们的课堂教学发生哪些变化呢？经过一年来的探索，我体会如下：

（一）对教师而言，将电影资源引入政治课堂，可以转变教师角色，促进教学手段革新，灵活处理教材内容，提高驾驭教材、掌控课堂的能力

1. 转变教师角色

新课程要求教师应成为学生的指导者、辅导者、合作者。把电影片段引入课堂教学，不仅能激发学生的学习兴趣，有利于教师传授知识，教会技能；更有利于培养学生的情感、态度、价值观，培养学生的学习习惯、学习意识、学习品质和学习能力。

电影课曾经被人比喻为"伟大的教育诗"，中国教育学会会长顾明远教授在接受记者采访时表示："把影视等现代技术手段引进教育，改变了教师的角色，改变了学习的模式，丰富了学习的内容，是对传统教育的一次革命。"

（1）教师应成为学生学习的指导者。

在课堂教学中，教师恰当选用电影资源，根据教材内容适时提问，给学生正确引导，有助于帮助学生确定适当的学习目标；指导学生养成自主学习的良好习惯，学会分析问题的路径与方法，掌握学习策略；创设丰富的教学情境，激发学生的学习兴趣，充分调动学生的学习积极性，并能够和学生一起分享彼此的感情和想法，可谓是寓教于乐。

（2）教师应成为学生成长的引导者。在课堂教学中，恰当选用电影资源，注重人文关怀，有助于提升学生的人文素养，培养学生良好的品德和情操；教会学生懂

得尊重别人，学会与人合作；还要对学生进行挫折教育，引导学生正视困难与挫折，培养学生健康的品格。

2. 促进教学手段革新

教学手段的革新是教学改革的突破口。随着教育技术的发展，经过了基于幻灯、投影等教学媒体技术；现在正向着以广播、电视、电影等录音、录像为主的影视媒体技术的方向发展。积极利用影视中的艺术元素，有助于从根本改变过去"五个一"（一张嘴、一支粉笔、一块黑板、一个讲桌、一台录放机）的传统教学模式。

3. 将电影课引入课堂，有利于教师在课堂教学中灵活处理教材内容包括适当取舍、归纳、补充内容，以整合新教材

（1）选择相应的电影资源，恰当取舍教材内容，整合教材，提高学习效率

教师在课堂教学中选取相应的电影资源，恰当取舍教材内容，重点突出，学生掌握一目了然，既提高学习效率，又利于整合教材。如在学习《政治生活》第七课第一框《处理民族关系的基本原则：平等、团结、共同繁荣》时。本框包括三目，我以第二目中的三原则的内容及第三目如何巩固和发展民族关系这些教学重点，选取民族改革50年来西藏在政治、经济、文化等方面的素材（特别是党和国家领导人的讲话及文艺演出）和新中国民族政策制定50周年的相关材料，制成片段，让学生观看，加深对教材的理解，其余内容让学生自主学习即可。

（2）恰当补充内容，利于重构教材，完善知识体系

在教学中，根据学生实际，结合新课标，恰当选取电影资源，可以补充新教材内容的不足，帮助学生学活教材，完善知识体系，提高学习效率。

如在学习《经济生活》第二课第二框《价格变动的影响》时教材仅从消费者（居民）和企业两个角度分析，教材是否可以加一条：价格变动还会对国家的经济产生一定的影响。我以1929—1933年世界经济危机为素材，选取电影《希特勒的兴起》和《罗斯福新政》的片段。在看完片段后，请学生分析影片所反映问题的原因时，我先提出问题：价格变动是否还会对国家的经济产生一定的影响呢？然后让学生观看电影片段，学生看完后，针对学生回答的问题，结合电影片段我做了如下分析：从国内来看，当一些重要商品价格的价格发生变动，不仅影响消费者的生活、企业的生产，还会经济产生波动，影响国家经济发展，影响国家的财政收入。希特勒上台前德国社会商品价格的震荡给了我们深刻的印象。从国际来看，国际商品价格的变动不仅影响着一国的贸易收入，还影响着一国的外贸政策，英法两国在2005年因商品价格波动引发的两国贸易口水战持续近半年。又如2003年欧美之间的贸易

战，美国在今年秋季制定了针对欧盟的"外销公司法案"，该法案规定：美国对出口欧盟的商品（包括粮农、纺织、鞋类、电子、钢铁及玩具等几大类产品）涉及的企业给予一定的财政补贴。欧盟认为，美国的做法违背了国际贸易规则，一方面向国际贸易组织提出申诉，另一方面欧盟委员会做出决定从 2004 年 1 月 1 日对从美国进口的部分产品征收 40 亿美元的高额关税。欧盟的决定使欧美贸易战再次升温，欧美之间的商品价格贸易战持续近一年，对欧美双方都产生了重要影响。这样，通过对比分析，让学生知道价格变动不仅对消费者、企业产生重要影响，而且还对国家乃至国际社会产生重要影响。如此，学生的心中就有了一个完整的知识体系。

（二）对学生而言，将电影资源引入课堂教学，能转变学生的学习方式，发挥学生的主体作用，培养学生分析与解决问题的能力，开拓创新的能力

美国课程学家多尔认为，在现代课程中，教师是"平等中的首席"。为此，教师要成为学生学习活动的设计组织者、引导者、参与者和反思研究者。将电影资源引入高中政治课堂教学，学生的地位应由被动的"听讲"，彻底转变为主动参与的"自主""合作"与"探究"，在学习过程中成为发现者、探究者和创造者。教学已由"教师为中心"向"教师为主导、学生为主体"（学生为中心）转变。教学过程应由教师授课讲解的过程，彻底转变为通过情境创设、问题探究、合作学习等以学生为主体的学习过程，从而使教学工作真正体现"以学生为主体，以教师为主导"新课改的要求。

作为高中政治教师，在教学中我清醒地认识到教师的教是为了学生的学，离开了学，教就没有了存在的价值。一年来，在使用电影资源中，我不断探索，不断反思。

1. 立足于学生现状，通过电影片段，创设恰当的情境，能激发学生的学习兴趣，使课堂"活"起来

现代高中生，思想敏锐、兴趣广泛、问题意识和参与意识非常强烈，喜欢刨根究底。针对学生的这一心理，在高中政治课堂教学中，我立足学生现状，运用电影资源，巧妙置疑设问，激发学生强烈的探究欲望，使学生集中精力观看电影内容，看完电影后能够解决我提出的问题。这种教学方法能使课堂气氛活跃，让学生在轻松愉悦的环境中学习，激发学生的兴趣，充分发挥学生的主体作用，逐步提高他们分析问题、解决问题的能力。

结合电影内容，创设情境就是一种使课堂"活"起来的好方法。电影的选材要吻合教材内容，引入要适时恰当；创设情境，不仅要考虑情境的形式上要能

活跃课堂气氛，更应注意情境的内容要来自社会生活，要选取那些有利于帮助学生理解教材内容的素材，这样才能真正调动起学生主动参与学习的积极性。例如，在讲授《经济生活》第二课第一框第一目《供求影响价格》一课时中，我给同学们提出了一个问题：引起商品价格（槐花）变动的因素有哪些？联系教材供求是怎样影响价格的？然后播放我从网上下载的电影《槐花香》。在同学们看完后，我抽学生回答影片中引起商品价格（槐花）变动的因素，并分析槐花供求对价格的影响。在此基础上我联系社会热点创设情境《瓜市交易》，安排三名同学扮演成卖西瓜的瓜农，另外三名同学扮演成买西瓜的消费者，模拟瓜市交易。我提出如下要求：（1）扮演成买卖西瓜的同学要模拟市场，讨价还价。（2）"瓜农"根据"瓜市"供求关系的变化和西瓜价格的变动及时做出决策：当"瓜市"供求量少时，西瓜的价格昂贵，瓜农采取扩大种植面积以实现规模经营赚取利润的决策，大量种西瓜；当"瓜市"供求量增大时，西瓜的价格偏低，做出毁掉瓜苗以减少损失的决策，"瓜农"大量毁掉瓜苗。"瓜农"大量毁掉瓜苗后，"瓜市"价格回升，"瓜农"只好望瓜叹息。（3）大家对"瓜农"的决策进行评价并为"瓜农"如何适应市场献计。结果，"瓜农"的每一次决策都会引起激烈的争论，争议双方都引用了教材的知识。由于设置的情境贴近生活，在形式上具有趣味性，因此，每个同学都不自觉地成了课堂学习的主体，通过激烈的争论既加深了对知识的理解与掌握，又提高了他们分析问题和解决问题的能力。

2. 运用电影资源，引导学生质疑问难，使课堂"动"起来

新课程要求课堂教学要从学生实际出发，充分调动学生学习的主动性、积极性，引导学生动脑、动手、动口，激活他们的思维。所以教师在运用电影资源教学时首先要善问，根据教材的重难点和广度、深度，向学生提出可行的思考问题，要求学生在看完电影后回答问题，并鼓励学生大胆质疑问难。其次要善导，善于诱导和开拓学生的思路，提问要将矛盾的焦点摆在学生的面前，问题必须具有研究价值，以激发学生思维的火花，在看完电影后对学生进行方法和途径指导，以帮助他们解决问题，使学生"会学"。再次提问要含蓄，提问要有层次和深度，要具有探究性，要尽可能做到言有尽而意无穷，发人深思，而不能太直白了。

3. 运用电影资源，可以丰富课堂内容，使课堂"新"起来

在以往的课堂教学中，教师采用传统的教学手段一张嘴、一支粉笔、一本教科书，在三尺讲台上不停地讲解，学生疲于应付，被动接受，课堂气氛经常是死气沉沉的。现代教育技术特别是电影资源借助多媒体设备应用于政治课堂教学，并与政

治课堂教学融为一体，可以丰富课堂内容，开阔学生视野，提高政治课堂教与学的效率，改善教与学的效果，改变传统的"以教师为中心，以课堂为中心，以教材为中心"的教学模式。德国教育家赫尔巴特说："真正感觉的观察比之单纯的描述更为可取。"

4. 运用电影资源，引导学生开展分组讨论，感受合作学习的魅力

在教学中，教师要采取恰当的学习方式"教学生学习"，逐步培养"学生会学习"的本领，提高学生分析问题和解决问题的能力以及自我发展善于创新的意识。在政治课教学中，我结合教材内容选取社会热点，引入恰当的电影资源，给学生布置争论的问题，让学生充分准备，在课堂上开展分组讨论，以引起学生思想的碰撞，在碰撞中去学会想问题、在学习中共同研讨、解决教师提出的问题。这样的尝试与探索对于培养学生自主学习、合作学习的意识，形成正确的价值观具有重要的作用。如果我们不让学生去思考和讨论现实生活中的问题，或者仅仅把讨论当作是一种形式的话，学生对知识的接受就纯粹是为了应试的需要，那么政治课堂教学中学生的学习主体作用又从何体现呢？

5. 引入电影资源，开展研究性学习，培养学生的改革创新能力

研究性学习为高中政治课堂注入了新的血液。它要求学生在教师的指导下自主地发现问题、探究问题、获得结论，而不是从教师或书本那里得到现成的结论。研究性学习作为一种全新的体现新课程思想和要求的学习方式，对于传统教学而言，在培养学生的探究性学习能力、改革创新能力方面具有巨大的优势。

在研究性学习中，为培养学生的创新能力，我结合教学内容让学生在相近领域选择研究专题，提出要探究的课题，以培养和提高学生创新能力为核心，以激发学生学习的潜能，发展个性和完善人格为中心，以主动参与、协调合作、自主发展为主要特征进行探索性、研究性学习。在学习中，我要求学生寻找网上相关的电影片段，以必修课和活动课为载体，引导校内学习与校外学习的互动，引导学生运用所学知识，关注社会，关心国家和人类的前途，从而培养学生的改革创新能力。如这学期在讲《政治生活》第二课第二框第二目《参与民主决策的多种方式》时，针对当前乡镇的实际和学生的实际，我确定了"我为政府整顿场镇乱建房献一计""政府决策与民众的参与"两个专题（共四课时），有学生在网上下载电影《选举》《火烧圆明园》《英雄》《真相至上》等，查找了许多时事资料，通过多种形式的研究，学生形成了自己的认识和成果。这一连串的研究过程充分体现了学生的自主性，挖掘了学生的潜能，使学生的改革创新能力得到了提高。

　　我坚信：电影资源在课堂教学中的运用宛如初生的朝阳一定霞光万丈，教学风景那边独好，电影教学一定能使师生在课堂教学中共同发展，共同进步。在今后的教学中，我将一如既往在电影资源运用于课堂教学的探索中不断努力，竭尽所能解决遇到的难题，使电影资源在课堂教学中熠熠生辉。

　　（此文于2011年9月参加达州市教育局开展的达州市第十四届电教科研成果评选活动中获市级三等奖，达市教电〔2011〕9号）

电影课与书本课在教学中有效结合的初探

　　为了更好地发挥电影资源的优势，充分发掘电影在教学中的育人功能，教师在教学时应采取哪些方法或通过哪些途径才能使电影资源与书本知识融为一体、更好地结合呢？

　　在近一年的电影资源用于课堂教学的实践中，笔者认为教师在教学中不能仅局限于播放影片、让学生被动地观看影片就了事，而应提前选好或编辑电影片段、精心设计学习活动，充分发动学生，引导学生学习，组织教学活动等，用好电影资源，使电影资源在课堂教学中充分发挥作用。

一、对影库或网上的电影资源的使用

（一）悉心准备

1. 对电影资源进行分类，这是用好电影资源的前提

　　（1）必须先看电影，熟悉电影资源。在分类前，教师必须了解每一部电影的大致内容，选择适当的资源运用多媒体设备播放。对于电影的内容，我们可以详细观看，也可以略览已选的电影资源，做到胸中有数，使我们在分类时目标明确，不至于乱分。

　　（2）认真鉴别，仔细分类。我们在分类前先要设置一定的标准建立一些电子文件夹和文件袋，把电影片段按标准装入，文件夹和文件袋可以以必修和选修为标准，选修中又可以按模块设置。如对高中政治相关的电影资源，我们可以设必修和选修文件夹或文件袋，然后在必修里面设置《经济生活》《政治生活》《文化生活》《生活与哲学》四个文件夹；由于电影资源从形式来看有光碟版和电子版，把电子版的电影资源放到相应的文件夹里，把光碟版的电影资源装入相应的文件袋中。

　　电影片源非常丰富，题材广泛，形式多样。从电影内容上看，有反映校园生活、家庭生活、爱情、战争题材等的影片；从艺术表现形式上划分，有音乐片、歌舞片、舞台剧、歌剧及滑稽片等；从观赏效果上看，有喜剧片、悲剧片、悲喜剧片、战争片、武打片等。有的影片从不同的角度看，它可能分属不同的类型，因而，我们在分类时必须认真鉴别，重点是看整个影片反映的主要内容，然后把它进行归档。例

如海量点播系统中《中国历史》（第一册）辉煌灿烂的先秦文化，昌盛的秦汉文化，两汉经营西域和秦汉对外关系，北方的民族大融合，承上启下的魏晋南北朝文化、科技与思想诗歌的发展和大放光彩的艺术，春秋战国时期的社会经济和社会变革等内容既可以归入《初中历史》第一册中，还可以归入高二的《文化生活》。《辉煌灿烂的隋唐文化》中的发达的科学技术，光耀千古的文学艺术；《高度繁荣的宋元文化》中的古代科技发展的高峰、史学、文学和艺术的成就；《边疆民族的发展和对外关系》中的《具有鲜明时代特点的明朝文化》小说、戏剧的繁荣和图书编纂的成就及进步的科技和思想等既可以归入《初中历史》第二册中，还可以归入高二的《文化生活》等。

2. 筛选影片

（1）结合教学目标和教材内容选取电影资源

教学目标是整个教学过程非常关键的一环。因为教学目标在教学活动中处于核心位置，它决定着教学行为，不仅是教学的出发点，而且是教学的归属，同时还是教学评价的依据，它具有定向和调控双重功能。教师要根据新课程标准、教学内容、学生实际及社会需要来选择相应的电影资源。

（2）剪辑与教材内容近似的电影片段

与教学内容一致的有些电影片段比较好选择，可以直接从海量点播系统中提取；点播系统中有的电影资源与教学内容没有多大的联系，但某个片段与教材内容近似，我们可以利用编辑软件设置播放时间进行剪辑，然后在班上播放。

（3）选择社会热点或学生感兴趣的话题

现代中学生，视野开阔，乐于表现，自主能力和独立意识强。因而，在课堂教学中，教师要营造一种生动和谐的课堂氛围，从国际、国内、历史、现实、政治、经济、文化、科技等方面选取学生关注的社会热点或学生感兴趣的话题的电影，并把它与教材相关内容有机结合，还可以让学生在教材涉及的观点、原理与社会热点问题的讨论中，进行思想交锋、思维碰撞，以激发他们学习、探究的兴趣，拉近理论与现实的距离，又有利于培养学生的探究创新能力，使学生真正学有所获。

3. 熟悉课本知识与所选电影资源

教师在上电影课前，必须在熟悉教学目标和教学内容的基础上，熟悉课堂即将要讲的内容，充分挖掘教材内容的深层次信息，才能提出高质量的问题来。如果教师在选择电影资源时连教材的内容都不知道，胡乱选一通，就有可能出现所选电影与教材内容不一致或不相关的情形，既完成不了教学目标，又可能挫伤学生学习的积极性。

如在讲高二《文化生活》第六课第二框《博大精深的中华文化》时，可以从重新归类的海量点播系统的《文化生活》中选取《高度繁荣的宋元文化——古代科技发展的高峰，史学、文学和艺术的成就》和《辉煌灿烂的隋唐文化——发达的科学技术、光耀千古的文学艺术》，再用软件剪辑和重新编辑可用的内容，删除与教材内容无关或不一致的内容。

4．精心设计问题或活动

新课程标准把培养学生学习运用所学知识的基本观点和方法观察问题、分析问题、解决问题的能力提到首位，因此教师在课前要有意创设情境，精心设计问题，引导学生学会思考和表达。设置的问题必须既要结合电影内容，又要紧扣教材；问题设置的角度具有较强的针对性、目的性、趣味性及开放性，要结合社会热点，紧扣教材内容，服务于学习，贴近生活。

（二）如何点播，这是用好电影资源的关键

那么，我们在政治教学中如何使用电影资源呢？

经过一年多的探索和总结，我们对现有电影资源的使用概括为四个步骤，简称四步教学法。

第一步："导"

教师在熟悉电影片段的基础上，结合要学教材的内容和学生熟悉或关心的话题设疑提问，生成问题，以问题导入新课，要求学生在预习教材时快速阅读教材，时间最好控制在五分钟内。具体做法如下：

播放电影片段前，教师要巧妙提出问题，营造课堂氛围，引导学生预习教材。

心理学告诉我们，一个人的感知、注意、记忆、思维、想象等智力因素，都受主体情绪的影响。当一个人精神轻松愉快、情绪稳定饱满时，学习的兴趣和信心就会倍增，表现为智力活跃，接受能力强。反之，意识就变得狭窄，认识范围缩小，理智、分析能力都会受抑制，表现为消极迟钝、学习效率低下。因此，教师在播放电影资源前必须营造生动活泼的课堂氛围，以调动学生的积极情绪。那么教师在课堂上应怎样营造良好的氛围呢？

教师要集思广益，通过精心设计导语、激疑提问、设置悬念等方法巧妙提出问题来营造课堂氛围。

1. 精心设计导语

课堂教学的导入，犹如乐曲中的"引子"，戏剧的"序幕"，起着酝酿情绪、集中精力、渗透主题和带入情境的作用。精心设计的导语，能抓住学生的心弦，立疑激趣，能促成学生的情绪高涨，步入智力振奋的状态，把学习兴趣调整到最佳状态，为教学打下坚实的基础，从而激励学生"我要学"的学习情趣。例如在学习高一《经济生活》（必修）《价格变动的影响》一框时，设计这样的导语和问题：①假设你是一位家庭主人，今天到农贸市场买菜，面对市场上价格不断上涨的猪肉和价格变化不大的鸡鸭鱼，你该如何合理选购？②厂长（经理）在企业中处于"中心"地位，这样的"中心"人物是不是谁都可以担当？你将来怎样才能成为这样的"中心"？你准备对企业的生产经营怎样进行科学引导？电影片段《艰难的选择》或许能打开你封存的思绪，下面请同学们观看电影《艰难的选择》。通过这样设疑导语和问题把学生引入本节课的学习内容，激起学生对本节课内容的关注，抓住学生的思绪，激活课堂上的气氛。

2. 激疑设问，设置悬念

激疑提问作为一种教学手段，用得好，就对教学有积极的促进作用。激疑设问不仅为师生的双边活动提供了条件，还能够为课堂教学注入活水，使课堂生机盎然。如在讲高一《经济生活》（必修）《外汇》时，对教材 P10 虚线框设置以下一个问题：与 2007 年 8 月 24 日相比，2008 年 4 月 18 日人民币对美元的汇率是升了还是降了？在此基础上增设一问：人民币的升值对中国、美国及世界的长远发展有何影响，我国该采取哪些措施？学生纷纷讨论，情绪高涨，课堂气氛很活跃，在讨论中"流淌"出"人民币长期升值对中国的发展是不利的意味着中国人民每年辛勤的汗水被美国人夺走了，我们必须确保人民币币值的稳定"，在激烈的议论中体味"什么是汇率？汇率变化的影响？"通过激疑提问将原本呆板的理论在形象中被学生接受消化。

通过以上做法，学生的积极性被调动起来了，良好的课堂氛围也就创建了。

第二步："探"

在播放影片前，教师要向学生提出明确的问题，让学生带着问题在观看中探究解决。

播放影片前提醒学生不要为看电影而忘了问题，要求学生注意影片内容哪些地方与问题之间存在紧密联系，并要求同学们收集典型人物、典型事例、典型语言与动作，可边看边做一定的记录。

在提出要求的基础上，教师播放影视片段让学生观看。这一步骤的主要目的是引导学生进行情景体验，现实与教材的对接，激活学生的思维，体会、思考和探究教师提出的疑问并生成答案。

第三步："答"

引导学生回答先前预设的问题。

学生在观看电影片段后，教师要组织学生、引导学生、启发学生及时回答前面提出的问题，不仅承载着学生对影视片段的体味，更传递学生对书本知识升华、启发学生的思维，打破思维定式，促进问题解决，使师生之间的交流及时沟通，培养学生的学习兴趣，形成良好的个性心理品质，帮助学生塑造健全人格；使学生树立正确的答问观，逐步积累科学的问答技巧，努力养成良好的答问习惯，以促进教学双边活动的和谐健康发展。

在学生看完影片后，或抽学生口头回答先前预设的问题，这种方式有助于训练学生的口头表达能力，培养学生的思辨能力及综合探究能力；或要求学生书面回答，训练学生运用学科术语和观点分析问题、提高学生解决问题的能力及语言表达能力。

例如，学习高一《政治生活》的《中国共产党：以人为本执政为民》时，在播放了电影《孔繁森》后问：同学们已经看了电影《孔繁森》，能不能用所学知识诠释孔繁森身上以人为本、执政为民呢？请同学们举手回答。

同学们还有新的发现吗？请同学们踊跃回答。

第四步："品"（回味）、"评"（简评及详评）和"感"（观后感）

1. 回味

对于教师提出的问题，有的问题学生在看后就能解释或回答；有的问题即使教师点拨，学生也回答不了或还存在疑问；有些电影片段内容非常丰富，学生希望回放，在这样的情况下，教师要重放电影片段。目的是通过回放片段，让学生重温电影内容，品味其中的内容与教材的链接，引起学生的思考，领悟教材知识，培养学生的探究能力。

2. "评"和"感"

选取电影片段的某一个切入点要求学生运用教材观点简要分析电影某个方面或人物的问题（简评）。

所谓简评即对电影某个片段或某个人物进行简要的评价。这种评价可以是一言半语，三言两语，点到即可，关键是评价必须中肯。

开展简评，让学生分析、鉴定和评价蕴含在片段中的审美价值、认识价值、社会意义，开阔视野，运用所学知识解释影片中所体现出的道理，分析影片的某个片段或人物的成败得失，加深对影片的理解和鉴赏，提高自己的欣赏水平，在学习知识的同时，提高创作水平，间接促进电影艺术的发展。如在引导学生学习高中政治（必修3）《传统文化的继承性》中传统文化的形式时，在播放《林黛玉进贾府》后，学生对电影中的主人公林黛玉的简评：有注目凝思，多愁善感；也有情空万里，独我愁云；还有心如秋之枫叶，冬之霜雪；更有开拓者评价：人面桃花，独我最红，人生其短，勿入情中；佳人勿愁，君子好述等。

在学生回答问题的基础上，教师可以要求学生运用教材观点简要分析电影某个方面或人物。有学生看完《林黛玉进贾府》后，结合学校和班级同学言行举止的实际做了这样的简析：黛玉淑静温柔，要求女生"仿学林黛玉，树淑女风范"，宝玉纨绔子弟，玩世不恭，要求男生"勿学贾宝玉，伤君子形象"，立绅士风度。

3. 课后开展的活动是对课堂电影资源的拓展与教学内容的巩固

A. 运用教材观点深度评价电影某个方面或人物的问题（影评）

让学生写影评，不仅能使学生认识影片所体现的本质意义，还能使学生理解整部影片所显示的客观真理，诱导学生识别真、善、美，假、丑、恶，正确地认识生活、认识现实。一篇好影评，既能鞭策先进，又激励后者。它传经验于后进，吸教训于未来。同时，它还是传播友谊、促进团结、促人奋发、使人进步的阶梯。

教师要积极引导学生写影评，帮助他们提高欣赏影片的能力，以培养他们健康的艺术情趣和高尚的道德。

B. 回放课堂的电影内容或播放课堂电影的相关内容，巩固提高，培养学生的思维和兴趣

利用午休或晚饭后的时间，在班上播放，既可以让学生重温电影内容，加深学生对电影片段的理解，引发学生的灵感，形成新的见解，又可以唤起学生的记忆，回味课堂教师所讲的知识，以达到巩固、提高、应用的目的。

播放课堂电影的相关内容，让学生掌握完整的故事情节，丰富学生的课余生活，开阔学生的视野，激活学生的发散思维，培养学生的应用能力，提高学生的文化品位，帮助学生形成良好的人文素养。如在学习高二《文化生活》（必修3）《文化在继承中发展》一框时，在课堂上我们选取了电视连续剧《亮剑》第十四集后，学生要求利用中午时间观看第十五集以分析李云龙那鲜活的个性，他身上有着千百年来中华民族不畏强暴、敢作敢为、机智勇敢、有情有义的性格，但也有爱骂人的缺点，进而理解传统文艺蕴含着丰富的文化内涵，是中华民族灿烂文化的重要组成部分。对

李云龙的性格，我们有褒有贬，有取有舍。

C. 定期展开影评征文大赛

开展影评征文大赛，一是可以检验学生对影片的理解情况，二是测试学生对教材的掌握情况，还有助于培养学生的参与意识，训练学生的表达能力。今年 10 月 11 日我们组织了达县石桥中学第二届影评征文大赛，无论是参赛选手的人数，还是收到的作品数量比第一届多，质量比第一届高。其中，高 2010 级（1）班学生龚艳红的《儒学成长论》，高 2010 级（3）班学生侯琴琴的《咏红梅叹清梦》，高 2010 级（2）班学生黄桂萍的《传统文化的继承与发展》，高 2010 级（1）班学生孙浪的《红色文化与列宁街》，高 2011 级（1）班学生马清萍《缅怀经典 重温红色》，高 2011 级（6）班学生谯乔《历史遗迹》分别获校级一等奖。二等级 13 篇。

二、开发与教材内容相关的电影，这是对电影资源的补充，对教材内容解读的是创新。是电影资源使用的第五步"模"

组织学生对某个电影片段教学模拟或根据教材内容自制剧本、自编动作、自设背景，录制电影片段。

（一）参照教材内容对电影资源加工

有些电影片段，内容非常丰富，与教材内容有些关联，但又不十分紧密，如果我们对其中的某些部分做一定的修改和拓展，就能成为非常好的电影教材。如在学习高一《政治生活》（必修 2）《主权国家和国际组织》时，如果直接选播《希特勒》，则有些内容与教材关系不是很密切，为了能使电影片段《希特勒》更好地与教材内容相符合，我们对电影《希特勒》进行了剪辑，剪除了与教材不一致的内容，新增加了国际组织在调停战争方面发挥作用的内容。这样处理后，电影片段《希特勒》就能很好地与教材相吻合了。

（二）自制电影

主要针对影库或网络中没有与教材内容一致的资源的情况。

1. 选素材

自制电影首先就是要有一定的素材，教师应根据教材内容和学生的需要选取素材，设置一定的动作或情景，让学生演练、修改、录制，再修改，其素材包括电影、电视、电子图书、动漫、新闻联播、市场动态等与教材相关的内容。

根据主体的不同，我们把选素材分为教师选材、学生选材及直接抓取三种方式。

① 教师选材

选定恰当的教材内容。不是所有的教材内容都可以编制成教学电影的，这就要求我们教师根据教学内容进行筛选。

② 学生选材

古人云：三个臭皮匠顶个诸葛亮。一个人的思维毕竟是有限的，教师的喜好、阅历、思维及素材来源制约着教师对素材的选取。如果我们充分相信学生，让学生参与素材的选取，不同的学生从自己的角度选取与教学内容相关的素材，那么，我们的教学就将有取之不尽、用之不竭的素材来源，教师可以从中挑选最适合教材的素材加以处理，就是非常好的反映教学内容的电影资源。这有利于教师把选取素材的时间腾出来充分利用到深挖教材上去，使课堂教学取得最佳的效果。

如在学习高二《文化生活》（必修3）《博大精深的中华文化》一框时，有学生推荐播放 2010 年的春节联欢晚会的内容，有学生推荐播放电视连续剧《美人心计》，还有学生推荐部分电影《赤壁之战》,甚至还有推荐皮影戏《三顾茅庐》等,非常丰富，题材广泛，这些题材都说明了作为中华文化的文学艺术对反映人们的精神生活，展现人们的精神向往和追求，展示人们的精神世界具有独特作用。

③ 直接抓取

我们可以从海量点播系统和生活中直接抓取与教材内容相近的素材，为了提高学生充分利用电影资源学习的积极性，让学生了解与课堂播放的电影片段相关的电影内容，任课教师要安排一定的时间充分利用海量点播系统中现成的电影资源。如我校根据教学需要，安排每周五下午为电影资源点播时，各班自行选播预先准备的电影片段，时间不得超过三个小时。

2. 根据教材内容，展开联想，利用素材，编制情节

有的教材内容比较抽象，与教材内容相关的电影片段不好选或者根本就没有。在这样的情况下，教师该采取怎样的方式和方法才能将抽象的内容直观化、简单化，以便学生在较短的时间内掌握和理解教学内容，提高课堂教学效果？其实，教师可以充分发动学生仔细研读教材，根据教材内容，利用海量点播系统中的素材或网上下载的与教材内容相关的素材，展开联想，创新性地设计情节，自编反映课题内容的电影教材。

3. 自编、模拟及演练

在已设计情节，自编剧本的基础上，从学生中选取部分胆大的学生，注意男女比例搭配。利用课余，让他们展开联想，根据情节自行设计动作和对话，或模拟某

个电影片段的动作和对话；请相关学科和艺体老师进行点评动作和对话是否体现教材，是否具有恰当的艺术美。在他们的指导下，参与演练的学生自行修改动作和对话。

4. 录制，再修改

在反复修改的基础上，请学校专业摄像师进行拍摄和录制。然后在班上播放，让其他同学就片段中的动作、语言与背景等提出意见和建议，在此基础上，参与表演的同学丰富与完善相关内容，修改补充相应的动作，摄像师再拍摄、录制和修改。

通过上述程序，一部由学生自编自演的体现教材内容、反映学生愿望的电影片段就此制成。经过学生的共同参与：一是让学生主动去学习教材，熟悉教材内容，了解教材重点，在课堂上关注难点；二是培养学生的自主学习、探究学习、合作学习的习惯和能力；三是教师能够将过去课堂上教师讲起来非常抽象、学生听起来非常吃力的内容直观化、形象化。

三、存在的问题

1. 分类因分类人的阅历、能力审美等因素的影响而存在问题；

2. 自制电影过程中缺乏专业人员的指导，甚至缺乏必要的素材；同时参与编制非常耗时，易耽误学生的时间和学习。

（此阶段研究成果参加中国教育技术协会电影教育专业委员会举办的 2011 年全国中小学、幼儿园电影课大赛中获国家级二等奖，达市电教〔2012〕21 号）

"三选四步"显精彩

——如何实现影视资源与书本内容有效结合的探究

　　时下，几乎全国各地都在进行新课改，新课改的课堂教学特别关注学生的学习过程及学生的体验与感受。在课堂教学中，学生不再充当配角，而是课程学习、体验与感受的主体。在课堂教学中恰当地运用影视剧对尊重学生的主体地位、发挥学生的主体作用、提高学生理解书本知识分析社会问题的能力，实现影视资源与书本内容的有效结合具有重要的意义。将影视资源运用于教学已成为抢占和引领学生走进政治课堂、亲身体验其中乐趣的高地。那么，怎样才能在政治课堂教学中实现电影资源与书本内容有效地结合呢？这是近几年来我校课题组参研人员共同关注、深入探讨的话题。在设计、实施《教师问卷调查》的基础上，笔者近两年来在这方面做了一些有益的探索，现从以下几方面谈谈自己在政治课堂教学中实现电影资源与书本内容有效结合方面的认识与做法，敬请各位专家指导。

一、在课堂教学中实现电影资源与书本内容的有效结合具有明显优势

　　随着通信设备的不断更新、网络资源成功运用于教学及现代教育技术的发展，在探索中，认识到在政治课堂教学中电影资源与书本内容有效结合具有以下优势：

1. 获得和利用电影资源的途径越来越多

　　随着网络技术的发展，教师获得电影资源的途径越来越多，而且越来越便捷：既可以直接从百度搜索栏输入要查找的电影资源的名称直接搜索，又可以从一些影视剧专门或专题网站直接下载，还可以通过计算机从光碟中复制后者直接播放光碟，等等。而随着多媒体教学技术的发展，CD、CAI、MP3、MP4、投影及大量的视频音频处理工具如 VideoCutter.exe 和 AVSVideoEditorPortable.exe 等为我们多渠道地有效利用电影资源的途径，使得电影资源在政治课堂教学中被广泛引入，显示出了它在课堂教学中的优势与优越性。

2. 引入电影片段有利于开阔学生视野，转换学生思维，活跃课堂气氛，让学生在轻松愉悦的氛围中对问题自主探究，与他人合作学习，增强学习政治这门课程的兴趣

在政治课堂上，根据书本内容适时适量地插播相关影视片段，可以让学生从生硬理解教材文本干瘪的文字中跳出来，改变死气沉沉的课堂氛围，开阔学生的视野，让学生换一种角度，自主揣摩教材中的话语、探究其中的问题，领悟其中的内容和思想情感，使学生参与课堂教学，与他人合作学习，自主体验是与非、美与丑、爱与憎、正义与崇高等情感，培养学习政治这门课程的兴趣，发展学生的综合能力。

3. 借助电影片段可以更好地让学生把握课堂教学内容

首先，有利于学生在课堂上理解教学内容，使干瘪的内容具体、形象、生动。如在理解"文化影响人们的交往行为和交往方式"（《文化生活》的第二课第一框《文化影响面面观》）时，为了便于学生进一步理解，可 VideoCutter.exe 剪裁出《红楼梦》中《林黛玉进贾府》和《元妃省亲》的片段，在读了课本内容之后，再播放这段影视剧，学生的理解就会更深刻；其次是直接深化课堂教学内容，帮助学生形成正确的世界观、人生观和价值观。如学生在掌握文化具有"深远持久的影响"（《文化生活》的第二课第一框《文化影响面面观》）的特点中的"世界观、人生观和价值观是人们文化素养的核心与标志"时，引入《钢铁是怎样炼成的》的片段，影视主人公保尔的世界观、人生观和价值观对学生产生强烈的震撼，使学生在观看影视内容的同时心灵受到涤荡，对学生的世界观、人生观和价值观必将产生深远的影响，这种影响是持久的，甚至可能会影响着学生的一生。

4. 播放电影片段有利于对教材进行进一步的开发，增强学生主动学习的意识

影视本身就是一种艺术，许多影视剧是对名著的改编与加工。我们在政治课堂教学中，可以让学生通过多种渠道与途径将与书本内容联系紧密的名著和其他内容改成剧本，也可以将书本内容改编为剧本，然后再与影视进行对比，在对比中得到感悟和提高。如在学习《政治生活》第二课《我国公民的政治参与》第一框《民主选举：投出理性一票》时，在课前，我对学生进行分组，让学生先熟悉教材内容和我先前创设好的石桥镇人大政府领导班子换届选举的材料，在课堂中，让每组抽出五名学生扮演一定的角色，模拟政府领导班子换届选举时人大代表在不同的选举方式下（直接选举、间接选举、等额选举及差额选举）投票的情景，场景别开生面，这样学生在参与中既主动学习了书本内容，又把抽象的东西直观化、具体化，加深了学生对教材的理解。

二、在政治课堂教学中影视资源与书本内容的有效结合的做法

1. 运用"三选法"，选择恰当的影视资源，有助于在政治课堂教学中实现影视片段与书本内容的有效结合

第一步：选内容，即精选熟悉的影视内容

现在网络上的电影、电视连续剧、动漫等影视资源非常丰富，如果不加选择，不着处理，直接搬进课堂，是不可以想象的，因为课堂只有40分钟，一部电影至少要播1～2小时，更不用说连续剧了。那么，我们应如何处理这些影视资源，才能让它在课堂教学发挥应有的作用呢？这就要求我们必须对影视资源进行筛选，最好选择学生熟悉的影视内容，因为学生对熟悉的影视内容印象深刻，通过观看这些片段，容易理解书本知识。

第二步：选片段，即精选影视片段

在选好要用的影视内容后，必须从影视内容中精选影视片段，要选择那些与书本内容一致或相近的题材。这就要求教师要准确地掌握书本内容，看完所选影视片段的内容，然后选取最符合书本内容的片段，记录播放片段开始与结束的时间并用VideoCutter.exe进行剪辑，如在理解"文化影响人们的交往行为和交往方式"（《文化生活》的第二课第一框《文化影响面面观》）时，我首先选取并观看《红楼梦》中《林黛玉进贾府》这一集的内容，记录与书本内容最接近的片段的开始播放时间为00:12:000，结束时间为00:26:127。在VideoCutter.exe界面开始与结束剪切点内输入以上数据进行剪辑即可。

选取对课堂教学内容一致的片段，可以活跃课堂气氛，增加教学内容的生动性，使学生学得更加主动。选取对课堂教学内容起到互补作用的片段，可以扩展学生的视野，激发学生主动探究的热情。

第三步：选镜头，即精选影视镜头

所选内容要紧凑，不可太冗长。节奏慢、较冗长的最好不选；若需要，只着重精选一两组与书本内容相关的镜头即可，这样的镜头亮点在于让学生容易理解书本内容的难点。如学习《在科学文化的熏陶中升华》（《文化生活》的第十课第二框《加强思想道德建设》）时，播放电影《张思德》，张思德助人为乐的镜头，可加深学生对"学习科学文化有助于加强自身的思想道德修养"的理解。

特别注意：尽可能不要选择带有暴力、血腥、色情等的情节或与书本内容及价值观相悖的观点和内容。例如在学习《树立社会主义荣辱观》（《文化生活》的第十课第一框《加强思想道德建设》）时，所选影视片段要尽可能少选或不选那些带有

负面作用的打打杀杀的血腥场景，以免对学生产生不良影响。

2. 运用"四步法"能有效地实现影视片段与书本内容在政治课堂教学中的结合。其具体做法如下

第一步：播前预习，提出问题

播放影视片段前，先让学生预习书本内容，同时根据书本内容、PowerPoint 及要播放的影视片段提出问题。如在教学《永远高扬爱国主义的旗帜》(高中政治必修 3)前，我设置问题：怎样理解"爱国主义不是抽象的，而是具体的"？给学生放自己做的 PowerPoint《屈原简介》并设问：屈原身上的爱国主义体现在什么地方？这样处理的目的是让学生对爱国主义有一个初步的了解，对爱国主义有一个朦胧的、感性的、片段的认识。

第二步：播中释疑，分析问题

① 播放相关片段。利用 VideoCutter.exe 等软件剪裁相关片段在课堂上播放。如在教学《永远高扬爱国主义的旗帜》(高中政治必修 3)时，在课堂上可给学生播放剪裁好的电影片段《屈原》让学生带着问题在所观看影片中先找体现在屈原身上的爱国主义的具体事件与做法，进一步分析"爱国主义为什么不是抽象的，而是具体的"。

② 播放主题曲或插曲。利用课前在网上收集好的相关剧照或影视剧中的主题曲或插曲在课堂中播放。使用剧照，浓厚课堂气氛，为学生的学习设置悬念；在课中使用影视剧的主题曲或插曲，可创设情境，引领学生进入书本内容营构的情感氛围，加深学生的印象，更好地理解教材。

第三步：播后答疑，解决问题

① 直接回答问题。对于通过观看影视片段后学生能够直接回答的问题，教师就直接抽学生回答即可。如屈原身上的爱国主义体现在什么地方？体现在屈原的主张上，屈原"主张章明法度，举贤任能，改革政治，联齐抗秦。提倡'美政'。反对楚怀王与秦国订立黄棘之盟"。事件：投汨罗江自杀。公元前 278 年，秦国大将白起带兵南下，攻破了楚国国都，屈原的政治理想破灭，祖国山河破碎，对前途感到绝望，虽有心报国，却无力回天，只得以死明志，就在同年五月怀恨投汨罗江自杀。从屈原身上的爱国主义我们可以得出如下结论：爱国主义不是抽象的，而是具体的，通过具体的言论与行动体现出来。

② 回放相关片段。对于通过观看影视片段后学生不能够直接回答的问题，教师可以利用课堂剩余时间或课后回放课堂中已播的相关片段，并在片段与所提问题

联系最紧密的地方暂停或提示，以帮助学生结合书本内容，解释心中困惑，提炼与回答所设的问题内容。

第四步：巩固提高，运用迁移，自编影视片段

① 对知识的巩固提高，运用迁移。在课后，我们可以选取与课堂已播放的影视片段的延伸内容或书本内容的延伸影视。如在课堂上我们仅播放体现屈原爱国主义的主张部分，课后我们就可以让学生看完电影《屈原》，使学生对屈原有一个完整的认识，对屈原的爱国主义有一个清晰的把握，进而对爱国主义的含义有一个明确的认识，运用掌握的相关知识分析和解决具体问题，在社会主义建设中践行爱国主义。

② 自编影视片段。我们可以引导学生根据对书本内容的理解自编自导课本剧。如学习《民主管理：共创幸福生活》[《政治生活》第二课第三框时（必修2）]，可以交给学生一些村委会管理的材料，让学生根据课堂上对课文的理解，借鉴看过的戏剧，进行课本剧的自编自导自演。

三、必须走出以下误区

1. 认为影视与书本内容在政治课堂教学无法结合，更不可能融合

有人认为影视容量大，耗时长，不适用于引入40分钟的课堂，与教材结合不强；有人认为影视的运用会弱化在课堂教学中教师对书本内容的分析，不可能与教材内容融合。

2. 影视内容选择的误区

首先是只看内容，不看版本，严重地影响到课堂教学中所选影视资源与书本知识的有效结合。殊不知，影视内容的选择影响所选影视资源与书本知识的有效结合。影视内容的选择受版本的影响：现在的影视剧由于诸多原因呈现出不同的版本，版本不同，内容的侧重点也可能不同，甚至表达的意思也有出入，这就要求教师要根据所教内容和所教学生的特点精心选择。其次是对影视内容的不恰当剪辑也影响课堂教学中所选影视资源与书本知识的有效结合。课堂上，往往不需要或不能播放整部的影视剧，常常出现对片子的剪辑不当而不能达到预期的教学效果，甚至产生负面效应。

3. 脱离书本，把政治课上成了影视剧点播课的误区

一是以影片的观看代替了对书本内容的分析。二是本末倒置，干脆把政治课上成了影视课。其实，利用影视资源进行教学，只是完成课堂教学任务的一种辅助手

段，所以使用影视资源要适时、适度，要注意它的辅助地位。三是在政治课中利用了影视资源，但缺乏教师的正确指导，不能将影视和书本内容有机地结合起来，或者是没有完成影视对政治教学的辅助作用，不能实现影视资源与书本知识的有效结合，课堂教学达不到预期的效果。

4. 所有的课都要引入影视剧的误区

有人不加区分地把影视资源搬入政治课课堂教学的每一节课中。殊不知，不是每一节课都可以引入影视资源，用与不用的关键取决于教材的内容，因此，教师在备课时，要认真解读教材内容，预设课堂教学应使用的教学设备与教学手段。对于书本内容浅显易懂的，在课堂教学中由教师直接点播和讲解；对于书本内容必较抽象不易弄懂的，在课堂教学中可以借助 PowerPoint 或影视资源或 PowerPoint 与影视资源的结合，提高教学效果，使学生能在较短的时间内理解书本内容，掌握书本内容。

两年来的实践证明，采用"三选四步法"能有效实现影视资源与书本内容在课堂教学中的结合，采用这种方法有利于：①把握教材。通过观看有声有色的影视剧，加深对故事情节的理解，有助于把握教材的主要观点或相关内容。②加深体验。通过相关情节，进一步加深学生对书本内容所表现出来的真与善、是与非及美与丑等情感的体验。如在教学《树立社会主义荣辱观》(《文化生活》(高中政治必修3)的第十课第一框《加强思想道德建设》)时，插播电影《雷锋》视频，让学生体验雷锋助人为乐的那种场景，感受雷锋的那种激情，那种大爱、正义、崇高的情感体验就会充满学生胸膛。③破解疑难。学生很难理解书本内容中的某些关键语句，观看相关情节，联系书本内容，进行比较，想想编剧是怎样理解和处理的，自己又有什么不同的理解或看法，有利于理解书本内容中的某些关键语句。

"雄关漫道真如铁，而今迈步从头越"，我将在今后的课改中继续对影视资源与书本内容在课堂教学中有效结合的问题不断探索、不断完善，使课堂教学更加丰富、更加精彩。

怎样提高政治课堂教学效率

今年，我们四川终于赶上了全国新课改的末班车。新课程对教师提出了更高的要求。作为新课程的操刀者，我们要上好新版政治教材必须脱胎换骨，既要全面提高自身素质，又要使自己的授课贴近学生、贴近生活、贴近社会，尤其关注和提升学生对生活、对社会的适应能力、终身学习与发展能力。新课程要求师生共建和谐的课堂，倡导师生双边互动，尊重学生的主体意识，竭力发掘学生的创新思维，培养自主学习、合作学习和探究学习的能力。在此背景和理念下，作为政治教师，我们应如何提高政治课堂教学效率，在时下的四川，这一问题成为全川新一轮中高一政治教师关注和必须研究的课题。结合十余年的教学实践，下面我从三个角度谈谈自己对这一问题的愚见，敬请各位专家函指。

一、要精心备课，充分备课

（一）教师要量体裁衣，精心备课

教师在教学中要遵循教与学的规律，研究教学方法、精心准备。作为教师，一要有"德"，即崇高的思想品德；二要有"才"，即渊博的知识；三要有"术"，即高超的教学艺术。而要提高教学艺术，就要求教师必须精心备课，认真对待每一节课。要把每一节课都上好、上成精品课和示范课。这样不断磨炼，日积月累，自身的教学技艺就能不断提高。教师在备课时要关注学生"全面而有个性的发展"，尊重学生的个体差异。教学设计的各个环节必须精心安排包括学生的需要、教师的辅导、作业的布置、测试讲评和学生的预习，了解学生的年龄特点、现状、兴趣和态度等，既要了解一般情况，又要熟悉个别差异，使备课做到量体裁衣、有的放矢，满足不同层次学生的学习需求，使之学有所得，把新课程的理念真正落实到每一节课中去。

（二）深挖教材资源，充分利用教材

学科教材是教师进行教学活动的重要依据，是学生获取知识的主要来源，是顺

利完成教学任务的基本条件，更是学生学习的一种重要资源，教师在备课时要会用教材，用活教材，活用教材，既要抓每一单元、每一课的"双基"训练，又要抓包含于其中的重点。认真挖掘教材内容的深层次内涵，同时找准课本知识点、社会热点与学生兴奋点这三点的结合点，给学生留足思维空间。这样做既能增强政治课的吸引力，又有利于拉近教师与学生之间的距离，拉近学生与社会生活的距离，让学生感到政治课的内容是丰富的。政治理论不是空洞的，政治现象就在我们的身边，在日常的生活中，要让学生认识到：学政治是有用的，它不是空洞的，它对学习、工作和生活都是益的，从而增强学生学政治的积极性。

（三）改进教学方法，探究新的教学手段

新课程下的高考要求考生所具备的不是一般的学科知识，而是综合调用学科知识解决实际问题。因此，高考试题的设计"注重考查考生应具备的适应社会生活的基础知识、基本技能、学习能力、实践能力及情感、态度、价值观，着眼于考生最基础、最基本的生活与学习能力的考查"。

曾记得日本一位从事现代教学理论研究的学者广冈亮藏提出：世界上没有一种万能的教学方式，赫尔巴特、杜威都不曾发现这种教学方式，恐怕将来也出现不了。而教学方式受教材特点、教学目标、教师、教具、教学时间、学生的个体差异等诸多变量的影响而变化。这就要求政治教师必须适应新课改和新高考的要求，在课堂教学中，政治教师要根据学校教学设施的现状、学生的实际和授课内容的特点灵活地安排教学内容，创新教学方法，探究教学手段;重视"双基"训练，培养学生动手、动脑及动口的能力，鼓励学生大胆创新。

二、上课要以人为本，用好课堂 40 分钟

（一）开课巧设引言，注重时事，调节学生的兴奋点

英国教育家洛克说过："教育的巨大技巧在于集中学生的注意，并保持他的注意。"注意力的集中在将课堂中的兴奋中心保持到学习有关的事情上去，使学生在听课时注意力集中。教师讲解得越精彩、越投入，教师做的无用功就越多。所以在课堂教学中调节学生的兴奋中心，是提高课堂教学有效性的必要保证。因此，作为政治教师，在每一次教学中，要巧设引言，注重时事，调节学生的兴奋，尽可能发掘学生学习的兴奋点。

（二）因材施教，鼓励学生大胆质疑

在教学过程中，学生提出问题的过程是学生思考质疑问题的过程。对于学生提出的问题，教师首先要激励和发展学生的问题意识。因为问题意识、问题能力是创新意识、创新能力的基础。我们的大教育家陶行知曾说"创造始于问题"。有问题才会思考问题，有对问题的思考，才会有解决问题的办法，才会有独立的思路。有问题不一定就有创造，但没有问题肯定是没有创造的。学生对学习政治总是充满好奇和疑问，所以政治教师要鼓励学生常思、多疑，带着问题学习，教师在解决问题时，要创设一定的情景故事、提出疑问等，以激发和引导学生形成更多的问题，甚至在最重要的地方设置悬念，调动学生的好奇心，刺激学生探究和解决问题的积极性。因此，教师在课堂教学中除了向学生传授知识外，鼓励学生、允许学生对知识多问多思，以激发学生的问题意识，使学生深度探究问题、寻找解决问题的办法，从而形成对某一问题的独立见解。

（三）重难点内容提示，增强学生听课的有效性

政治学科不仅承担着知识传授的功能，还承担着德育教化、思想启迪、树立正确的世界观、人生观、价值观等功能，因此，它在中学教学中的地位是非常重要的。从初中到高中，政治学科都发挥了它强大的教育功能，地位不容忽视。但传统的教学模式制约了学生对学习这门学科的方法的探索，挫伤了学生学习政治课的热情和激情，许多人（家长、学校和部分教师）总认为读读背背，就是学习政治课的方法，因而许多学生不重视学习政治，上课不专心听讲，学习效率不高。那么如何提高学生听课的有效性呢？在教学实践中，我上课一开始就向学生说明本节课的重难点是什么，然后根据自己的教学经验，总结以前教过的学生经常在哪方面出错，并提醒学生注意易出错的知识点。这在心理学上叫先入为主，提示学生哪里难学，哪里易出错。在讲到这部分内容时，学生会集中注意力去听，比如"商品的价值量由社会必要劳动时间决定，与个别劳动时间无关"的理论，成绩好的同学一听就懂了、理解了，会感觉尽管老师讲得很深，以前的学生不学会的，现在我学会了，从而增强他们的学习自信心，激发他们的学习兴趣，这在心理学上称为自我效能感的培养和建立。相反，对于成绩落后的学生，学到这部分内容时，即使没有完全听明白，他们会感觉到这就是老师讲得最难理解的内容，以前的学生都弄不明白，我没听明白也是正常，下课后再问问老师就行了。下课后，老师再根据这一内容做个别辅导或布置习题题练习，进一步帮助后进生突破重难点，这样不至于影响到他们的自信心、想取得好成绩的决心和学习兴趣，学生听课的积极性就会不断提高。

三、注重学法指导，放手让学生自主学习

高考改革与课程改革是同步进行的，在某些方面它们应是相辅相成的，从近几年的高考试题来看，以政治素养、人文素养、核心素养考查为主要目标的试题，诸如选择题目中的漫画题，以图、表格、材料相混合、旨在考查学生对信息的获取、处理、转换与表达等能力的论述题，已成为高考的主要内容。作为教师，要增加学生这方面试题的得分，必须在平时注重培养学生的学习方法，以提高学生自主学习的有效性。

在教学过程中，让学生阅读教学内容后，教师可以抓住教学内容的核心，精心设计问题让学生回答，以培养学生抓中心、抓重点的能力；政治教学中可以联系实际的内容是很多的，在每一节课的最后，可以设计一些与生产生活或当今国际国内重大时事相联系的问题，让学生运用学过的知识去解决，以培养学生分析问题、解决问题的能力；在对章节内容总结时，教师可以让学生通过列知识结构表对章节内容进行归纳和联系，以培养学生的综合归纳能力。在此基础上，教师要指出章节知识的重点、难点、考点、易错点、高考常考的题型和表述中常用的知识等。总之，在教学实践中可以大胆尝试，积极诱导学生独立思考，让学生在思考中获得成功体验，从而变苦学为乐学，再给予方法点拨，使学生从乐学走向巧学，从而不断提高自主学习的能力。

教学中能想方设法使学生动起来的方法就是好方法。我们何不在教学中多创造一些机会，让学生充分展示自我，在活动中汲取知识的甘露呢？课改的主流思想也要求我们把课堂还给学生，让学生充分把握学习的主动权，鼓励学生多提问题、多交流、多创新。我们何不想方设法把学生学习的主动性调动起来，使他们变"要我学"为"我要学"呢？如果能把学生的积极性调动起来，教师适时、适度地引导和管理，充分挖掘学生潜力，我们有理由相信：学生学习政治这门学科的能力、适应社会的能力、思考问题的能力都会有较大的提高，教学一定会取得较好的效果。

[注：此文发表于2010年《教育科学论坛》（增刊），川新出增字〔2010〕055号，P173]

寻找新方法讲活政治课

在长期教学实践中，笔者认为应该优化课堂结构，实施教学改革，力求突破传统的以说教为主的教学模式，激发学生的求知欲，调动学生学习的主动性，在发挥学生主体作用上下功夫。

一、多烧野火，注重时事教学，激发学生求知欲

许多学生课下聊天，提起当今国际国内的重大时事津津乐道，口若悬河，可是一旦上政治课却无精打采，哈欠连天。我认为造成这种情况的原因是教师过于注重理论讲授，忽视以时事新闻生动事例调动学生学习的兴奋点，扼杀学生的学习兴趣。时事事例丰富生动，和我们的政治教材联系紧密。许多时事新闻本身就是绝好的政治教材。时事是改变课堂气氛、引导学生调节思维的兴奋剂，好的时事资料，能深深地震撼着学生的好奇心，激发学生强烈的求知欲，积极主动学习政治。因此，教师在分析教材时要因势利导，多烧野火，结合时事才能激发学生的学习兴趣，使教学取得良好的效果。

二、创设情境，树立学生主体思想，增强学生参与意识

教学成效往往取决于能否增强学生的认知过程，充分发挥其主观能动性，变"要我学"为"我要学"，从而将外在的知识转化为内在的素质。为此，在教学中，我常常创设情境，增强学生的参与意识，激发学生的学习兴趣。如在《我国公民的政治权利和自由》这一课的学习中，我设置情景让学生进行六类角色表演："外国人""未满18周岁的人""被剥夺政治权利的人""满18周岁，没有被剥夺政治权利的中国人"，让其他同学断定这些角色中，哪些具备选举资格。表演的学生积极性很高，其他的学生感到新颖，课堂气氛十分活跃。试想，如果教师再因势利导开展"竞选班长"的活动加深学生对本课的理解，增强学生参与意识，发挥学生主体作用，教学必定会收到更好的效果。

三、理论联系实际，做到知行统一，提高实践能力

理论联系实际是政治教学的基本原则。贯彻理论联系实际，既是教育目的——全面提高学生综合素质决定的，也是学生掌握知识认知活动的客观要求。在教学中精选案例，以实例析课，同时要求学生在学习的过程中，搜索相应的事例，通过讨论、质疑等方法，做到事理综合，提高学生分析问题、解决问题的能力。

知行统一是政治教学的又一个重要原则，它要求学生通过学习树立正确的观点，以指导自身的实际行动。笔者认为应该充分利用教材中《议一议》等栏目，让学生充分表达自己的见解，有助于培养学生责任感，提高学生的社会实践能力。

四、运用现代教学手段增强教学实效

现代教育教学手段是对传统教学模式一次变革。多媒体课件在教学中如果恰当运用就能把抽象概念、原理具体化、形象化，学生易于接受，达到预期的教学目的。如在高三政治第二课《维护国家统一和民族团结》一框的教学中播放伊拉克战争的片段，学生对国家主权、领土、政权的理解十分深刻。同时，利用多媒体课件把相应的资料显示在屏幕上，增加了课堂容量，收到了良好的效果，从而实现了教学手段的多样化、教学方法的艺术化及教学效果最优化的高度统一。

五、适应学生的特点，改革教学方法

处在改革年代的中学生，思想敏锐，兴趣广泛，参与意识强烈。这对我们的对政治课教学既是挑战又是动力。我们的政治课只有针对他们的心理特征，改革教学方法，从课堂教学的变革中走出新路。归纳起来有"读议讲练"教学法、"提纲导读"教学法、"问题解答"教学法、"自学讨论"教学法、"能力训练"教学法等等。

"教无定法"，教学方法是多种多样的，并无固定模式，政治教学方法亦是如此。我们必须转变观念，立足教材内容和学生实际，创新教学方法，使我们的政治课的内容更丰富、更新颖，使学生积极主动地投入政治学习中去，使我们的政治课堂春意盎然、生机勃勃。

（此文发表于 2005 年 9 月 7 日星期三《达州日报》生活周刊，国内统一刊号：CN51-0015 第 136 期总第 12736 号）

实施新课改后如何提高政治教学的有效性

如何营造五彩缤纷的课堂，让学生的个性在政治课堂轻舞飞扬并提高教学的有效性呢？

一、开放课堂，给学生营造"多彩"的课堂氛围，彰显学生个性，提高政治教学效率

（一）营造活跃的课堂氛围

研究表明：一个人在轻松愉快、和谐民主的环境中，参与活动的欲望就会被激发，表现欲大大增强，思维就越活跃。因此，在课堂教学中，教师首先要把时间还给学生，并为学生创设良好的自主学习情境，鼓励学生要敢于质疑，敢于批判，让学生从不同角度去探究问题。"见仁，见智"，不"人云亦云"，帮助他们确立自主的人格。如我在讲哲学常识《走出拜金主义和享乐主义的误区》这一框题时，先是让学生反复诵读，然后根据自己的想象动笔画出自己想象中的葛朗台，结合"走出拜金主义的误区"的内容，写一句简短的刻画葛朗台形象的语言，班上 40 多位学生在自由的学习环境中，充分地进行想象和联想，所画出的画色彩分明，风格各有千秋，个性十足，学生的主动性被充分调动，这种活跃的课堂氛围，打破了传统的教师"满堂灌"的教学模式，学生在愉快的心情下，轻松掌握了知识，体验到成功带来的快乐，有利于树立正确的人生观和价值观，提高课堂教学效率。

（二）营造和谐平等的教学氛围

"政治教学应在师生平等对话的过程中进行。"我在政治课上倡导教学民主，推崇教师"寓教于乐"，学生"寓学于乐"，让自己成为学生可亲、可敬、可信的朋友，对学生不成熟的甚至是荒诞的想法，不是一棍子打死，而是给予恰当的肯定和鼓励，增强他们的信心。因此，我的课堂总是洋溢着浓浓的"百花齐放、百家争鸣"的学术气息。学生思维活跃，想法标新立异，课堂真正成了学生智慧飞扬的天地，成为学生个性流淌的舞台，课堂教学效果得到提升。如我在讲完哲学常识《社会主义市

场经济与集体主义》这一框题之后，用两节联堂课在班上开展了以"金钱和友谊"为主题的辩论会，在论辩中，正反双方唇枪舌剑，毫不示弱，充分展示着自己个性风采。通过辩论，学生的语言表达能力得到了提高，思维得到了锻炼，同时还让学生爱上了政治学科，激发了学习政治的学习兴趣，提高了政治教学效率。而我也从以往的课堂"囧途"中走出，成为课堂学习中普通的一员，和学生享受着一起辩论的乐趣。

二、利用多媒体创设情境，为学生创设"多彩缤纷"的课堂，努力提高课堂效率

《高中政治新课程标准》中要求："政治教学应激发学生的兴趣。"古语有："知之不如好之，好之不如乐之""兴趣是最好的老师"。为此我经常利用多媒体进行政治教学，为学生营造多彩的课堂，激发学生的学习兴趣。

（一）巧妙的导入

如我在讲经济常识《商品的价值量》这一框题时，讲到"一辆在乡村公路上奔跑的公交车市场价格是多少人民币？生产一辆公交车需要多少小时的社会必要劳动时间？"引导学生想象乡村公交车外形和主要结构，由于绝大多数学生都来自农村，都坐过乡村公交车，对要求觉得很简单，但对乡村公交车的主要结构是很难的，为此我在授课导入环节利用多媒体以"旅游"形式，让学生看乡村公交车结构示意图的视频，了解公交车的各个部分及功用，这样就避免了学生空洞地想，同学们的积极性极大地调动了起来，对所学知识有了更加深刻的理解和掌握，大大提高了学习效率。

（二）趣味的想象

丰富的想象是创造的灵魂，是创新的翅膀，在想象的天空中飞翔，学生可以打开思维的闸门，由一人一事想到多人多事，可以从一种学习意境跳到另一种学习意境，可以使狭小单薄的视角扩大充盈……所以，我们在政治教学中应利用一切可供想象的条件，激发学生的想象，拓展其思维的空间，实现其认识的飞跃与突破。

如我在讲哲学常识《意识能够正确地反映客观事物》一框中"意识能否正确反映客观事物的主观原因之一是立场不同"时，仿《盲人摸象》，在班上随机找来四名男生（所选的男生必须身高分明要有落差），让其他同学用这四名男生自备的手绢把他们的眼睛蒙住，再在班上找一名个子中等的男生，站在这四人中间，让他们仿学盲人摸象去感知。通过这种活动，既让学生对《盲人摸象》有初步了解，又加

深了对"人们的利益立足点不同，立场不同，对客观事物的反映就会不同"的认识和理解。

（三）创意的总结

如我在复习高三政治《中国共产党的性质》时，教材中关于中国共产党的性质讲了四点，我先让学生从必要性和重要性的角度掌握教材内容，然后我给学生提出了一个问题：怎样在最短时间内最快地记住这四点内容？再让学生展开联想的翅膀做创意的归纳和总结。每个学生都热情高涨，都在积极思考，进行创意的总结，最后我用了一句话概括"党的性质一、二、三、四"。"一"是"一个目标"，即党的最高理想和最终奋斗目标是实现共产主义；"二"是"两个先锋队"，即中国共产党是中国工人阶级的先锋队，同时又是中国人民和中华民族的先锋队；"三"是"三个代表"，即中国共产党代表中国先进生产力的发展要求，代表中国先进文化的前进方向，代表中国最广大人民的根本利益；"四"是四个指导思想，即中国共产党以马列主义、毛泽东思想、邓小平理论和"三个代表"、科学发展观为指导思想。又如，在讲完宏观调控后，可将其提炼为"一、二、三、四"。一是一个目的，即资源优化配置；二是两点原因，即市场调节固有的弊端和危害、市场经济健康发展的内在要求；三是三个手段，即经济手段、法律手段和行政手段；四是四项目标，即促进经济增长、增加就业、稳定物价、保持国际收支平衡。通过创意的总结学生加深了对教材的理解，从而提高了政治教学效率。

（四）视频的巧用

教师在课堂上安排适度的思维训练，既可以帮助学生复习教材，加深对教材内容的理解，又可以帮助学生提高分析问题、解决问题的能力，是打开学生思路、培养学生学习兴趣，提高政治课学习效率的一种行之有效的方法。教师可以设置一定的问题，以加深学生对书本知识的理解。如我在讲《商品的基本属性》这一框时，由于商品的价值量这一概念较为抽象，学生不易掌握，为此我先利用多媒体让学生观看我从网上剪接《新的起点》视频片段，该片段描写的是一位年近七旬的老翁在稻田中施肥的情景，我让学生对片段有了一定了解之后，我层层设问，不断启发学生：老翁手中的化肥是否是商品？凝结了工人叔叔们的心血没有？不同的工人在生产这种化肥时凝结的心血是否一样？能否用仪器来测量？再回归课文让学生理解商品的价值量这一概念，这种方式能激发学生的学习兴趣，从而提高政治教学的有效性。

总之，在知识经济的时代，在素质教育的课堂，教师要开放课堂，利用多媒体巧妙导入，通过趣味的想（象）定能创设出多彩的课堂，点燃学生思维的火把，开发学生智慧的潜能，开启学生幽闭的心门，唤醒学生创造的天性，让学生个性在多彩的政治课上轻舞飞扬，最大限度地提高政治课堂教学的有效性。

（此文在 2009 年达县中小学教研室组织的征文赛中获二等奖）

浅析政治课培养学生的创新能力

创新是知识经济时代的显著标志，创新的核心是启迪人的心智，开发人的创新潜质，培养人的创新素质。江泽民同志在全国技术创新大会上强调指出："创新是一个民族进步的灵魂，是国家兴旺发达的不竭动力。""一个没有创新能力的民族难以屹立于世界民族之林。"当今世界，国家之间的竞争，表现在抢占以经济和科技为中心的综合国力的制高点，而综合国力归根到底是人才的竞争。面对西方对我们的封锁和新技术革命的严峻挑战，我们要大力发展综合国力，在国际竞争中立于不败之地，就必须培养大批具有创新能力的人才，这就要求在学校教学实践中，要适应形势的发展，着眼于培养学生的创新能力。

一、开启学习兴趣之门，激发创新意识之火花

兴趣是创造能力发展的必要条件，浓厚的兴趣是一种巨大动力，能吸引学生的注意力、思考力和想象力，驱使学生去积极思考、观察和研究。从教学来看，学生对政治课感兴趣与否，将直接影响着思维的积极性。如果我们还是用老一套，教框框、背条条，"一言堂"和"填鸭式"的灌输，只会使学生感到厌烦，丧失学习兴趣，这样的教学不可能调动学生学习的积极性，没有发挥学生的主体作用，课堂教学的效果就可想而知了，很难实现培养学生的创新素质。因此，教师在教学中首先应富有创新意识，设计生动形象的教学内容，激发学生强烈的探索欲望，使学生处于一种积极的思维状态，这样有利于培养学生的创造性思维。对于教材中比较抽象的概念和原理，在教学中就要遵循从个别到一般、从具体到抽象的思维规律，深入浅出，或用形象生动的比喻，或用简明扼要的图表，或以课件化难为简使学生易于分析理解，从而提高学习兴趣，开启心智之门，激活学生的创新思维。在教学过程中应多运用录音、录像、幻灯片和其他多媒体辅助材料，充分调动学生的积极性，使教学更生动、形象。如讲高二《哲学常识》"自然界的客观性原理"时，可用幻灯片或课件从人类产生以前和人类产生以后两个角度来分析，首先从人类产生以前的自然界来看，为说明自然界先于人和人的意识而存在，可以从天体起源（天空中）、生命起源（地下）、人类起源（地上）三维度选取相应的材料来论证，从哲学上加以

概括说明。其次，从人类产生后的自然界来看，可以从修建水库和太阳能发电站等归纳出人类对自然物的利用必须以自然物的客观存在为前提；木匠师傅把木头加工成我们所需要的桌、椅、板、凳等生活用品，人类培育小麦、水稻、棉花、玉米、大豆等作物的新品种等实例概括出人类对自然物的改造越来越多地表现在对自然物形态的改造上，我们不管怎样改造，自然物的属性和规律是不会改变的，这表明人类利用和改造自然界也必须以自然物的客观性为前提。最后，归纳出人类产生以前和人类产生以后自然界都不以人的意志为转移，是客观存在的。

二、设计问题情境，培养学生的质疑能力

发展创造性思维能力的关键是动脑思考。教师要设置情节、创设问题，启发引导学生独立思考，让学生提出不同的看法和见解。只有在活跃、宽松、民主的课堂氛围中，学生的问题意识才能充分表露和发展。教学活动中应充分尊重学生的个性，激活他们的思维。爱因斯坦说过，"提出一个问题往往比解决一个问题更重要"。教师要鼓励学生对前人的科学理论和传统观点敢于大胆质疑。如对前人尚未揭示的问题，学生可以在争辩中提出某些与众不同的见解，也可以在考虑问题时产生"标新立异"的构思以及"别出心裁"的想法，对于这些见解和想法，只要有新意，哪怕是一点点的，都应充分肯定。对其不合理，甚至错误的认识，教师不要公开批评和指责，而要蜻蜓点水委婉指正，以培植学生创新思维的土壤。对其合理的、有价值的东西，教师更要引导学生进一步思考，扩大思维中的闪光因素，学生的探索精神往往出自发现矛盾。为解决矛盾寻找突破口的探索过程往往也是思维的创新过程。

三、设疑引思巧思，引发学生的问题意识

在课堂教学中，教师要精心安排，通过设疑引思巧思，对培养学生的创新能力有很大的作用。"疑"是激活思维的起点，"疑"是培养创新的源泉。教师应针对教材中的基本概念、原理，巧妙地设计问题。这类问题的设置主要是针对学生陌生的知识或缺乏认知的而又是教学中非常重要的问题，一般是在重点、难点、社会热点和思维盲点处提出。这类问题的设问要有一定的深度，可梯次追问，能引起学生认识的升华。在提出问题的基础上，教师要注意引导学生沿着问题思考，引导学生思考、探究、解决问题，从而点燃学生思维火花，培养学生独立思维的能力。例如针对《经济常识》"价值规律与市场经济的一般特征"的教学，设置的情境是"不找市长找市场"，几年前人们就体会到"市长"与"市场"关系的变化。如今，"看不见的

手"逼得市长也要"过关"。市场经济条件下，市长关当然非过不可，市场是无情的，如逆水行舟，不进则退；但市场充满魔力，把握好市场跳动的脉搏，经济就会快速发展。当前过市场关须强化三种意识，即开放意识、竞争意识、法制意识。试问：1."看不见的手"为什么能逼市长"过关"？ 2.需要强化三种意识，反映了市场经济什么特征？ 3.市场经济与价值规律的关系是怎样的？问题提出来后，让学生置身于问题探究的气氛之中，教师引导学生对各种问题交换自己的看法，最后指导学生归纳和总结，让学生比较自己的思考与教师所给的参考答案之间有多远的距离，看看自己的思维是否跳出了"三界"外。这个事例就告诉我们，学生创新能力的培养和发展要求教师做到：一是要为学生尽可能多提供一些创新机遇，二是要对所授的课题做好精心安排，提出引起思考的问题，激发学生认识结构上的矛盾，使整个课堂充满积极创新的气氛，从而激发学生向上进取的精神和创造力。

四、多角度质疑，培养学生的发散思维

多角度质疑，培养学生的发散思维，是培养学生创新能力的重要途径。

发散思维具有开放性、广阔性的特点，它是对某一问题，从不同的角度，不同的侧面去观察、思考、想象，寻找解决问题的方法、方案或者假说的一种思维方式。实践证明，在教学过程中，教师围绕问题引导学生发散思维，既有利于打破墨守成规的思维模式，激活创新思维，用新知觉去认识事物，通过比对、分析、质疑，提出新的创见，具有多向性和跨越性的优势；又有利于提高他们运用知识分析问题和解决问题的能力。发散思维在创造性思维中占主导地位，所以为了发展学生的发散思维，使他们独立思考、锐意创新，就应发展学生的发散思维，当发散量积累到一定程度而成为质的时候，发散就变成了创造和创新。因此在教学中，教师应结合教材内容，多提出一些发散性问题，从多角度、多层次分析和解决问题。如在高三专题复习中，对我国"神舟五号的成功发射"这一事件，我要求学生运用经济常识、政治常识和哲学常识的知识从原因、影响、对策多角度分析说明，绝大多数学生能从经济常识上说明这一事件对我国利用月球乃至其他太空资源具有深远的意义；从哲学常识角度看，再次证明世界是客观存在的物质世界，人类能发挥主观能动性认识和改造世界；从政治常识角度看，这反映了当今国与国的竞争是以经济和科技为中心的综合国力的较量，神舟五号的成功发射，表明我国科技在航天领域已取得了实质性的突破，有助于提高我国的综合国力，提升我国的国际影响和大国地位。发散思维是一种新的能力，需要我们在实践中不断探索，强化训练，才能熟练地掌握和运用。

　　总之，学生创新能力的培养是素质教育的核心，也是中学思想政治课教学的一项重要任务。在实施素质教育中，我们应培养学生的创新素质，提高学生的创新能力，以适应知识经济和社会经济发展的需要。

　　（此文于 2003 年达县中小学教研室组织的中小学德育研究优秀论文评选活动中获县级一等奖，达教研〔2003〕20 号）

浅谈新课改下高中政治教学应怎样培育学生的核心素养

在中国，古人把教师的"传道"置于教育活动之首，留下了"师者，传道、授业、解惑也"的千古绝唱，说明古人在育人时非常重视对人核心素养的培育。

西方有一位哲人曾说过："我们经常怀着无限的赞美和敬畏之心来看待的东西有二：一个是高悬在上空的星斗灿烂的天空；另一个是内心的道德规律。"此话点明了人的素养特别是核心素养在人们心目中的地位以及在人类生活中的重要性。就教学而言，则点明了培育学生核心素养在教学中的重要性。

《高中政治新课程标准》明确指出："培养学生高尚的道德情操和健康的审美情趣，形成正确的价值观和积极的人生态度，是政治教学的重要内容，可见，中学政治教学与培育学生核心素养是相联系的。为此，我们应重视培育学生的核心素养在中学政治教学的重要作用，在新课改下，高中政治教学应加强核心素养的教育，这将有利于帮助他们塑造健康的人格，使他们树立正确的人生观、价值观。

那么，在新课改下，高中政治教学应怎样培育学生的核心素养呢？下面我结合自身的教学实践谈谈我的浅见。

一、课堂教学要处理好智育与核心素养的关系

课堂教学，特别是政治课教学是教师对学生进行核心素养教育的主要场所，在教学中，我们必须充分发掘教材蕴含的关于核心素养的内容，我们的政治教材里的每一篇教材都是经过专家教授精选的。它浓缩了我们中华民族的传统美德，蕴含着先人的高尚情操，积淀着他们的真挚的人格素养，是培育学生核心素养很好的素材。

在课堂教学中应处理智育与培育学生核心素养的关系，在政治教学中，不能脱离学科的特点一味地硬灌，忽视政治教学的生动性、形象性和趣味性。在教学中要坚持培育学生核心素养，必须找准和创新教材内容与核心素养相连的结合点和切入口。为此，教师要有针对性地把握和分析教材中的思想内容，探究授课的方式方法，引导学生深入体会，通过学生自己的体会，引起内心的强烈共鸣，受到情感熏陶、道德感染，使政治教学对培育学生的核心素养真正达到"和风细雨，润物无声"的目的。

如在讲《文化生活》的《走中国特色社会主义文化发展道路》时，可以先复习《源远流长的中华文化》《博大精深的中华文化》，针对一些学生对中华传统文化缺乏坚定信心和坚强意志、崇洋媚外的状况，教师须重点分析中华传统文化无论是起源、发展，还是内容的丰富及所蕴含的精神力量，让学生感悟它们之间的内在联系，让学生感悟优秀的中华文化是树立文化自信的先决条件，从而增强学习教材的自觉性，在坚强意志力的支配下，充分发挥自身的主观能动性，实现人生的理想追求。

二、创新培育学生的核心素养教学形式，拓展第二课堂

首先，在第二课堂中，我们可以以影视欣赏为支点，丰富核心素养的教育素材。影视片是一种社会生活的艺术再现，它寓托着作者对生活的认识和评价，是培育学生的核心素养的活教材内容。它通过表现人物的美的心灵、美的行为、美的意境来感染人，来教育人，打开人们的心扉，潜移默化地接受核心素养的教育。

例如讲解《价值判断与价值选择》一节时，可以选播一些爱国主义教育故事片段，帮助学生树立正确的价值判断，做出正确的价值选择，强化对学生核心素养的教育，如播放《亮剑》的影片，可让学生从主人公李云龙为部下魏和尚之死赴汤蹈火、对日本鬼子疾恶如仇的价值判断与选择，感知他的人生观和价值观，从中受到教育和启发；同时，让学生在体会中懂得必须珍惜人与人之间的感情，尊重身边每个人。这样的活动不仅达到了我们对学生进行思想品德教育的目的，而且也丰富了学生的阅历，培养了学生学习政治的兴趣。

其次，让学生摆龙门阵，有助于培养学生的表达能力，强化对培育学生核心素养的教育。我们政治老师要合理利用课余时间让学生3～5个在一起摆龙门阵，这可以培养学生的表达能力。通过多读多说不仅可以提高学生的政治素养，也可以陶冶情操，塑造人格。例如在摆龙门阵时，指导学生学习《三国演义》片段《长坂坡》的过程中，针对学习蜀将赵云置个人安危于不顾，奋救少主阿斗的壮举，让学生明白顾全大局、以国事为重的优良品质是我们每个人应具备的基本素质，从而达到培育学生核心素养的目的。

此外，教师还可以开展演讲赛、朗诵赛、政治学科竞赛等活动，也可以指导学生多阅读课外优秀读物，特别是经典的诗词和古今中外的文学名著，让学生分析其思想情感，积累名言警句……

三、在新课程理念的指导下，我们在政治教改中，探索和运用教学方式和方法，能增强培育学生核心素养的实效性、针对性

（一）教育形式必须由封闭型教学向开放型教学转化

在传统的封闭型教学下，教育形式单调和封闭，政治课堂上教师一人主宰，提问成了教师的神圣专职。学生的思维、学生的思想被束缚和抑制。而今，社会的大环境是开放的，学生的生活是丰富多彩的，思想观念受多方面的影响。如果培育学生的核心素养仅局限于课堂教育，势必难以适应中学生多角度的视野和全方位的思维。因此，在教育形式上我们应研究学生的特点和规律，采取学生喜闻乐见和生动活泼的方式。一是在课堂教学中要想方设法激活学生的思维火花。教师应该让学生畅谈自己的认识，即便是错误的，也允许其充分地暴露出来，然后再加以肯定或者引导，这样既有利于营造畅所欲言、民主平等的教育氛围，增强育人的针对性。二是注重课内课外、校内校外的延伸。在政治课堂教育的同时，广泛开展形式多样的教育活动，让学生的思想在活动中进一步得到体验，得到升华。如写作教学中让学生通过社会实践，写社会调查，让学生了解社会，关心社会，有助于帮助他们培养健全的人格。

（二）教学方法应由注重知识传授向注重素质的提高和情感的培养转变

在以往的教育中，我们注重知识的理解掌握，而忽视素质培养、情感体验及发展，这削弱了培育学生核心素养的实效性。新课标要求政治教学"重视情感、态度、价值观，要求我们根据课文内容中丰富的人文内涵及凭借政治活动的开展使学生受到熏陶感染，潜移默化。如教学《最后一课》时，在对学生进行知识传授的同时，可以让学生边看书边听录音，让学生通过感悟，增强爱国主义情感，勿忘历史，珍惜今天，展望明天，从而达到育人的目的。

总之，在高中政治教学中，发展学生的核心素养，有助于帮助培养学生健康的人格。作为一名政治老师，应充分拓展政治教材，积极探索，大胆创新，合理利用学科资源，发挥政治教学培育学生核心素养的功能，使抽象空洞的课堂说教活跃生动，使对学生核心素养的教育化有形于无形的境界。

浅谈在高中思想政治教学中
如何借助信息技术发挥政治学科的育人功能

一、信息技术在思想品德中运用的特点

（一）让教师研究全新的教学模式，让学生成为真正的学习主体

信息技术环境下，教师要适应时代和社会的需要，必须研究全新的教学模式，使学生掌握知识，提高教学效果。新课改的进一步推行，信息技术的广泛运用给学生提供理想的学习环境，放大学习空间；选择学习的内容变宽；学习的方式变多，让同学们真正地感受到自己作为学习主体的感受。

（二）信息技术在高中政治课堂中的运用有利于师生交流，挖掘学生合作学习的潜能

把信息技术运用到政治课课堂教育中，可以加强教师和同学们之间的交流合作学习，教师也可以针对某一教学内容设置出合理的问题，然后让同学们在课堂上合作探究，这样可以给更多的同学机会去阐述自己的观点，也可以让他们畅所欲言，从而共同进步、共同提高。

（三）信息技术在高中政治课堂中的运用有利于学生多渠道获取和处理信息，掌握知识

教师在运用信息技术处理教学内容的时候，同学们可以见证这整个过程，实际上就是给同学们提供了完整的获取信息的方式，包括如何加工信息、分析信息等。让同学们可以在这样一个过程中，学会怎样去用信息处理问题，也可以培养他们各方面的能力。

二、现代信息技术在高中政治课堂教学中发挥的育人功能

（一）信息技术的广泛运用于高中政治课堂教学，极大地激发了学生的学习兴趣和学习主体作用的发挥，培养学生的主体意识

随着四川高考改革的推进，新一轮走班制教学改革的推进和发展，要求当下的课堂教学必须彻底改变传统的教学模式，尊重学生的主体地位，充分发挥学生的主体作用，而要做到这一点，最重要的就是创设一定的环境，提供一定的条件，调动学生主动学习，激发学生主动学习的兴趣。关键点在于运用好多媒体辅助教学设备，它融光、声、色、像为一体，给人一种身临其境的效果，并能满足不同学习主体的心理需求。它可以把多种形式的感性材料及各种抽象难懂的内容以形象生动的画面、言简意赅的内容展示在学生面前，使学习内容图文并茂，扩大学生的视野，调动学生的眼球，激发学习主体的兴趣和积极性，有利于培养学生的主体意识。

（二）运用信息技术通过外部刺激的多样性有利于学生知识的获取与保持，增强学生的积极进取意识

在政治课堂教学中多媒体计算机和互联网所提供的外部刺激是多种多样的，是通过音乐、动画、视频等多种形式对学生的感官的综合刺激。这对学生知识的快速获取和保持是十分重要的。实验心理学家曾做过知识保持即记忆持久性的心理实验，结果表明：人们一般能记住自己所阅读内容的10%，自己听到内容的20%，自己看到内容的30%，自己听到和看到内容的50%。通过多媒体技术的应用，我们可以改变传统的板书教学，使学生既能直观地看到又能形象地听到，这样学生所获得的知识的保持将大大优于传统教学的效果，有助于增强学生的积极进取意识。

（三）信息技术在工作政治课堂教学中被广泛应用有利于提高课堂教学的效率，完成教学任务

过去那种传统的板书教学，教师会花很多时间在黑板上书写，造成课堂时间的浪费。且如果板书太多，教师还需擦掉前面的板书，这样不利于学生完整地掌握知识结构。运用信息技术，教师把教学内容制作成课件就轻松地化解了这一难题。一方面，教师在备课时制作好课件，上课时将准备好的课件材料呈现给学生，这样可以省掉教师在黑板上板书的时间，而且用课件呈现内容丰富，非常快捷。另一方面，课堂结束时还可以通过回顾之前的教学内容，便于学生在脑海中形成完整的框架结构，极大地提高了课堂教学效率，以便教师完成教学任务。

三、在信息技术环境下的高中思想政治课堂教学如何更好地发挥政治学科的育人功能

（一）引入鲜活事例，创设真实情境，精心导入新课

在信息技术环境下的高中思想政治课堂教学要更好地发挥德育的育人功能，必须引入鲜活的事例，创设真实的情境，精心设计导入新课，一个巧妙的导入对于政治课堂是十分重要的，是否能在一开始就吸引到学生在很大程度上影响了一节课是否能成功。教师在导入新课时，应该联系实际引入鲜活事例，创设真实情境，充分激发学生的学习兴趣。有了现代信息技术，课前通过浏览网络资源，筛选与本课相关的生活实例，制作成PPT，在课堂上，通过多媒体播放与本节课有关的动画、录像、图片、声音等，可以有效地激发学生的求知欲，使其产生浓厚的学习兴趣。例如，在讲授高一《经济生活》的《价格变动的影响》一框时，首先播放视频《房屋是用来住的，不是用来炒的》，利用这些年来房市价格变动对人们的生活和相关企业的生产与销售的变化引导学生分组探究，分析归纳住房价格变动的影响，在学生讨论发言之后，教师结合教材引导学生一起分析价格变动的影响。但要注意，归纳要简而精。

（二）巧用多媒体，攻克重点，化解难点，便于学生轻松掌握，增强成就感

多媒体课件可以很好地化解教材中的重难点，利于学生掌握知识，提高课堂效率。政治课中的有些知识点仅靠教师的口头讲述不利于学生理解和掌握，多媒体课件融声音、图像、文字、动画、视频等为一体，化静为动、生动有趣、直观形象、虚实结合，能快速在学生头脑中建构理论模型和知识结构，帮助学生攻克教材重难点。如在讲解高一《经济生活》的《价值决定价格》一框时，知识教师口授，学生难以理解。如果用计算机技术在课件中利用表格把与商品的价值量、社会必要劳动时间、社会劳动生产率等七个变化量的关系直观地表现出来，学生就很容易轻松地掌握知识，便于理解记忆，也不易造成混淆，增强成就感。但要注意在课堂上也要避免一味地利用课件，形成教师对课件的依赖。

（三）宛如春风化雨，化抽象为形象，便于学生掌握知识，理解知识

高中政治教材尤其是《经济生活》和《生活与哲学》方面的教材存在着抽象不易懂的难题。如在讲授哲学问题的时候，运用多媒体技术可以让抽象的教材内容通过生动形象的课件材料表现出来，这样就便于学生更好地理解哲学问题。如在讲授

"要用发展的观点看问题"时，教师可以制作人生历程婴幼儿、童年、少年、青年、中年、老年的动画图来分析说明"要把事物如实地看成一个变化发展的过程，客观事物都是一个不断变化发展的过程，都有其过去、现在和未来"这一问题，形象生动，深入浅出，便于学生掌握知识，理解知识。

（四）回顾课堂内容，加深知识印象，掌握整体框架

在四十分钟的学习时间里，学生要接受那么多的知识，难免会造成遗忘。所以在课堂结束时，带领学生回顾课堂的主体知识可以帮助学生进一步加深知识印象，掌握整体框架。在每节课结束时，教师设计一个课堂小结或者是小试牛刀来帮助学生复习本节课的知识点。同时运用多媒体，在课件上呈现课堂的知识结构或是补充练习题是最为适当的方法。

在信息技术环境下的高中思想政治课堂教学，在信息技术环境下的高中政治教学，教师可以在资源丰富的舞台上多种手段并用、因势诱导，有效调动学习兴趣；学生可以在强烈的求知欲驱使下变被动为主动，自主学习，自主探究，充分发展个性，挖掘潜力，全面提高自身整体素质，更好地发挥政治学科的育人功能，充分挖掘高中政治课的潜能，促进高中政治教学的健康快速发展，适应时代和社会发展的需要。

交流——架起师生友谊的桥梁

回首过去的从教生涯，无论是课内，还是课外；无论是初中，还是高中，我都非常关注师生之间的良性互动，创建形式多样的师生交流，学生对政治课有着浓厚的学习兴趣。我的教育教学获得了成功，学生的中高考成绩开创了石桥中学多个第一，我也多次被评为优秀教师或优秀班主任；学生对学习充满了相信，收获了成功，都跨入了高校那神圣的殿堂。

1. 课内，关注学生，注重师生之间的情感交流，让他们争当课堂天空中最亮的那颗星星。

人啊，总有这样的心态：总希望被别人关注，受别人重视。学生也不例外。对于这一点，我深有体会。

第六周星期二下午第一节课，我在分析完《集体主义》一框中邱少云的故事后提出了一个问题：请大家思考，假如你是邱少云，在面临身上着火的情况下，你该怎么办？讨论后举手发言。班上有一个叫小蒲的男孩脑子聪明，学习特别活跃，每次他总是喜欢抢在别人前面回答问题，最先举手，声音最洪亮，对问题的分析也很到位，但总是太啰唆，他只要发言，就会滔滔不绝、旁征博引给你举一大堆的例子来证明他的观点，他几乎包揽了其他同学发言的时间，并且他每次总是在其他学生还没想好时就把手高举起来。如果我置之不理，他可能会因我的做法而丧失发言的积极性。于是我只好叫他回答，如我所料，他又包场了，用了很多例子和假设来论证邱少云当时所处的环境，得出的结论是"如果我是邱少云，我也会这样选择"。他讲得确实不错，就是太啰唆了，不仅占去了其他同学展示的机会，还影响了我的教学进度，这一节课我没有完成教学任务，更没有达到我的预期目标。

奇怪的是紧邻的几天里，当我再次点小蒲回答问题时，学生中就会有"啧啧"的声音。这使我意识到可能冷落了其他同学，他们心中不满。于是在后面的课上我就点了其他学生发言，"啧啧"的声音没有了。我心想在以后的课堂上我尽可能少点小蒲，但在接下来的几节课上，我发现他在课堂上没精打采的。我下意识地明白了那是我错了，我没有处理妥当。

在课堂上，对于教师提出的问题，有些学生的回答确实令人不敢恭维，他们有时学习还不用功，他们想得到教师的重视，但我又不能一味迁就他们而打击一些学习成绩好、课堂积极思考问题的学生。我决定用苏格拉底的故事让大家明白一个道理：要得到别人的关注，就必须争当课堂中最亮的那颗星星，努力使自己成为优秀的。

我讲道，苏格拉底是一位哲学家，也是著名的教育家，他善于用谈话的方式教育青年。有一次，一位年轻人很沮丧地找到苏格拉底，诉说自己的苦衷：我和我的哥哥受着同样的教育，有着同样的生长环境，同样是一表人才，可是无论在哪里他都成为别人关注的焦点，而我仿佛被人遗忘了一样，这究竟是为什么呢？苏格拉底想了想说：你常常在晚上看夜空吗？你仔细看那满天的星星，就会明白了。故事讲完了。于是我就问：这个青年究竟明白了什么呢？我让小蒲左边的那个学生回答。学生都很聪明，他们似乎明白了我的用意，这个学生说："千里马需要伯乐来发现。""哦，他在含蓄地指责我，以后要多给机会让他表现。"这时，有一名学生在位置上大声说："要让别人关注，就必须让自己发出更强的光，必须做那颗最亮的星星。""说得真好！在我们班课堂星空上就布满了65颗闪亮的星星，每颗星都有自己的亮点和长处，但是只有做最亮的那一颗才能让别人关注，我衷心希望每位同学都成为那颗最亮的星星。"学生非常激动。那堂课效果很好。

在此后的政治课上，同学们在互相理解中学习积极性高涨，而小蒲也尽量用简洁的语言来回答，他还学会了谦让。由此我体会到：关注每个学生，让他们体验受重视的感觉是激发学生学习积极性的有效途径之一，最有效的办法就是让他们争当课堂中最亮的那颗星星。

2. 课外，亲近学生。创设谈心、家访等活动，注重与学生之间的情感沟通，走进学生心灵，帮助他们矫正认识上的错误，鼓励他们学习上奋勇拼搏。

例1 小刘同学心胸开朗，评学兼优，写一手非常漂亮的字，无论干什么事都很投入。经常获班级或学校表彰的"优秀学生""三好学生""优秀学生干部"等荣誉称号。

"都开学两天了，他怎么没有到校？是不是有什么其他事？"我心里纳闷，非常牵挂他，我决定去他家把情况了解清楚。

那天去的时候，尽管天公不着美，下着绵绵的秋雨，我还是决定要去，因为学校已经开学了，时不等人。我带着他要好的朋友小任、小赵等人有说有笑徒步沿着羊肠般的山路前行了一个半小时，来到了小刘同学的家。他见到我，开始两眼突然发亮，但很快消失了，取而代之的是满脸的愁云，我问他："你想不想读书？""去学校吧，我们共同面对困难。"他两眼看着地面，回答说他不想读书。后来听他三爸说，家里学费没有凑足，所以他不愿意到学校来学习。在他三爸解释的时候，我发现他眼眶湿润。此情此景，我无言以对，心如打翻了的五味瓶，有说不出的滋味，道不出的感觉。同学们赶紧劝他……

天还是那个灰蒙蒙的天，雨还在淅沥淅沥地下着。我和同学们心情十分沉重，一路上，我们默默无语，慢慢前行，我的脑海如波涛汹涌的大海在不停地翻滚着，思索着如何帮他摆脱困境。在我和同学离开他家的时候，他三爸说："请老师放心，家里再穷也要让孩子读书。孩子他自己也不会放弃读书的。"

后来，小刘同学终于回到了学校。

他没有辍学，我想主要是他的多次成功赋予了他战胜困难的信心和力量。

例2　作为任课教师，我们都知道教学中的小事实在太多太多，件件小事像朵朵浪花五光十色，让你目不暇接，信手一捧，你便爱不释手。在这之中也有色彩特别艳丽的，那就是课堂上最活跃的分子。（1）班的小何便属于这类人，她性格开朗，活泼好动，美中不足的是她处事大大咧咧的，课堂上总是管不住自己那张嘴，头颈以奔跑的车轮突左突右，突前突后，弄得周围的同学不得安宁，好像课堂只有她似的；什么事都爱炫耀，好像自己能干似的，所以在课下我特别关注她。经常找她谈心，和她远谈人生理想，近聊社会变化及优秀人物的故事，以历史上一些女性的故事为话题来开导她。每次我总是设法寻找一些能引起她共鸣的话题，让她滔滔不绝与我说个不休。当她说到精彩之处，我便以"说得真好，老师相信你也能做得很好""你也不妨试试，看看怎样"之类的话适时给予中肯的评价，我发现她有时两眼微眨，有时低头沉思。一段时间后，同学们说她变了，课堂上她一改往昔的做法，沉默了，不再影响周围的同学，听课非常认真。我趁热打铁利用课前五分钟在班上跟学生讲："这段时间，我心情十分舒畅。原因是有部分同学给我讲，小何现在学习很认真；我也听其他同学反映，她爱帮助他人，同学们向她学习，好不好？"同学们齐声回答"好"，以此表扬她，鼓励她。现在她已是班上一位品学兼优的学生。我常常想：如果当初我放弃对她的管理，如今的她又会怎样呢？

小何的变化上使我认识到：我们要多走近学生，多包容学生，多鼓励学生，就一定能够促使学生心灵颤动，行为改变。

反思：通过这件事，我发现，我们任课教师平时要多走到学生中去，亲近学生，与学生架起心灵沟通的桥梁，拉近师生之间的距离。我用这种方法改变了一个学生，使她茁壮成长，天天进步。

3. 作业批改和试卷点评中，激励学生。针对学生的不同情况，书写不同的评语，注重评语中的情感交流。

其实，师生情感交流还有一种形式，那就是教师平时在学生的作业或考试卷上写一些鼓励的话，或许能收到意想不到的效果。这种方式要针对形式的不同情况而定，比如对于平时刻苦、成绩优良、表现也好的学生，可在作业本上偶尔提醒他们要正确对待自己，不要骄傲，如"对自己要求有多高，努力就能达到多高的水平""你的汗水不会白流，你的努力不会白费"等；对于平时学习感到吃力、表现中游的学生，则写一些鼓励的话，如"这不是你的水平，我期待你更大的惊喜""真喜欢你学习的认真劲"等；对于后进生则写一些警示的话，如"时不我待，时不再来""别人能做到，老师相信你也能做到"等。不管怎样写，教师都应在充分了解学生的前提下一分为二地评价学生，并且还应饱含深情饱含爱地写。这样的评语学生才会重视，才会细细一读，慢慢揣摩，并能择其善者而从之，其不善者而改之。但这种话语不能频繁使用。

　　总之，只有教师心中时时装着学生，时时有着让学生成为我们的朋友的意识，并不断寻找时机与学生交心，那么，构建民主、平等、和谐的师生关系，自然就是水到渠成了。

第三章

课后衔接

KEHOU XIANJIE

试析在高中政治练习中
如何运用新课程理念评价教学效果

高中政治练习的形式多样，常采用课堂练习、课后练习（作业）、常规测试（如每节内容学习后的小测验、每课学习后的单元测试）、到校外搞调查研究、采访和辩论答疑等形式。无论哪种形式，均是学生个体对所学知识掌握程度的一种反馈，是对教师教学效果的测试。

在科学发展观和新课程理念的指导下，教师安排一定的练习作业以检测与评价教学效果。教师安排的练习要有一定的目标、以体现学生的主体意识和情感意识，采用可行的和开放性的检测手段和方法，对课堂教学效果进行反馈的一种评价方式。其操作方式如下：

一、坚持可持续发展，习题分类分层设计，为评价提供合适的素材

教师在科学发展观的指导下，坚持学生的可持续发展，按照新课程理念制订方案，精选习题，用好习题。

精选习题。书本上的练习题和其他资料（教学辅导材料、教师从网上收集、校外搞调查研究和采访）上的同步练习题非常多，不可能让学生全做，因此，教师必须精选习题，用好练习。

对习题分层设计。可根据课程标准和不同层次学生的学习情况，分类设定，用好习题，以调动不同层次学生的学习积极性，从而使学生都有收获。制定 Ⅰ、Ⅱ、Ⅲ 三类分层练习题。Ⅰ 类是必做类，题目与教材中的示例接近，重基础，满足每位学生最基本的要求。Ⅱ 类是提高类，题目条件稍复杂，既有保证学生掌握"双基"和稍高要求的练习，也有部分综合性强或含有一定解题技巧，探求最佳解法的练习。适合中等以上水平的学生做，其余学生选做。Ⅲ 类是综合类，多以开放型试题为主，有一定跨度的综合题，调用到的知识点多，面宽面广，运用较灵活。这类题需要学生对教材内容相当熟悉，能对涉及知识点和面进行整合，解题方法具有一定技巧，着重于培养学生分析问题、解决问题的综合能力，形成自己独到的见解。适合中等偏上水平的学生选做。

二、四步训练，统筹兼顾，科学安排，培养和提高学生的自省能力和表达能力

培养学生寻找并分析出错的原因，按原因对错题进行归纳分类，以提高学生分析问题和解决问题的能力，在这个过程中，学生归纳问题的分类能力也得到锻炼。对于教学辅导材料上的同步训练题，统筹兼顾，采用"做""批""改""析"四步训练法。

第一步"做"，做是检测学生对听课内容的掌握情况。

当学生第一次接触训练题时，教师必须要求学生在规定时间内作答，细审题意，弄清题意。选择题要尽可能减少失误，主观题调度的知识点和面要符合题意，表述的要点尽可能全面，且必须简洁明了，以检测学生对知识的掌握情况。

第二步"批"，批在于纠误。

这是指学生完成练习后自行对照后面的答案，用红笔批阅，这是学生第二次浏览试题，许多学生借此熟记所学习内容，加深对教材的理解，学习积极性强的学生可以了解自己对知识点的掌握程度。在此基础上教师再批改，由于学生所掌握知识点面较狭窄，熟练程度不高，归纳能力不强，对知识的表述不够完整严密，学生在批改过程中可能对知识的表述东拉西扯、含混不清，还可能出现新的错误，所以，教师在批改时，既要纠正学生在做题和批改中所犯的错误，还要特别注意学生在表述方面出现东拉西扯、含混不清的问题。对此，教师要认真批注，查找这类问题的症结，看它是否具有代表性，如果是大部分学生易犯的错误，教师要对问题做好登记以便评讲时纠正。对于个别学生犯的错误，教师要登记学生姓名和出错的问题，利用课余，帮助学生纠正错误。改后要统计出各题的出错人数与得分情况，以衡量学生对知识点的掌握情况。

第三步"改"，改是对"做"和"批"的总结与反省。

这是学生对习题在"做"和"批"中存在的问题认真总结，使自己避免以后再次出现类似的错误。学生既要对自己所做的作业进行分析，还要对自己的批改进行分析，更要关注和分析教师的批改，以此为据进行分类，从错题、批改和对照中总结出正确的解题思路和方法，加深对习题的理解，从而使自己以后避免再出现此类错误。对于教师已经批改的作业题，要求学生把重点放在"改"和"析"上，实现反省和自检。

第四步"析"，析是通过分析，查找原因。

它要求学生对试题进行全面分析和评估，找出出错的原因。教师在讲评时，可先公布答案而暂不做分析，让学生自行分析出错的原因：是粗心大意、知识点掌握错误还是知识点掌握模糊等。引导学生寻找错误原因并归纳出解题方法或思路，可分组研讨或寻求教师指引。对于班上大部分学生易犯的错误，教师要认真纠正，仔细分析出错的原因；如果是个别学生犯的错误，教师要在批改时或评讲前把学生找来，帮助学生分析出错的原因；教师还要根据学生的修改情况，对得分率较低的题进行分析讲评，使学生从自我改正、讨论、听教师讲评的过程中掌握解题要领和方法。同时，鼓励学有余力的学生尝试把题目变形，进行一题多变，并从中总结出此类试题的解答方法，以激发他们的求知欲、探索欲。

在此基础上，教师还要引导学生利用笔记本来建立个人错题档案，对练习中的错误按原因进行归纳分类。学生通过建立错题档案，学会了把知识进行分类，寻找出自己学习上的不足，发现问题之所在，然后采取适当的措施，弥补不足，使自己的学习成绩不断进步，并逐步形成自主学习的能力。教师在完成单元教学后，可对自己的教学进行评价与反思，找出教学过程存在的问题，修正或重新设计教学方案，再次实施教学方案。这样多次循环反复，教师自身的素质及能力也可得到提高，实现教学相长。

三、坚持"以人为本"，让不同的学生真正参与评价，实现评价主体多元化

心理学研究表明，只有学生积极参与教学过程，教学才会收到更好的效果。作为教师，不仅要鼓励学生勤于思考，积极回答问题，更要鼓励学生大胆探索，进行创新性思考，勇于提出问题。当结束一个单元或一个学期的教学内容时，可适当抽出两到三节课，让学生以小组为单位，自行总结出该单元的知识点，或组织学生进行分组解题比赛，让学生选找自认为较难的题目，并且自己解决，甚至可放手让学生自编一些与所学知识有关的可行的开放性或探索性试题，并从小组中派一位代表上台做小老师，讲授解题方法。每组解题结束后，教师再做适当的点拨，同组的其余学生则负责为其他组的代表评分，实现学生间的互评。调查表明，有90%的学生认为这种复习形式优于教师单纯的总结。学生动手解题更能调动学生的积极性，即使是后进生也积极参与，开动脑筋寻找解决问题的方法。他们尝试"我也行"的成功体验，促进学生自主学习能力的发展。

四、坚持科学发展，通过暗示让不同的学生感知期望，激发学生不断进步，使评价目标明确

教育最重要的功能是培养人才。主体教育思想认为，学生是自身生活、学习和发展的主人。在教育活动中，他们对外在的各种教育产生不同的情绪反应，采取不同的应对行为。在教学评价过程中，教师恰如其分的期望能增强信心，增加信任，产生动力，成为沟通师生感情的桥梁。在批改作业时，我常针对学生学习方面的个体差异，在他们的作业本上留下诸如"你回答的知识点欠全面，可否这样表述""这种表述或许更好""你真行""你这段时间学习进步真快"之类的暗示语；在评析试卷时常说"你很有潜力，老师相信你"；在提问时总说"审题后，你的见解呢""抓住机会，展示自己，我能行"，让他们充分体会到教师的关爱、教师的期望，从而产生积极的情绪体验，引导他们朝着预定的目标发展。

运用新课程的理念评价教学效果，特别关注教学过程中不同学生的主体参与，学生通过参与，分析出错的原因并以此为据进行归类和矫正，它能使学生在练习中能力水平不断地提高，特别有利于那些学习处于中下等水平的学生增强学习的信心，使不同层次的学生都能进步，获得成功的喜悦。同时，教师亦主动审视自身的教学行为，根据教学过程中出现的问题及时反思，不断完善，有助于提高教师素质及教学水平。

[发表于 2010 年 6 月 16 日《中学生时事政治报》(综合版) 第四版，2010 年第 24 期总第 3311 期]

怎样引导学生运用政治术语提高解决问题的能力

在平常的教学和测试中，我们发现学生答题不规范的问题非常严重，它不仅直接影响到学生的学习成绩，而且影响到教师的教学效果。在目前的教育体制中，考试考查学生的各种能力最终要通过学生在答题过程中以文字的形式反映在试卷上，而且越是能力测试型的题目，对学生运用学科术语表达能力的要求就越高，这需要学生用平时学过的概念、原理，辅之以恰当的政治术语，去解释生活和社会发展中遇到的经济现象、文化现象、哲学问题、政治问题。由于多种因素的影响，教师在教学中忽略了培养学生运用政治术语表达能力，使学生在解决问题时困难重重。

一、望其病象

在日常的教学中，当我们谈到学生的解题能力时，老师们都会发出这样的感慨："他们写作业时，连题目都看不懂！""我看不懂他们的答案，不知道他们在讲什么？""他们写了一大堆，但没有中心词！""他们了解材料要表达的含义，但却不能找到合适的词句来表达！"……老师们的感慨虽内容不同，但能像医生那样准确地查找到了学生的病象，学生丢分的实质即学生的政治术语表达能力太差。

值得关注的是，对于大多数政治教师来说，他们自己在如何使用术语这点上也是完全不自觉的。他们很少查找自己的原因，很少去分析自己在传达特殊含义和达到预期反应与回答时运用的技能，很少有人去留意自己在表达观点和立场时选择了什么样的语言。对于大多数政治教师来讲，他们只是关心学生懂了没有，忽略了学生对政治术语的掌握。只有在查找试卷中学生所存在问题的原因时，它才成为讨论的主题而被关注。

二、切其病症

通过对学生试卷的认真分析，我们发现学生运用政治术语的能力差是影响学生主观题正常得分的重要原因。那么，引起学生的政治术语表达能力太差的原因又是什么呢？

（一）学科的特殊性和学校现实条件的影响

政治课的特殊性决定了它是一门逻辑性强又要求表述严谨的学科，它的特殊性决定了政治教师在培养学生思维的逻辑性时必须注意学科术语表达能力的培养。学生的术语表达水平越高，其思维的逻辑性就越强。因此，在平时，我们就必须要求学生注意政治术语表述的准确性和科学性，语言表达要清楚、流利、严谨，政治术语要准确。政治学科具有理论性和抽象性强的特点使很多学生望文生义，无法理解教材内容，丧失信心，更不愿主动收集政治术语。另外，政治课还是一门时事性非常强的课，提供的资料大多是当前发生的重大经济现象和社会生活问题，这就要求学生对当前的重大时事政治有所了解，并能运用其中的术语来表达自己的观点。而由于学校实际条件的限制，除了少量报纸教材外，学生很难从其他途径学习政治术语。如果教师在课堂中不给学生讲解，即便学生能用手机上网，了解一些国内外的重大时事政治，也很难准确理解和掌握其中的政治术语，更不要说用它来准确表述了。

（二）政治学科以其自身的特点决定了它所用的专业术语与日常生活语言或其他学科语言有很大的区别

如果缺少学科知识和生活体验，许多学生不理解特定的学科术语，在运用时就会面临困难。如哲学中与经济学中及日常生活中的"价值"，哲学与物理学的"质量""运动"，哲学与日常生活中的"发展""联系"，哲学与逻辑学的"矛盾"，等等。如果学生缺乏学科知识，就不能准确理解这些不同领域中的术语的含义，在解决实际问题时就无法准确运用。

（三）学生的基础使教师降低了要求

由于学生基础差，分析和解决问题的能力差，为了能让学生更好地理解概念和原理，教师在课堂上尽可能多地使用一些生活化的通俗语言，目的是让学生掌握概念、理解原理，而忽略了政治术语的运用，降低了学生的表达能力，为学生答题留下了隐患。

（四）学生答题表述不规范

（1）没有使用政治学科专业术语答题。例如，在用通货膨胀的知识来表述答题内容时不谈国家发行纸币多了而是说成是国家把钱发多了，物质决定意识说成物质决定想法，政府职能说是政府办事，等等。

（2）使用专业术语不规范，导致文字表达不准确，甚至表述错误。例如，人民民主专政写成公民民主专政或无产阶级专政，矛盾的斗争性说成是矛盾的战斗性，经济效益的提高写成利润的提高，等等。

（3）文字叙述缺乏完整性、条理性和简洁性，出现"会而不对""对而不全""全而不准"的现象。主要表现有：①答不出或答不全要点。例如，2010年政治高考试题（安徽卷）第37题"在解答上述两个问题的过程中，你是如何运用矛盾分析法的？"很多考生答不出"坚持两点论语重点论的统一，既要全面分析问题，又要抓重点，分清主次。如在看到城乡居民收入水平、消费水平的变化和差异的同时，又抓住收入影响消费"这个重点。②总担心答不全，画蛇添足，堆砌了许多无用的话，让教师去"考古"去找采分点，或者由于出现了错误性的表述，使原本正确的那部分答案也不能得分了。

三、对症下药

近代体操的奠基者、林氏体操的创始人、瑞典林德福尔斯曾说过，"在如何观察和看待我们所教的孩子这一点上，存在着不同的做法。……但在语言领域，孩子们却是超级健康的有机体，如果我们给他们提供良好的环境，他们会不断地茁壮成长。我们不应试图消除孩子们的语言'问题'，而应努力培养他们持续而突出的语言发展能力"。在为学生把脉弄清病症后，政治教师应如何对症下药帮助学生掌握和熟练使用政治术语能力呢？

（一）纠正教学观念

随着社会的发展，市场竞争日趋激烈，社会提供的岗位不同，对人才层次的要求也就不同。尤其是表达能力较强的人，他们往往能够找到好的工作成就一番事业。所以，我们要纠正学生中存在的"语言表达如何并不重要"的观点，培养学生的语言表达能力，让学生会"说"。

我们还应纠正那种认为"培养学生语言表达能力是语文教师的事"的错误观点，语言表达能力需要各科教师通力协作，强化训练。然而，这种能力的训练，在教师与学生中并未得到重视，从教师的心态上看，许多教师认为在课堂上"说"会拖长时间，影响教学进度；从学生角度看，很多学生认为"除了哑巴都会说"，"有啥说啥，想啥说啥，说还用得着练"？但也有的学生感到"说"挺重要，但担心在课堂上回答问题时说不好，怕被教师瞧不起，被同学嘲笑，所以，他们三缄其口，少说为佳。久而久之，"说"得不到训练，政治术语的表达能力就得不到提高。

（二）教师要在使用政治术语的表达上做好示范

教师自己首先要努力实现课堂语言专业化，苏霍姆林斯基在他的《给教师的一百条建议》一书中曾经说过："语言是带领人们冲锋陷阵的统帅，是拨动人们心灵琴弦的乐师……语言是争取人们灵魂的战士，一切都取决于你这个教师的语言怎样，有的话语像患呆小病的人那样瘦弱难看，有的话语像枯草一样没有力量和感情，有的话语则像永恒的星辰那样光辉灿烂，永不熄灭，为人类指引着道路。"政治教师在政治术语的使用上首先要做好示范。政治课理论性强，比较抽象，尤其是一些哲学用语，学生往往很难理解而丧失学习兴趣。为了把课讲"活"，提高学生的积极性，政治教师常常借助大量的笑话、故事、比喻、歌曲、影象等资料来激活课堂，这确实能收到一定的效果。但教师要运用学科术语，注意语言艺术，做到"言传身教"，切忌顾此失彼，活了形象，失了本质。政治课术语的积累首先应该从课堂入手，增加政治术语在教学中的出现频率，加重语气，多次强调，增强学生的感染力。切不可重理论、轻语言，在材料或课文分析与引述之后，还要让学生确认、描述出该章节重要的政治术语，要求学生熟记这些术语。

（三）激发兴趣，鼓励学生参与，成为课堂的主人

兴趣是最好的老师，它能促使学生集中注意力、发挥想象力，积极思考、观察和研究老师提出的问题。学生兴趣越高，学习政治的热情也就越高，分析问题、解答问题的能力就会得到增强，术语表达能力就不断得到锻炼。从课堂教学的情况看，学生对政治这一科的兴趣程度及参与度，将直接影响着学生学习的积极性。学生本来就对教材中那些干瘪的理论不感兴趣，如果教师在教学中一味灌输，必然会挫伤学生学习的积极性，使他们对政治课不感兴趣，不愿意参与课堂讨论，在解答主观试题时，就不能准确运用政治术语组织答案。因而，在课堂教学中，教师首先应富有创新意识，设计形象生动的教学情境，激发学生那种强烈的探索欲望，使学生处于一种积极的思维状态，这样才能有利于培养学生的创造性思维能力。多方施谋，鼓励学生积极参与课堂，大胆与教师、同学共同探讨，这样，学生才能真正成为课堂的主人。同时，教师对学生的参与要给予真诚肯定，热情支持，使他们体验成功的喜悦，享受成功的快乐，使自尊得到滋养。这样才能活跃课堂气氛，活跃学生思维，激发学生兴趣，增强学生的表现欲望，从而培养学生用政治术语解答问题的能力。

（四）创设情境，引导运用

我记得曾经有位名人说过："生活即教育。"政治教材包括课内教材（教科书）和课外教材（社会生活）。课外教材如广告、宣传、新闻等都蕴含着丰富的政治思想，不少语言本身就是政治术语。这些生活教材既形象直观，也利于学生掌握。由于学校远离城市，教师应该创设情境或鼓励学生多接触社会生活，积极引导学生去学习课外教材。如利用课堂前 10 分钟讲读当前发生的重大国内外时事新闻，或让学生参加课外阅读，收集花边新闻等。而那些与时事热点、实际生活及综合学科相连的其实就是政治学科术语。如价值规律、市场经济、股份制、一切从实际出发、矛盾的特殊性与普遍性、国体、政体、宗教信仰自由等，在学习中用得多了，在考题中也就能运用这些政治学科术语。所以政治教师必须要求学生能够熟练运用政治术语，以提高答题的精准度。

（五）规范要求，加强训练，掌握技巧

作为政治教师，我们必须规范学生用政治术语解答问题的基本要求。

（1）要求使用政治术语进行答题，而不能使用生活化语言去答题。教材中的基本概念、基本原理本身就是专业术语，如经济常识中的通货膨胀、通货紧缩、价值规律等；哲学常识中的物质、意识、一切从实际出发、实事求是、量变、质变、认识、实践、人生价值等；政治常识中的政府职能、国家政体、民主权利、依法治国、国家利益、我国奉行独立自主的和平外交政策等。

（2）使用专业术语答题时一定要做到科学、严谨、准确。例如，意识的能动作用不能写成意识的反作用，人民民主专政不能写成人民专政，宗教信仰自由不能写成宗教自由，对人民负责原则不能写成对人负责原则，等等。

（3）使用专业术语答题时要注意文字叙述的逻辑性、条理性和完整性。既要做到语言精练，又要答全要点，这样才能使自己的答案接近参考答案。以 2003 年高考政治试题（广东卷）第 36 题为例：矛盾是事物发展的动力，制造矛盾越多越能推动事物发展。本题的用意有二：一是考查考生对矛盾概念以及矛盾是事物发展动力原理的理解和掌握，同时对该题的辨析，考查考生的逻辑思维能力，引导考生注重对书本基础知识和基本原理的学习和掌握。此题要求考生紧紧抓住矛盾概念，运用所学辩证法的基本知识和原理对它层层分析。在辨析过程中要特别注意思维的清晰：矛盾是事物发展的动力；这里的矛盾是客观事物本身所固有的；这种矛盾不同于逻辑矛盾，也不同于人为制造的矛盾，人为制造的矛盾不能推动事物的发展。考生若能从这几方面思考的话，那就很少失分，反之较易失分。

同时，教师要强化政治术语运用训练，选择一定量的材料，有目的地让学生演练。在训练中教师要加大分析力度，在评讲中要注意点化术语的运用技巧，鼓励学生大胆想象，敢于联系，善于否定。在批改作业时，若发现学生在政治术语运用中存在着问题，要对症下药，做专题讲座或个别补救，逐步提高学生政治术语的运用能力。训练的内容可以是多样的，形式可以不拘一格，只要教师有意识地加强训练，相信经过一段时间以后，学生对政治术语的运用自然熟能生巧。

总之，政治教师在平时的教学中一定要培养学生用政治术语解答问题的能力，才能真正实现素质教育的要求。实践证明，在政治课教学中，重视"说"和"写"的训练，有利于培养学生"听""思""析"的能力。我们相信，在高中阶段，如果政治教师有计划地、长时期地进行"说"的培养，重视"说"和"写"的训练，学生用政治术语语言解题的能力就一定能够得到提高。

（此文在 2008 年 6 月达县中小学教研室举行的"中学政治教师优秀论文评选"活动中荣获一等奖，达教研〔2008〕33 号）

高中政治学法指导

"工欲善其事，必先利其器。"学好一门学科，要用正确的学习方法、较强的学科思维，辅之以必备的学科素养。作为高中必修科目和高考主要内容之一的思想政治，是我们日常生活中分析和解决问题的工具学科，对培育国家建设者和后继人才的思想素质具有举足轻重的作用，因而学好高中政治必须以正确的方法为指导。下面笔者从预习、听课、做笔记、复习、研究高考五个环节谈谈近 15 年来在指导学生学习方面的体会与感受。

一、预习

预习要前瞻后连，具体的方法有四：1. 找出本框的难点、抓重点；2. 注意两个联系（教材前后内容之间、实际问题）；3. 查找自己不懂的问题；4. 做好预习笔记。政治一节课学习一框内容，你就利用 10 分钟时间看一看，找出不懂的问题，就算达到预习的目的。那么，在预习教材时应怎样有效阅读课本？

首先通过阅读课本的单元—课—框目录，在脑海中初步构建本章的知识轮廓：具体做法是：在阅读每一框时，先找出本框所在单元—课的目录，稍做归类，最后可根据自己的记忆特点写出每一节要记的知识点。下面以第二课《我国公民的有序参与》第三节《民主管理：共创幸福生活》来说明。

本节民主管理的学习中，我们知道村民参与民主管理的四个环节：选举—决策—管理—监督。而要掌握清楚这四个环节，必须了解民主选举，以投出自己理性一票，选出反映民意的当家人，这就要求了解第一节民主选举：投出理性一票；作为反映村民意愿的委员在行使民主决策的过程，要做出最佳的选择方案，以维护村的利益，这就必须学习第二节《民主决策：做出最佳选择》；要完整掌握监督的知识，就必须把它与第四节《民主监督：守望公共家园联系起来》。

其次，建构初步的知识框架，要按照是什么（政治生活的内容）、为什么（原因：国家性质、公民的权利与义务）联系第一课，怎样参与（原则与环节）、影响（意义）学习本课，弄清楚两课之间的联系，重点掌握和区分公民怎样参与民主决策和民主监督（原则与环节）。

最后，在预习过程中，要找出自己无法理解的问题或困惑。

二、听课

政治上课很重要。课堂上多花两分钟听讲比课外努力两个小时的效果还好。

（一）带着问题听课

我们每个学生不可能全神贯注与课堂 40 分钟，因此，我们课堂听课，必须关注自己不懂的知识点，重点要弄清预习过程中不懂的问题或困惑。

（二）要注意四方面的问题

1. 正确处理教师讲课中趣事

课堂上，教师讲趣事，一是为了调动大家的学习兴趣，二是为了说明政治上的原理。学习政治主要目的也不是为了考试，而是要通过学习提高自己的理论素养、道德品质，从而促使个性的全面发展。因此，在课堂中，不能因为与考试直接相关的内容就认真地听，而与考试相对较远的内容就不听，要重视课堂学习的体验过程。

2. 要紧跟教师上课的节奏

教师上课不可能适应每一个学生的听课习惯，因此，只有学生适应教师，不可能让教师适应每个学生。当课堂上发现自己跟不上教师的上课节奏，说明对教材内容比较生疏，因此，务必做好预习工作，通过预习，明确了上课内容，即使教师上课节奏快，也是能跟上他的思维的。

3. 对黑板板书、课件的内容要有正确的记录方法

能够解决疑惑问题的信息要记，一堂课主要的知识点也要记，还有一些信息是教材中没有的，要尽量记。课堂笔记是预习笔记的完善与补充，要在预习笔记中留出一些空白处，就是为了记下上课中所得的重要信息。有时教师上课节奏快，信息量也大，那就要学习记下关键词、记下思路，等课后再去整理。

三、做笔记

俗话说:好记性不如烂笔头,课堂 40 分钟,教师讲的内容可能很多,要想全记住,除了用脑以外，还得做课堂笔记。实践证明，做课堂笔记有助于保持注意力集中、持久，加强对知识的接受与理解；有助于节省时间，抓住重点、考点，达到事半功

倍的效果。同时，手、眼、耳、脑并用，使感觉器官和思维得到综合训练，达到提高学习能力和学习效能的目的。

（一）做笔记前的准备和做笔记时的技巧

（1）笔记要做在一个本子上，以保持内容的完整性。不能今天用这个本子记，明天用那个本子记；今天记书上，明天记本上，甚至笔记做得乱七八糟，影响复习效率。因此，笔记本要选一个较厚点的、硬皮的，以保持内容的完整性，并且要好好保存，以备复习之需。

（2）政治学科笔记的格式。政治学科笔记用的纸张，每页左右都要留出一定的空白来，不要把一页纸写得满满的。建议购买分页笔记本或把笔记的每一页用一条竖线格式分为两部分。其中左面占 2/3，右面占 1/3。较大的栏内记教师讲的内容，较小的栏内记自己的想法、问题等。两栏内容之间要有对应，这样便于对照复习。

（3）对重要的部分可以通过缩格、上下留空、加画重线或改用其他颜色的笔等标记来突出。用语要言简意赅，常用词语可用代号。写字要快，字迹能够看清就行。注意听课与看书结合，有些内容可直接在书上批注。

（二）要及时做笔记

把握记录的时机要求学生要协调好记笔记与听课的关系，这是提升听课质量的重要环节。课堂上跟住教师是第一要务，如果有内容没记下来，要暂时放弃，下课再问同学和教师。以避免有时记笔记就跟不上教师讲的，听教师讲的就记不好笔记。因此，学生在做笔记时应把握好时机：一个是教师在黑板上板书时，要抢记；二是教师讲重点时，要速记、简记；三是课后，要补记。

（三）注意做笔记的对象

（1）预习时发现的问题或体会，自己掌握不好的旧知识。课前预习对于课堂做笔记是非常重要的。通过预习，能让我们先对知识网络和重、难点有大致了解，特别是哪些地方还有疑问，先掌握部分知识，形成一个课堂笔记的框架。

（2）教学过程中教师整理总结的知识体系，难以理解的重点及难点以及自己悟出的重要体会；记课堂上没有解决的疑难，新知识和旧知识的联系或结合点，容易发生错误和混淆的概念。

（3）教师讲课时推导知识的思路和过程以及分析问题、解决问题的方法，以便查找教师提出问题、分析问题、解决问题的思路、方法和独特见解。

（4）书上没有的典型例题与典型解法、规律、课堂小结和教师更正补充的内容。有些内容分散在各节之中，甚至在课外书籍中，是教师在查阅大量参考资料的基础上精心选择出来的。对课本上落后于现实的知识，教师往往会进行更正补充。这些内容往往是重要的考点，是真正有价值记的东西。

（5）对联想、发现的问题，心得体会，要及时记。这些都是思维的火花，是有价值的内容，必须做笔记。对于书上有的知识、次要的知识和一看就懂的内容则不必做笔记。

（四）笔记的整理和使用

（1）课后要及时对笔记进行整理、归纳、补充（特别是课堂上记漏的东西），使笔记进一步条理化、系统化。这样既可以提高听课效率，又能使笔记干净整洁、有条理。

（2）切忌抄别人的笔记。俗话说：适合自己的才是最好的。笔记要自己写，自己做的笔记有选择性和针对性，对自己才有意义。

（3）经常对照笔记，回顾教师讲课的内容，加深理解，增强记忆，方便运用。这是一种很有效的学习方法，能够减缓对知识的遗忘。

（4）考前要深化所记知识的横向联系，使之系统化。事实上，许多政治成绩优秀的学生的经验就在于把自己的笔记成为个人的"学习档案"和最重要的复习资料。因为好的笔记是课本知识的浓缩、补充和深化，是思维过程的展现和提炼。合理利用笔记可以节省时间，把所学知识系统化，突出重点，提高效率。

（5）正确使用自己所做的笔记。做笔记不是目的，而是促进思考、反思、归纳的手段，有助于养成常思考、爱分析总结的好习惯。

四、复习

定期总结，查漏补缺复习可分三种，课后复习、单元复习与考前复习，其复习的重点应有所区别。复习要做到及时，首先要做好课后复习，当天学习的内容当天就要复习，其目标是巩固基础知识；学习完一个单元，就要进行单元复习，其目标主要是掌握单元的知识结构，考前复习是为了应考，可运用归类法、比较法来进行复习，并用之于各种典型题的复习，其目的是提高审题与解题的能力。

（一）首先要弄清高考政治究竟考什么

1. 研究高考命题指导思想和能力要求，建构合理的知识网块

命题指导思想：强调以能力测试为主导，考查考生对所学基础知识、基本技能的掌握程度和对马克思主义基本观点的理解，以及运用相关知识分析、解决实际问题的能力。

高考试题能力要求主要包含获取和解读信息、调动和运用知识、描述和阐释事物以及论证和探究问题四方面。

（1）反复阅读教材，领悟单元—课—框之间的逻辑联系，分析编者的编书意图，掌握其中的学习规律，解决政治如何学好，教材怎么才能吃透的问题

任何一门学科，都有其编写规律，高中政治课程也不例外。如果掌握了该门学科的编写规律，也就能悟出其学习规律。高中政治课的编写的规律大致是主题的介绍，意义的讲解，然后提出要求这三大部分。当教师引导学生把握了教材的编排结构与规律后，学生就能从整体上把握教材的结构与规律，而不至于只知道一节课的内容，却不知道这节课在整个教材中的"地位"，从根本上解决学生不会学习的问题。

① 以课本为本、学会看书，以加深对基础知识的理解

课本是最重要的依据，课本是我们学习的根本所在，把课本看熟，基础打牢，要做到烂熟于心，而不要死记硬背——这是强化提升的基础。尽管有时我们也用一些参考书，但决不能抛开课本。看书要做到四看：看目录（经常看）、看序言（总序言和每课的序言）、看内容（大小字、黑体、楷体都应该看）、看小结（课后知识小结是每课知识的浓缩）。其中看内容、看小结以加强对基本知识点的掌握是基础；看目录、看序言以加强对知识内在联系的掌握是关键。

第一，掌握教材主干知识要注意几点

A. 按照单元—课—框的结构，建构自己的知识模块，再以各模块之间的联系结构书本的整体框架模块。以此抓住书本的框架，再用具体知识来填充，这样我们接受的就是知识的整体而不是零散的知识点。如《经济生活》第一单元生活与消费（生活中的消费）可以按照第一课（商品—货币）—第二课（影响价格变动的因素、价格变动的影响）—第三课（多彩的消费：影响消费的因素，消费的形式、消费观念，坚持的原则），第一课是为了学习第二课，第一课和第二课是为了第三课服务。而影响消费的还有生产（第二单元）、分配（第三单元）、交换（第四单元第十一课），从而围绕消费就形成了教材完整的知识体系。

构建知识模块时，要注意逻辑层次，运用哲学方法。

a. 按照逻辑层次联系知识。运用"是什么、（性质、本质等）、为什么（原因）、怎么样（意义或危害）、怎么做（手段和措施）、怎么体现的（在具体材料中）"的思考问题的逻辑层次来联系知识。比如《国家的宏观调控》一框。就包括"为什么需要宏观调控""宏观调控的含义和目标是什么"以及"怎么样进行宏观调控"三个层次；《提高企业的经济效益》一框则是按照"经济效益的含义是什么""为什么要提高企业的经济效益"和"怎么样提高企业的经济效益"的层次展开的。

b. 运用一定的哲学方法论联系知识。

Ⅰ.《经济生活》教材的知识组合方法一般是按照"分析与综合相结合""归纳（个别——一般）与演绎（一般——个别）相结合"的逻辑展开的。比如，先讲什么是"使用价值""价值"，再讲二者的关系，这是分析与综合的运用；讲我国社会主义市场经济之前，先讲市场经济的一般特征，经济常识第二课第二节的三个方框就是按照"演绎法"展开的。

Ⅱ.注意矛盾分析法（一分为二、具体问题具体分析、两点论与重点论的统一）的运用。比如第一课第一节，先把商品一分为二：使用价值和价值，然后具体分析二者的内涵，最后，确立"价值"应该是重点掌握的对象。第三课第二节"企业的经营者"，先一分为二地也就是全面地分析企业的经营者有三方面，然后具体分析这三方面在企业经营中的地位和作用，最后重点分析厂长（经理）的地位和作用以及应该具备的素质。

Ⅲ.理论联系实际的方法联系知识。《经济生活》的 11 课内容，前 2 课是基础理论，后 6 课是具体内容。后 6 课是按照"生产（3、4课）、分配（5、7课）交换和消费（7课）以及对外经济关系（8课）的顺序展开的。

B. 遵循出题思路，以主题为线，归纳总结，建构多元知识网络。

政治要把书读乱，按照主题整理某个知识点的线索，并与考试常用材料和问题的类型对应整理。并非把基础知识答得特别熟就能拿到主观题的高分，而是要形成一个知识的框架。高考出题的时候往往不是按照简单的基础知识点来出题的，而是根据热点问题出题的。所以我们也可以按照高考的思路，按照主题，把所有与之相关的知识点都列出来，形成一个框架。比如说价格类问题，我们可以牢记 16 个字，就是价值决定、供求影响、市场形成、宏观调控。价值决定对应的是价值规律和社会必要劳动时间；供求影响书上有一个供求关系图表，可以看那个图表；市场形成可以根据货币币值、货币发生量、市场特点这些知识来答题;而宏观调控就是宏观调控的原因、定义、手段、目标，如果用政治常识来回答，就可以联系到政府的经济职能。

② 注重对知识模块的运用

在运用单元知识模块解决具体问题时要把握四个关键环节：

A．要熟记教材的主干知识。要将单元为模块的知识框架烂熟于心。

B．要背目录，这是至关重要的一步。因为高考试题是按观点给分，如一道题目 12 分，要答四个观点，每个观点 3 分，如果你写了很长一段但只有一个观点，那么你只能拿到一个观点的分数也就是 3 分；但如果你短小精悍地写了四句话，每句话却都踩着一个点，那么你的分数肯定要比你只答一个观点更高。

C．学会联系和发散。做习题时，无论碰到哪一道主观题，首先想到的都应该是那一单元的目录。依照目录，一节一节去回想内容，去发散；课本看得越熟，你迅速回想、发散到的就越多，短时间内想到的内容就越广。所以我们背目录再从目录发散，目的就是不要漏观点，所有的观点都是可从课本上延伸出来的。

D．先做，后对比答案，查找不足。平时要多训练，在做一道主观题前，先不要看答案，否则你很难学会自己应对各类题目，而要自己一点一点地回想目录，第一次、第二次也许会花费很长的时间，但如果坚持这么训练，你会发现在考场上你的速度会快很多。

2. 管窥历年高考试题，探知其中的应对之策

把握高考题的构成及特点，感悟、预测命题方向，探知其中的解题规律，解决政治高考怎么考的问题。

（1）透析政治试题构成的要素，揣摩出题者的真实意图

无论是选择题还是主观题，皆由立意、情境、设问和答案四个要素构成。

立意：立意，即出题者要考查的真实意图。是正确实现考试目的，体现能力考查的主旨；所谓"跳出三界外，行在流云中"，相对于学习政治这门学科而言，就是要求学生不要打题海战术，而要看近几年的高考题，站在出题者角度，研究出题者的命题意图，总结其中的规律，找到正确的应对策略，以提高学习效率。

情景：服从立意。根据立意剪裁和选择有关的知识内容。根据考生的生活经验和理解程度设计情境；情景的设置必须注意其科学性、可信性、新颖性，有相当的信息量和一定深度。

设问：围绕立意、根据情境选编设问；设问针对重点内容并涵盖其他内容；设问方式新颖、巧妙、灵活；设问语言简明、准确、通俗。

答案：选择题答案要唯一，具有排他性；主观题处理答案外，还需要与一致的评分细则。鼓励考生有创见地答题，它关注学生学习过程；关注学生思维过程；关

注学生情感体验过程，突出答案的生成性。

（2）深研高考政治试题的特点，明确复习的主攻方向

依据考试说明，坚持能力立意，考查综合能力，注重思维过程，把人文学科最基本的素质要求体现在试卷中。

第一，坚持"稳中有变、稳中有新"的原则

"稳"就是不回避热点，贴近学生生活。以重大社会热点问题为命题素材，要求考生运用所学的知识分析和解决现实问题。"新、变"就是考查的方式更加灵活多样，以实现考纲考点、教材重点、社会热点有机统一。一般说重、热点与教材主干知识的结合点将是命题的焦点。贯彻新课改精神，结合地方特色，走进生活，突出探究性学习。

学科的题目紧扣《考试大纲》和《考试说明》，以体现高考命题的严肃性和权威性。政治学科内容分值分布的比例恰当，着重考查考生对经、哲、政、文等在学科体系中各门知识的掌握情况。经济、政治和哲学所占比例较大，文化和选修课所占分值较少，选择题和非选择题四门知识权重为 25:25:25:15:10。整套试题形式较为丰富，试卷题型，与以往试卷结构保持了一定的稳定性。全卷涉及的知识点广泛，涵盖政治学科四个大部分的课程，体现了稳定性与变动性的统一。

第二，注重基础性，体现综合性，突出对主干知识的考查

强化主干知识，突出能力运用。全卷注重考核考生的基础知识、基本技能、基本方法，所考查的都是学科的主干知识，占全部考点的 15% 左右。有的就是直接考查课本主干知识。此外，还通过选取生活中的实际情景进行设问，考查考生获取与解读信息、调动与运用知识、描述与阐述事物、论证与探究问题的能力。以"纲"为纲，以"本"为本，夯实基础，这是决定高考成败的关键。《考试大纲》规定的考试内容及五个部分是高考命题的框架和依据，也是其"有法可依"的集中体现。课本是万题之源，题在书外，理在书中，一切试题都是书本知识的深化、扩展和推移，都能在课本中找到出处和依据精神。

第三，紧跟社会发展，时代主线鲜明

试卷关注社会热点，时代气息浓厚，坚持理论联系实际，具有鲜明的时代性。努力培养学生国家利益观念和公民意识，增强学生参与政治生活的能力。

近几年，试卷紧紧围绕"全面落实科学发展观，构建社会主义和谐社会"这一主线，大力倡导"经济繁荣发展，社会公平正义，生态环境安全"的正确价值取向。

第四，注重情感、态度及价值观的导向作用

试题着力体现了以人为本的新理念。紧贴学生实际，关注日常生活。重视对考

生进行世界观、人生观和价值观的引导，注重人文精神的培养。

（二）除看书外，要强化记忆，学会抓重点，注意用好记忆的方法

（1）重要知识点不等于复习重点，复习的重点对每一个人来说应该是不同的，重要的知识点与自己薄弱环节都是复习的重点。

（2）复习中，有哪些更好记忆知识的方法以消除自己的薄弱环节，记住重要的知识点呢？

① 关键词法。对基本知识点的掌握上要注意发现、归纳和概括出基本概念和原理中的"关键词"，以利于记忆和理解。比如，文化概念，相对政治经济而言的，主体是人类，精神活动及其产品。包括社会意识形态的部分和非意识形态的部分。再如，传统文化的继承，不是原封不动地承袭传统文化，而是有所淘汰、有所发扬，目的是促进传统文化的发展。关键词的形成我们自己可以概括和总结，也可以上课听教师的总结。

② 事例法。对于比较抽象的理论知识（尤其是比较难懂的），一定找到一个比较典型的事例辅助理解，使之具体化。比如，文化影响人的交往行为和交往方式。结合书上"元妃省亲"的事例记忆。说明价值观念影响人们的交往方式和行为。事例的寻找注意上课从教师那里找，也可以自己总结，事例应该是材料、图表、漫画、数字等直观形象的东西。

③ 对比联系法。对于相近的、相反的概念和原理，把它们放到一块来比较，比单纯掌握要好理解和记忆。比如，潜移默化是指因受到外来影响而在不知不觉中发生变化。深远持久，深指文化对我们的影响程度；远主要是就文化影响的空间范围；持久主要指文化对人们的影响在时间上有延续性的特点。这样记忆的好处是印象深、持续时间长、效果好，有利于达到学习知识、加深理解的目的。因为运用对比记忆法对记忆的对象所进行归类和比较的过程，就是对对象、对知识的理解、判断和分析的过程。

④ 结构体系记忆法。此种记忆方法多用于复习。学完一节、一课、一本书总要进行复习巩固，这就需要学生必须了解所复习内容的结构体系。

首先找出贯穿于知识的主干部分，再根据知识间内在的逻辑关系把分支内容串联在主干之上，抓住主干顺序记忆分支内容，再把每一分支中更细小的内容填充进去，个个知识点犹如闪闪发光的珍珠穿在一起，可以有效地避免遗漏或张冠李戴的毛病。以节为例，文化创新的途径，讲两个大问题文化创新的途径和坚持正确方向，克服错误倾向。一个根本途径，两个基本途径；坚持正确方向的关键，四个错误倾向。两个基本途径都有具体的展开，有具体的要求。

⑤ 五官并用记忆法。心理学认为，记忆实质上是感知过的事物在人脑中留下的痕迹，所以靠多种感官感知则比单靠某一感官感知留下的痕迹要多、要深。在日常学习中，大多数同学只知道用单一感官感知，要么只用眼看，要么只读，要么只是手写，而很少多感官并用，故记忆的效果就差。为此，我们要求学生在记忆过程中，尽可能调动多种感官，协调记忆，做到眼看、耳听、口读、手写、心记，其中最重要的是心记，切莫心不在焉。

⑥ 化整为零记忆法。化整为零记忆法的根据就是整体由相互联系，不可分割的要素、环节构成的。一本书、一课、一节、一框都可看作是一个整体，都是由若干个不可分割的部分构成的，要把握所要掌握的知识，就需要化整为零，循序渐进地记忆。如掌握有关文化的作用知识时，可把它分解成以下若干小问题，化整为零记忆法使复杂、烦琐的问题简单化，强化了记忆的效果。

⑦ 典型错误对应法。要对选择题中典型错误的说法心里有数。

⑧ 及时循环复习。很多同学对历史知识记得快，但忘得也快，其实这是很正常的现象，"忘记其实就是等于忘了再记"。这其实就是人类的遗忘规律。解决这个问题的有效方法是在当天上完新课后就抽几分钟复习一下当天的功课，每周可抽十多分钟复习一次本周内学习的内容，月考、段考和期考再系统地进行复习等，如此反复循环地进行复习，就能降低遗忘的程度，达到增强记忆的效果。另外，平时要注意对闲散时间的利用，记忆的东西不一定要花专门的时间来记忆。同学们有这样的想法，就剩下几分钟了，休息一下就算了。其实同学们有没有注意积少成多的道理，我们可以算一算每天有几个闲散的几分钟，每个闲散的几分钟去记一点东西的话，那么一个星期、一个月我们可以记多少东西？大家都来算一算，并且行动起来，将会有很大的收获。

⑨ 同学交流法。学习过程中要多与同学们交流，特别是与周围那些思维活跃的朋友，同学之间的讨论往往会给人以启发和灵感。我习惯把遇到的问题记在小本子上，和同学讨论，共同发现问题、解决问题。有时同学问我的问题，也会引导我去思考一些曾被我忽略的知识点。在高三后期，有时同学也利用下课时间互相提问。

当然，记忆知识的方法还有很多，以上九种是比较常见且行之有效的学习方法。掌握这些记忆方法，可以增强学习兴趣，提高记忆效率，收到事半功倍的效果。

（三）要关注社会问题，联系自己的生活实际，要多反思，有了感悟就写写随笔，这样对自己的能力提高非常有帮助

要提高自己的能力，必须做到理论联系实际。社会热点是会变化的，而理论是相对稳定的，如果能运用相对稳定的理论分析变化中的社会现象，表明已经学活了理论。例如，我国银行利率有升有降，而教材中只有中央银行有制定货币政策的职能表述，如果在复习时，结合当前的货币流通实际，则能明白中央银行调整利率的原因，从而得出货币政策的调整必须符合客观实际的结论。

（四）多做题，会做题，做适量的题

做题，就是运用所学的知识解决问题。通过做题，不仅加深了对课程的理解程度，还提高了学生的解题方法，增强了驾驭和运用知识的能力。

对选择题可搞适量的题海战术，把错题收集在一起，考前重点复习这些错题。对于主观题，要多看历年的高考试题，从标准答案中学习一些答题技巧（特别是从网上收集高考阅卷老师的评分细则）。注意用它来临摹类似的题，从中查找规律。

解答主观题时，要分点论述。高考阅卷，首先是踩点给分，考试时间那么紧张，如果平时没有训练，要么洋洋洒洒不着边际，要么斗大的字写不了几个，想得高分就难了；要临摹高考试题的答案，分点论述。不要指望答案符合标准答案的要求，只要时间够用，多写点也可以。

要心系六个字方针："教材、材料、热点"审题思路。简单地说，教材——就是让你根据目录回想、发散；材料——就是让你联系材料上的具体事例，一些观点甚至可以直接从材料上搬下来用，这点是很多同学都会忽略的，大家都会觉得，材料里怎么会有答案呢？事实上，很多答案都用的是材料里的语句；热点——就是我刚刚说过的，联系上几个相关的热门词语，别小看了这些热门词语，别觉得它们已经重复了千次万次，很可能高考里某一个三分就是你不愿意写的"科学发展观"。那么，如何提高自己的审题与解题能力？

掌握审题技巧，提高解题能力是备考的另一重要目标。解题能力的提高需要一定数量的习题训练，当然，练习也不是做得越多越好，只能说不同类型的题做得越多越好，我们反对盲目练习，因为那是对时间的浪费。审题与解题的能力提高关键不在于练习题的数量，而在于是否能归类复习，是否能对不同类习题进行反思。

（五）如何调整考前心态

任何考生面临考试都会有一定的紧张感，适度的紧张对学习有促进作用，但是

过度的紧张不仅对学习还是身心发展都是不利的。有的人就是由于太紧张，考前睡眠不好，注意力不能集中，考试时脑子一片空白。因此，备考的准备也包括心态的调整。首先，要有一个良好的心态，不要把考试看成是决定命运的考试，也不要整天想着考试的结果。其次，要有养成良好的生活习惯，不要因考试而改变休息时间。再次，要保证营养，健康的身体是良好心情的基础。

深研全国卷，探寻迎考策略

——由比对三年全国卷的主观题引发的思考

一、问题因何而起

透视每年的全国三套试卷的主观题，不难看出全国卷经过多年的积淀，试题风格典型；试题开放性难度不断加大；选取材料话题小，布局大，思维延伸；主题鲜明，钟情于公共话题；开放性试题难度增加、角度多样、新颖、生活化；要求作答的问题切口小，深度足，点上拓展提炼；拟制答案，要求此景此语，此情此话；时政入答，答案灵活，更强调逻辑性。在教学中，我们发现以前的教学套路过时了，学生应对主观题的解答与出题者所给的答案相去甚远，得分偏低。学生困惑了，我们迷茫了，面对全国卷，我们感觉天昏地旋，感觉全国卷的政治主观题很难；究竟是我们教学的思路不合，还是学生的基础不牢和应试失当。特别是《经济生活》的主观题标答基本上没有套路可循，答案越来越灵活！

聚神静思，全国卷的导向肯定是正确的。我们到了该转变思维方式的时候了，深研全国卷、探索沉稳应对高考之策是拓展我们的高考认知，紧跟时代跳动的脉搏，适应命题转型的必然选择，也是搭乘全国卷这列高铁的现实要求。

二、深研每年的全国试卷，探寻应对高考的策略

（一）复习基础时要渗透学科核心素养、培养学科思维

1. 在复习时，要明晰高考导向——"一点四面"

（1）"一点四面"说到底就是从顶层设计上回答高考"为什么考""考什么""怎么考"的问题，即高考的导向问题。

一点：以立德树人为核心，它强化高考考试内容改革的育人导向，回答了"为什么考"的问题。

实现途径：① 加强社会主义核心价值观的考查，指引学生培养正确的世界观、人生观和价值观；② 加强依法治国理念的考查，引导学生树立宪法意识和法治观念；③ 加强中国优秀传统文化的考查，引导学生提高人文素养、传承民族精神，树立民族自信心和自豪感；④ 加强创新能力的考查，提升高考对创新教育与人才培养工作的促进作用。

（2）"四面"，通过明确"必备知识、关键能力、学科素养、核心价值"四个层面考查目标，回答了高考"考什么"和"怎样考"的问题。

必备知识层面：强调考查学生长期学习的知识储备中的基础性、通用性知识，是学生今后进入大学学习以及终身学习所必须掌握的。

关键能力层面：重点考查学生所学知识的运用能力，强调独立思考、分析问题和解决问题、交流与合作等学生适应未来不断变化发展社会的至关重要的能力。

学科素养层面：要求学生能够在不同情境下综合利用所学知识和技能处理复杂任务，具有扎实的学科观念和宽阔的学科视野，并体现出自身的实践能力、创新精神等内化的综合学科素养。

核心价值层面：教育部考试中心要求学生能够在知识积累、能力提升和素质养成的过程中，逐步形成正确的核心价值观。这也体现了高考所承载的"立德树人，社会主义核心价值教育"和"增强学生社会责任感"的育人功能和政治使命。

2. 心怀"16 字"学科素养

思想政治学科的性质决定了其在学生核心素养培育中的特殊使命。高中政治学科核心素养具体表现为：关注国家大事，强化政治认同；着眼现实冲突，弘扬理性科学精神；置身法制环境，落实法治意识；设置生活情境，实践公共参与，将核心素养的培养融入高三的复习中：对现实制度、道路、理论和文化的政治认同，培养理性精神，树立法治意识、强化社会实践和公共参与。当前，教育改革聚焦学生核心素养的培养，把它作为考查的重要导向标，核心素养立意必定是高考命题的灵魂。分析每年的全国高考试题特别是 2018 年的三套全国卷不难发现：试题既考查基础知识又关注社会生活，既突出主干知识考查又融合核心素养，既是对学生综合素质的一次检阅，也是对核心素养评价的一次探索。

具体表现为：

（1）关注国家大事，强化政治认同

2018 年全国卷涉及了重大时政热点："供给侧改革""修改宪法""农村改革""人工智能""修订党章"等时事热点以引导学生关注国家大事，强化学生对这些社会问题的政治认同和国家意志。

（2）体现新发展理念，展示发展成就，增强道路自信、理论自信和制度自信

党的十八大以来，以习近平同志为核心的党中央提出了"创新、协调、绿色、开放、共享"发展理念；提出了构建人类命运共同体理念。今年的高考试题，通过"供给侧改革""农村改革""人工智能"，注重反映中国发展理念，反映发展建设成就，正确认识中国特色社会主义制度，提高国家荣誉感和自豪感，增强对中国发展道路的认同和自信，从而坚定走中国特色社会主义道路的决心和信心。

如全国Ⅱ卷第38题，考查中国企业减税减负供给侧结构改革的相关问题，引导考生理解企业减税减负对转型升级、激励创新及中国经济增长的意义。全国Ⅰ卷第38题，考查以小岗村为代表的农村改革和国家发展农村的相关举措，引导学生理解开放发展的理念。全国Ⅲ卷第38题，要求学生分析人工智能技术的应用对中国制造业的影响，引导考生深入理解创新的重要性。

（3）彰显依法治国，引导学生树立宪法意识、国家意识、法治意识

全面依法治国对于公民的学法守法提出了明确要求。培养青年学生的宪法意识和国家意识，既是中学德育的重要内容，也是全面依法治国的必然要求。

如2015全国Ⅰ卷第38题，以《中华人民共和国预算法》的修订为材料，考查政府应如何强化预算管理；2017全国Ⅰ卷第39题，以全国人大常委会对香港基本法第104条"就职时必须依法宣誓"做法律解释为背景材料，要求考生分析为什么必须由全国人大常委会对香港基本法第104条做出解释，以及这一解释对遏制"港独"维护香港法制的重要意义。2018全国Ⅰ卷第39题，以修宪为背景，考查我国的民主政治。

总之，在近三年中每年的三套全国高考文综政治试题无一不体现了政治学科的学科素养的总要求。

3. 把学科素养的培育融入复习全过程

（1）截取社会热点素材与教材相关知识链接，引导学生从"强化政治认同"角度复习和探究

如（2017全国Ⅲ卷39）阅读材料，回答下列问题。（28分）

中国是人类命运共同体理念的倡导者。党的十八大报告正式提出"倡导人类命运共同体意识"。2017年1月，习近平主席在联合国日内瓦总部发表题为《共同构建人类命运共同体》的主旨演讲，系统地阐述了人类命运共同体理念。2017年2月，

"构建人类命运共同体"理念被写入联合国有关决议。

中国是构建人类命运共同体的先行者。在联合国维和行动中，中国派出维和人员最多，维和摊款出资位居前列。在应对气候变化上，中国率先批准《巴黎协定》。改革开放以来，中国经济增长对世界经济增长的贡献率年均在30%以上，中国对全球减贫的贡献率超过70%。中国积极推进国际合作。"一带一路"倡议提出以来，已经有100多个国家和国际组织积极响应支持，68个国家和国际组织同中国签署合作协议。

① 结合材料，运用国际社会知识，说明我国为什么要大力倡导构建人类命运共同体。（12分）

② 构建人类命运共同体需要世界各国共商共建共享，运用整体与部分的知识并结合材料加以阐述。（10分）

③ 人类命运共同体的理念传承着中华优秀传统文化的基因，请列举两个与人类命运共同体理念相契合的名言或名句。（6分）

（2）直面现实冲突，从"弘扬理性精神"的角度引导学生对国家"政治、经济、文化、社会、党建"等方面多角度思维

如（2017全国I卷38）阅读材料，完成下列要求。（14分）

我国是一个消费品制造大国，也是消费大国。

目前，我国生产的消费品中，家电、塑料、五金、食品、陶瓷等行业100多种产品产量居世界第一。其中，家电、制鞋、棉纺、服装等产能占全球的50%以上。

据统计，2005—2014年我国境外消费年均增长25.2%，是同期国内社会消费总额增速的2倍。2016年我国出境人次达1.35亿，境外消费达2600多亿美元，其中一半以上用于购买服装、化妆品、箱包、奶粉、手表等商品。2016年中国奢侈品消费超过1100亿美元，其中76%的消费发生在境外。

上述材料反映出我国消费品供给存在什么突出问题？我国生产企业应如何应对？（14分）

（3）置身法制环境，引导学生从经济秩序（法治经济、诚信经济等）、政治规矩（依法执政、行政等）、文化传统、生态文明等方面树立法治意识

如（2017全国II卷39）阅读材料，完成下列要求。（12分）

为满足人民群众的基本文化需求，我国各地越来越多的博物馆、图书馆、美术馆免费向公众开放，地方政府通过资金补助、政府购买等方式支持社会力量承办公

共文化活动、参与公共文化服务，基层文化活动如火如荼地展开，群众文化生活不断丰富。

2016年12月25日，全国人大常委会审议通过《中华人民共和国公共文化服务保障法》。该法首次以法律形式明确了各级人民政府是承担公共文化服务的责任主体，同时将鼓励和支持社会力量参与确立为法定原则，推动公共文化服务向标准化、均等化、专业化发展。

概括材料所体现的政府、人大和人民三者之间的关系，并分析当前政府履行公共文化服务职能特点。（12分）

（4）创设生活情境，引导学生从经济活动、政治活动、文化活动、社会管理活动等方面践行公共参与，增强学生的参与意识和主人翁意识

如（2017全国Ⅲ卷38）阅读材料，回答下列问题。（24分）

以高铁为代表的中国铁路"走出去"，已成为中国制造的"亮丽名片"。

材料一　经过多年的不懈努力，中国形成了具有世界先进水平和自主知识产权的高速铁路技术体系。目前，中国建成了营业总里程达2.2万千米的高速铁路网，居世界首位。近年来中国加快高铁"走出去"步伐。2017年4月，中国企业经过激烈竞争，获得了印度尼西亚雅加达至万隆高速铁路的建设合同。该铁路的开工建设，促进了中国高铁从单一的产品输出向产品、服务、技术、品牌、管理和资本的全产业链输出的转变。

材料二　中国铁路项目遍及亚洲、欧洲、北美洲和非洲。在埃塞俄比亚，中国企业近年来为当地培训了1.5万名铁路员工，满足了亚吉铁路建设运营需要。在肯尼亚，7年内将有超过3000名蒙内铁路的员工在当地和中国接受培训。中国企业负责人说，我们不仅要完成铁路工程硬件的良好建设，更注重铁路工程技术和管理经验等软件的完整移交，实现"中国标准"真正为肯尼亚人所用。中国铁路"走出去"越来越成为中外经济往来的桥梁、民心相通的纽带，促进了文化的交流和传播。

① 运用经济知识分析中国高铁"走出去"对中国相关产业发展的积极作用，并就如何加快高铁更好地"走出去"提出两条政策建议。（14分）

（二）常规训练中，教师要转变讲评主观题的思路

1. 选取材料话题小，布局大，思维延伸

选择小话题做特定分析，是全国卷命题选材和问题设计的重要遵循。小中见大，以点带面，在全国卷中比较常见。这种取向常常表现为个案入题，选材小型化，问

题解答思路往往要延伸出去，答案往往超过了问题情境和教材知识范围。

如（2015全国I卷38）阅读材料，完成下列要求。

财政对社会经济发展具有巨大作用，财政预算的编制和管理受到社会各界的关注。

2014年重新修订的《中华人民共和国预算法》规定，"经人民代表大会批准的预算，非经法定程序，不得调整，各级政府、各部门、各单位的支出必须以经批准的预算为依据，未列入预算的不得支出"。

为贯彻落实依法治国精神，按照新修订的预算法，国务院出台了《关于深化预算管理制度改革的决定》，财政部发布了《关于进一步加强财政支出预算执行管理的通知》，地方各级政府为预算法的落实进行了积极探索。

结合材料一和所学政治知识，说明政府应该如何强化预算管理。（12分）

又如（2018全国Ⅲ卷38）阅读材料，完成下列要求。（14分）

中国是制造大国，但还不是制造强国。2014年，中国推出"中国制造2025"国家战略，将智能制造作为战略主攻方向之一，提出到2025年中国迈入世界制造强国行列的战略目标。

近来，人工智能成为全球智能制造技术的热点，人工智能技术正在被不断地应用到图像识别、语音识别、自动驾驶、故障诊断与预测性触护，质量监控等领域，涵盖了电子、纺织、冶金、汽车等传统产业，还涉及高端装备制造、机器人、新能源等战略新兴产业。

目前，中国在人工智能的创新上已经和世界先进技术并跑，部分甚至领跑。有专家认为，人工智能时代的到来，对中国制造业将是重大机遇，其应用的推进将彻底改变我们的制造业。

结合材料并运用经济知识，分析人工智能技术的应用对中国制造业的影响。（14分）

评价反思：此类试题对学生的思维能力要求极高，此类试题具有极强的综合性，省略演绎过程，瞄准问题要求直接作答，对学生的思维品质有很高的要求。从探讨此类试题答案来源的角度看，此类试题其实是把教材相关知识与问题要求高度融合之后，做了思维上的适度延伸，比较全面地回答了"如何强化预算管理"的各种措施和人工智能技术的应用对中国制造业的影响。

2. 主题鲜明，钟情于社会热点等公共话题

更加注重追求和选择宏大的公共话题是全国卷试题设计的重要风格。

如（2014 全国 I 卷 38）阅读材料，完成下列要求。

进一步简政放权，深化行政审批制度改革，最大限度减少中央政府对微观事务的管理，是新一届政府推进行政体制改革的重要内容。

2013 年 3 月，十二届全国人大一次会议批准的《国务院机构改革和职能转变方案》明确提出，要减少和下放投资、生产经营活动审批事项，减少资质资格许可和认定，取消不合法不合理的行政事业性收费和政府性基金项目。5 月 13 日，李克强总理强调，继续坚定不移地推行行政审批制度改革，必须把政府的作用与市场和社会的力量结合起来，增加服务供给，满足社会需求。

2013 年，国务院分批取消和下放了 416 项行政审批等事项，修订政府核准的投资项目目录，推动工商登记制度改革。2014 年政府工作报告提出，今年要再取消和下放行政审批事项 200 项以上。

结合材料，运用政治生活知识，说明我国政府深化行政审批制度改革的重大意义。（12 分）

又如（2018 全国 I 卷 39）阅读材料，完成下列要求。（12 分）

根据新时代坚持和发展中国特色社会主义的新形势新实践修改宪法，是党和国家政治生活中的一件大事，2017 年 9 月，中共中央政治局会议决定启动宪法修改工作，成立宪法修改小组。

2017 年 11 月，党中央发出征求对修改宪法部分内容意见的通知，首轮征求意见各地区各部门和党外人士共提出 2639 条修改意见；12 月，党中央修宪建议草案稿下发党内一定范围征求意见；同月，习近平总书记主持召开党外人士座谈会，听取意见和建议。

2018 年 1 月，中共中央向全国人大常委会提出关于修改宪法部分内容的建议，同月十二届全国人大常委会召开会议进行讨论，决定提请十三届全国人大一次会议审议宪法修正案草案。2018 年 3 月，十三届全国人大一次会议表决通过宪法修正案。

结合材料，说明宪法修改是如何体现我国社会主义民主政治的。（12 分）

思考与评价：直击重大时政热点而不回避重大时政热点，是全国卷命题的重要取向。彰显国家意志和意识形态教育的鲜明特点，更能使思想政治学科的选拔具有时代性和实践性特征。

3. 开放性试题难度增加，试题设置角度多样、新颖、富有生活化

开放性问题入卷，一直是全国卷立意的一个重要取向与标准，意在认可和鼓励多元思维。难度逐年增加、角度新颖、生活化，在考查学生的综合性和创新性方面着墨较多。

如（2018年全国文综 I 卷 38）阅读材料，完成下列要求。（14分）

近年来，随着经济进一步发展和国家全民健身战略的不断推进，国内掀起了马拉松热。2011年中国马拉松赛事仅有22场，2017年增长到1100场。据预测，2020年中国马拉松赛事将达1900场。

马拉松赛事的参与人数多、涉及领域广，2017年参加马拉松比赛的人次超过500万，覆盖全国234个城市，赛事带动安保、保健、住宿、餐饮、旅行、体育文化等服务业的发展。据测算，2017年全国马拉松主办方的直接营业收入超过270亿元，主办城市的间接收入超过1350亿元。

结合材料，运用经济知识分析近年来我国马拉松热的驱动因素。（14分）

又如2018年的高考试题中，全国 I 卷请就新时代青年学生如何发扬小岗村"敢为天下先"的创新精神提出三条建议（6分）；全国 II 卷班级举行"学习袁隆平，放飞青春梦想"主题班会，请列举两个？（4分）；全国 III 卷班级拟举办学习甘祖昌精神演讲会，请围绕"青春、奋斗"的主题列出演讲提纲的三个要点（6分）。

教学反思：认可和鼓励学生从不同角度和不同侧面分析问题和解决问题，应该成为高三教学中的新常态，彻底放弃僵化的一元标准。

总结：① 在评讲试卷过程中，注重学生的学科思维素养训练，尤其是在此景此语、此情此话方面下功夫。② 完善已有的备考经验，深度理解选拔考试的性质，提升对全国卷特点的认知。③ 选编和新创试题时，充分考虑全国卷的特点。

4. 问题设置切口小，深度足，点上拓展提炼

小切口并非川卷完全没有涉及，只不过就比重和分量而言，全国卷更注重小切口命题。这种小切口，包括选用知识的单一化，设问要求具体化，答案组织偏于细致、全面。

如（2015全国 I 卷 39）阅读材料，完成下列要求。

培育和弘扬社会主义核心价值观必须立足中华优秀传统文化。我们要保护和传承，让居民望得见山，看得见水，记得住乡愁。

纪录片《记住乡愁》于2015年元旦在央视首播。该片选取100多个传统村落，围绕中华美德的千百年传承，一集一村落，一村一传奇。采取纪实手法讲述一个个生动感人的故事：有坚守精忠报国、宁死不屈民族气节的，有传承诚信为本，诚实待人村风的，有秉持积善成德、助人为乐精神的，有倡导邻里和睦、守望相助的，有崇尚生命、敬畏自然的……

《记住乡愁》的播出引发社会强烈反响。古建筑学者将其誉为中国传统文化的

"立体的教科书，现成的博物馆"，历史学者认为《记住乡愁》呈现了一幅生动的乡村历史画卷，民俗学者从节目中看到了一个个非物质文化遗产的"活化石"，社会学者强调吸取传统乡村社会治理的智慧和经验……

① 运用认识论的相关知识并结合材料，分析不同学者从《记住乡愁》中获得不同感受的原因。（10分）

又如（2018全国Ⅲ卷40）阅读材料，完成下列要求。（26分）

开国将军甘祖昌，参加过井冈山斗争、五次反"围剿"、长征、抗日战争、解放战争，荣获过八一勋章、独立自由勋章、解放勋章。

长征路上，甘祖昌和同村战友约好，革命成功后，一起回家搞建设，让乡亲们过上好日子；革命胜利后，曾经的誓言让他心中的乡愁越酿越浓。1957年8月，他主动辞去军队领导职务，秉持"共产党人不能享清福，要艰苦奋斗一辈子"的信念，举家回到家乡沿背村务农。他把70%的工资捐给了家乡的建设事业，有关部门按照规定要给他盖房配车，被他一一拒绝。他领着乡亲们修水利，建电站，架桥梁，绿化荒山，改造冬水田……一项项利民工程帮助村民摆脱贫穷、走向富裕。1986年，甘祖昌病逝，留给妻子和儿女的唯一遗产是三枚勋章。

将军农民的事迹被编入小学课本，教育了一代又一代人。习近平高度评价甘祖昌将军的艰苦奋斗精神，强调不仅我们这代人要传承，下一代也要弘扬，要一代一代传承下去。

② 新时代传承和弘扬艰苦奋斗精神对建设中国特色社会主义文化有什么意义？运用文化生活的知识加以分析。（10分）

试题感悟：教学中主干知识的掌握应有一定的深度，高三教学复习不能仅仅停留在知识的生活化水平上，应该完成生活为中心的学习向学科化知识为中心的转变。特别是对常考的主干知识点，不能停留在蜻蜓点水和走马观花的水平上，否则无法达到高考命题的水平要求。全国卷命题切口下，往往在某个知识点上命题，它要求考生对该知识点进行纵深掌握、理解和阐释，否则在考试中无话可说。此题的关键在于说清楚不同主体对同一客体产生感受差异的诸多原因。

5. 作答时要引入时政观点，答案灵活，强调逻辑性

拟制全国卷主观题的答案是，考生要引入当年相关时政热点的观点，切忌详叙相关热点内容，这大大提升了考生备考的难度和要求。

全国卷主观题答案的组织具有灵活性，要么要求对选用的知识具有深度理解，强调主干知识的理解、迁移和运用，要么联系背景材料的分析具有拓展性和探究性，

要么强调答案的生成性，强调学以致用，突出理论和实际的紧密联系。答案组织防止模式化，惩罚死记硬背，强化知识活用，突显学科素养和能力。

如（2015全国Ⅱ卷38）阅读材料，完成下列要求。

税收是国家治理的基础和重要支柱，在社会经济生活中发挥着巨大的作用。

材料二　2014年10月《国务院关于扶持小型微型企业健康发展的意见》提出要"认真落实已经出台的支持小型微型企业税收优惠政策"，2015年3月，国家税务总局出台十大措施确保小微企业税收优惠政策落实。数据显示，2015年一季度，全国享受企业所得税减半征收的小微企业有216万户，受惠面在90%以上，减税51亿元；享受暂免征收增值税和营业税政策的小微企业和个体工商户共有2700万户，减税189亿元。

② 结合材料和所学经济知识，分析当前对小微企业实施税收优惠的理由。（14分）

又如（2018全国Ⅰ卷40）阅读材料，完成下列要求。（26分）

2018年是改革开放40周年，我国改革开始于农村，安徽省凤阳县小岗村是我国农村改革的主要发源地。我国农村改革始是在党的领导下进行的。

材料一　1978年冬，小岗村的18户村民以"敢为天下"的精神，在一纸大包干的"秘密契约"上按下鲜红的手印，拉开了中国农村改革的序幕，改革如同释放了魔力，次年，小岗村迎来大丰收，粮食总产达133万斤，一举结束20余年吃国家救济粮的历史，并首次归还国家贷款800元，进入新时代。小岗村大力推进土地"三权分置"改革，完成土地承包经营权确权登记颁证工作；成立集体资产股份合作社并发放股权证，实现了村民从"户户包田"到"人人持股"的转变。2017年，小岗村集体收入突破820万元，农民人均收入比2012年增长70%以上。

材料二　为发展农村生产力，满足广大农民摆脱贫困、过上富裕生活的期盼，党中央先后出台了一系列关于农业改革发展的文件，如1982年发布《全国农村工作会议纪要》，明确肯定"包干到户"等形式的责任制的社会主义性质；1991年颁发《中共中央关于进一步加强农业和农村工作的决定》，把以家庭联产承包经营为主的责任制和统分结合的双层经营体制确立为我国农村的一项基本经营制度；2016年制定《关于完善农村土地所有权承包权经营权分置办法的意见》，推进"三权分置"改革；2018年出台《中共中央国务院关于实施乡村振兴战略的意见》，指导农村改革发展不断深入。

② 运用文化生活的有关知识并结合材料二，分析先进文化在推动我国农村改革发展中的作用。（10分）

试题评价：此题答案虽有瑕疵和争议，但组织试题答案的导向非常鲜明。鼓励师生深度解读时政，掌握必要的时政观点，丰富答案来源，提升综合素质，培养关注现实的人文情怀。

从另外一个角度看，此题答案的时政话倾向虽然过度，但毕竟是在用时政观点分析回答题，引导学生关注中日关系现实的一个侧面，导向非常鲜明。

6. 拟制答案要求此景此语，此情此话

迥于以往川卷的套路，全国卷要求拟制的答案具体化、细化和有针对性的直接回答，其区分度和思维高度较大。

如（2017 全国 II 卷 38）阅读材料，完成下列要求。（14 分）

玉米收储制度的改革，是农业供给侧结构性改革的一场硬仗。

为保障玉米的生产和供给，我国长期实行保护价（对农产品规定最低价）收购种植农户玉米的临时收储政策。2012 年以来，国际玉米价格大幅下跌，国内玉米价格远高于国际价格，造成了国内玉米库存高企和正常流通受阻。2016 年，国家发改委按照"市场定价、价补分离"的原则对我国玉米主产区东北三省一区的玉米收储制度进行改革，将玉米临时收储政策调整为"市场化收购"加"生产（种植）补贴"的新机制，2016 年国内玉米市场价格比上一年出现下跌。新机制运行扭转了近些年玉米价格不断提高、库存不断增多、补贴和亏损不断增加的局面。

（1）结合材料，运用经济知识分析国内玉米价格下降对玉米市场可能产生的影响。（8 分）

又如（2018 全国 III 卷 39）阅读材料，完成下列要求。（12 分）

祁连山是我国西部重要生态安全屏障，是我国生物多样性保护优光区域。但由于违规开发矿产资源、偷排污染物屡禁不止，生态环境遭到严重破坏。

2017 年 2 月至 3 月，党中央、国务院有关部门组成中央督查组就祁连山生态破坏问题开展专项督查。同年 7 月，中共中央办公厅、国务院办公厅发出通报，根据党纪国法的有关规定，按照权责一致的原则，对负有主要领导责任的相关领导干部予以行政撤职和党内严重警告等处分，通报强调，要强化生态环境保护主体责任，抓紧建立生态环境保护责任清单，落实生态安全责任制。

2018 年 3 月，新修正的《中华人民共和国宪法》写入推动生态文明建设的内容，明确规定生态文明建设为国务院行使的职权。

结合材料并运用政治生活知识，分析追责问责在生态文明建设中的重要意义。（12 分）

点评与反思：该答案的拟制均没有直接对接教材观点和呈现演绎过程，而是直接具体回答问题的要求。此题答案高度活化了教材观点并融入了情境的具体内涵，有针对性地答其所问。学生无论从教材的哪一个具体观点出发，结果都必须回到此问的要求上来。

参考文献：

1. 教育部《普通高中政治课程标准（2017 年版）》
2. 所用试题均摘自胡博老师创办的《高三政治教学网》

（此文首次用于 2017 年 2 月 20 日百师联盟组织的 2017 年高三政治第一轮复习研讨会，后发表于 2018 年中学生导报《教学研究》第 32 期 p206）

课堂教学的反思

第一则

时间：2007 年 10 月 23 日，星期一晚自习

内容：复习人教版高三政治第四课第二节《我国的宗教政策》

今晚三节晚自习，我第一节课串讲我国的宗教政策，主要讲了该节的重点。难点，特别是考点、易错点和在表述高考主观题常用的政治术语（书上的原理内容）；第二节课布置 25 分钟的定时练习作业，在学生做完作业后，安排 6 分钟左右的时间让学生相互交叉批改，最后由我更误、释疑及重点提示；第三节课由学生看书或自由安排复习其他学科。利用学生看书之际，我回顾了第一节课所讲的内容，有如下感悟：

心得一：宗教信仰问题≠宗教问题。宗教信仰是公民个人的私事，宗教信仰问题说到底是公民个人对信仰问题的选择与态度问题；而宗教问题是国家的大事，涉及国家政权的稳定。

心得二：关于"宗教信仰自由"政策补充如下：

①结合国情理解我国实行这一政策；②群众的信仰自由得到充分尊重，信仰自由是一种政治自由；③群众的信仰自由的权利得到贯彻落实；④国家保护≠国家支持和鼓励。

心得三：宗教界人士可以担任人大、政协的代表，并出任国家机关的领导人，但不能担任党内任何职务及党代表，由此，两会成员不一定都是共产党员，党的机构的成员只能是共产党员，党的领导人可以担任国家机关的领导职务。

心得四：对办教方针即三自方针的理解。

心得五：归纳本节要把握"三个一"，即理解一个政策宗教政策；弄清一个区别宗教信仰与封建迷信；划清一个界限宗教信仰与邪教。

心得六：应试技能技巧——主观题的审题：

①抓题眼；②审呈现的规定性要求；③审隐含的规定性要求。

例如，天星教育高考复习讲义 P306 第二十一题问的是"我国坚持民族平等原

则，为什么对少数民族地区的经济文化和社会发展要采取特殊照顾政策？"审题技能：该问审呈现的规定性要求是原因，范围有二：一是少数民族地区，二是经济文化和社会发展；审隐含的规定性要求是：该题含蓄地提出要求：只需要用民族平等原则中关于经济文化和社会发展的内容来回答。题眼是"民族平等原则"。不足之处：第三节课，学生在看书时，我在教室里来回走动，突然一个灵感在脑际闪过，糟了，我猛然发现第一节课讲的内容有不足之处。我对心得二和心得三的知识未讲透。

第二则

时间：10 月 24 日——26 日

内容：复习人教版高三政治第五课第一节当代国际社会

10 月 24 日下午第二节课，我这一节课结合考点主要是串讲当今时代的主题的三框的重点、难点，重点强调了在表述高考主观题常用的政治术语（特别是书上的原理内容的原话）；反思所讲的内容，有助于形成完整的知识体系，提高教学效果和教学水平。

体会一：要用事物联系、运动、变化、发展的观点来看待和分析国际关系的变化及其影响因素。国际关系的形式是变化的；国家力量实质就是综合国力，它是发展变化的；国家利益也是变化发展的。其趋势是由紧张趋向缓和，由对抗转向对话；用事物联系的观点分析国际关系的影响因素，它是多方面的，有国家力量与国家利益，有外交政策，有国际环境、意识形态等。

体会二：关于主权国家。①把握其行为主体是国家，主权国家有四权利三义务，主权国家≠国家主权；②应当维护国家主权：作为国家应当落实于相关的法律法规、政策之中，采取实际行动，以多种形式维护；作为个人应当履行公民义务，同侵犯、分割、损害国家主权的行为做坚决斗争。

体会三：怎样维护国家利益：

（1）从国家角度：①维护国家利益是国家的主要任务之一，制定政策、法律、法规；②展开多种形式的活动，以维护国家主权与利益。

（2）从公民个人角度：履行公民义务，同损害国家主利益的行为做坚决斗争。

体会四：联合国的宗旨≠联合国的原则。

体会五：安理会对国际重大问题可以进行调停和裁决，这种调停和裁决只是一种可能，但有的国家出于自身利益不会接受调停和裁决，在这种情况下，只能选择战争方式；联合国无权否决联合国其他机构通过的决议。

第三则

时间：10月25日上午第三节课

内容：评讲与练习

先布置20分钟定时作业，然后我讲解。在评讲中，我感觉到一些主观试题的答案明显有不足之处，为了拓展学生的思维，我先让学生思考并作答，发现许多学生走不出所给的答案范围，于是我只好补充。如天星教育高考复习讲义P308经典回顾中第四题：

（2004年天津文科综合卷第40题）中国与欧盟同为国际舞台上的重要力量，双方的合作关系不断加强，从"长期合作关系"发展到"全面伙伴关系"，2003年又提升为"全面战略伙伴关系"。

简要说明我国与欧盟建立全面战略伙伴关系的原因和意义。

答案：①和平与发展是当今时代的主题。面对世界多极化和经济全球化发展的趋势，我国发展同欧盟的关系，能为全面建设小康社会营造良好思维国际环境。②国家之间的关系是由国家利益与国家力量决定的。中国发展与欧盟的关系符合双方利益，中国的和平崛起与欧盟的日益发展是双方关系不断发展的基础。

该题要求学生简要说明我国与欧盟建立全面战略伙伴关系的原因。这个题的答案只从时代主题和国际关系两个角度来回答，显然不成熟。我补充第三方面：对我国来讲，有助于提高综合国力，扩大国际影响力，为现代化建设提供宽松的国际环境和创造有利的条件。又如P308运用体验第四题：

自2002年10月爆发朝鲜核危机以来，涉及朝核危机的有关各方处于急剧调整之中。朝鲜威胁要退出核不扩散条约，而美国一再声称要动武，韩日也不时指责朝鲜。在中方斡旋下，先后举行了三次六方会谈，但各方分歧仍然很大。2005年7月25日，朝核问题第四轮六方会谈启动。解决朝核问题是一个长期复杂的过程，其间必然会有反复的较量和许多曲折坎坷，同时也会有妥协、让步和希望。

答案：和平与发展是当今时代的主题。但威胁和平的因素依然存在。

国际关系的因素主要是国家利益和国家力量。围绕朝核问题会谈的各方之所以会有分歧，各国之间的关系经常出现一些微妙的变化，其决定因素是国家利益和国家力量。国家之间的共同利益是国际合作的基础，而利益的相悖是引起国家间摩擦和冲突的根源。六方会谈说明六国有共同的利益。由于在朝鲜问题上各方利益的差别和冲突，所采取的行动和政策就会有差别，会谈未取得突破性成果。

第一问：材料反映了什么政治现象？答案只从时代主题角度来回答，显然思考不全面。我补充如下：反映了国家间的关系由国家利益与国家力量决定；我国在朝核问题中积极斡旋，符合我国的国家利益和各方的利益，体现了作为安理会的常任理事国和联合国成员国，中国积极履行大国义务。

　　好题留意：天星教育高考复习讲义 P308 经典回顾中第四题；P308 运用体验第四题，存在不足点：①联合国的地位：在国际组织中，它是最重要的世界性的国际组织；是最大的政府间的国际组织，是最主要的政治性的国际组织。一句话，它是协调各国行动的中心。②复习的内容多了点，讲得快了点。

传统文化的继承与发展

——观辉煌灿烂的先秦文化中的《百家争鸣》有感

滚滚长江、滔滔黄河孕育了光照炎黄子孙四千余年的华夏文明。直至今日，博大精深的传统文化仍然是中华民族最宝贵的财富，并对当今的教育改革与发展有着很强的借鉴意义。

中国人民从来就不肯轻易认输，总是不挠地抗争。正是这种自强不息的奋斗精神支撑着中华民族的发展，从而成为人们为国家、为民族奋斗的精神支撑着中华民族的发展，从而成为人们为国家、为民族奋斗的精神力量，并推动社会的发展。爱国忧民的忧患意识是中华民族传统文化的重要组成部分。范仲淹的"先天下之忧而忧，后天下之乐而乐"为中华民族打上了这种忧患意识的烙印。中华民族传统文化的一大特色就是厚德载物。在历史的长河中，中华民族的祖先用劳动和智慧，创造了光辉灿烂的文化。中华文化，源远流长，延续不息，一直影响到今天的生活。

继承和弘扬中华传统文化，是凝聚中华民族力量的客观要求。因此，全面系统地学习中国传统文化是我们华夏子孙应尽的义务。作为一个中国人，我们有着传承和发扬民族文化的责任。传统文化作为民族内涵的一部分，是中华民族长期以来赖以生存的基石。中华民族文化是中华文明演化而汇聚而成的一种反映民族物质和风貌的民族文化，是民族历史上各种思想文化、观念形态的总体表征，是指居住在中国地域内的中华民族及其祖先所创造的，为中华民族世代所继承发展的、具有鲜明民族特色的、历史悠久且内涵博大精深的优秀文化。然后我们也不得不承认，传统文化的影响力正在逐渐削弱。在现在这个充斥着各种文化的年代，人们对文化的选择也出现了多样性，传统文化的权威和地位也都因此受到了严重的挑战。只有正确对待并充分发掘传统优秀文化，才能使中华民族屹立于世界之林。

因此，我们对待传统文化应做到。对待祖国文化遗产，一是要肯定，肯定它的源远流长、博大精深，肯定它对世界文明发展所做出的贡献。二是进行科学分析研究，敢于分析出其中的糟粕，无情地加以揭露、批判。在此基础上，吸收一切有利于现代科学技术发展的东西，使之重现辉煌，再攀高峰。对于传统文化，我们要正确地区分其中的精华与糟粕。抛弃其糟粕,吸收其精华,用来为社会主义服务,也就是使传统文化走向现代化,才能更好地为社会主义现代化建设服务。对待传统文化我们还应克服两种错误的态度:一是"守旧主义"和"封闭主义";二是"历史虚无主义"和"民族虚无主义"。

要想传统文化屹立于世界之林,不光要继承、发展,而且要在发展中创新。这就要求我们要有"海纳百川"的胸怀,还要有与时俱进的精神。我们不光要引进外来文化,还要努力让本国的民族文化走进国门。"走出去"是与时俱进的创新,在继承中发展,在发展中开拓。以此为基础,中华民族的文化还要在更高的层次上发展。走出国门,以融入社会,让世界了解中国。当我们的文化在国际意义上"走出去"的时候,得到世界的肯定与赞美,我们也会因此而增添一份民族自豪感,这又可以反向推动我们的文化进一步"引进来,走出去",进入了一个良性的文化继承与发展的系统循环。

中华民族文化深深熔铸在中华民族的生命力、感召力、创造力和凝聚力之中。以一种平和的心态始终"引进来,走出去"地继承、发展中华传统文化,相信它会生生不息地延续下去。

我因我是一名共产党员而骄傲

——读《中国共产党的历史》有感

　　路漫漫，悠悠征程，如大海之水，潮起潮落。前有鸦片战争，丧权辱国；中有甲午之争，割地赔款；后有八国入侵，狂分中国。昔日的巨龙惨遭列强蹂躏而遍体鳞伤；但她并不懦弱，她不屈不挠的子民从未屈服过，不少仁人志士为求救国救民而赴汤蹈火，抛头颅、洒热血，纵是失败而饮九泉之水，但其气魄、其精神一直感召着后继者。

　　时针指向 1921 年，中国共产党的成立如阵阵春雷震撼着中华大地，中国这条曾经的东方巨龙被惊醒了。从此，党领导人民经过了 28 年的艰苦奋斗，终于翻开历史新的一页。历两次国共携手，前者高奏北伐凯歌，后者共同抗日；四一二血雨腥风，党面临生死抉择，毅然发动南昌起义、秋收起义，让革命的红旗飘扬在井冈山的上空；四次粉碎国民党反动派的"围剿"，漫漫长征，转战陕北；八年抗战，党带领人民开辟敌后抗日根据地，发动游击战争，最终取得胜利；三年内战，党领导人民先后粉碎国民党反动派的全面进攻和重点进攻，组织了震惊世界的三大战役后，实施了渡江战役，推翻了国民党在大陆的统治。1949 年天安门城楼一声炮响，新中国成立了，从此她屹立在世界的东方。

　　翻阅党那波澜壮阔的历史画卷，作为一名共产党员，我为此而骄傲，如今我更为党的英明领导而自豪。

　　新中国成立后，在党的正确领导下，蘑菇云在中国西北迎风绽放，中国迎来了科技发展的春天，聚焦了世界关注的目光。"神舟飞船"遨游太空、歼 –20 一飞冲天，昭示着中国的科技实力。奥运的举办，世博的开馆再次彰显了中国的综合国力。60年来，人民的辛劳使我国的科技星光闪耀，证明了党的正确领导。

　　改革之风吹拂大江南北，席卷长城内外。在党的正确领导下，亿万中国人挥戈摇楫，奋力拼搏，正把市场经济这艘大船奋力推向经济富强的彼岸。而今国力蒸蒸日上，人民丰衣足食，欢声笑语。60年来，人民的辛劳使我国经济建设取得的成就灿若星辰，再次证明着党的正确领导。

历史选择了中国，也成就了中国；中国选择了中国共产党，中国共产党成就了中国今日之辉煌。

历览党 90 年的奋斗历程，在 28 年的峥嵘岁月中，党领导人民艰苦奋斗，成立了新中国；锐意进取，开辟了新时代。在 60 多年的国家建设中，党领导人民励精图治、奋发图强，成就了今日之强盛中国。回首过去，其他三个古文明已随风而逝；注目当今，唯有华夏文明光芒万丈；展望未来，我们壮怀激烈，斗志昂扬。

"士别三日，当刮目相看"，更何况是如今强盛的中国。冲刺吧！我亲爱的党。翱翔吧！我亲爱的党，让世界慨叹你今日发展的成就。数风流人物，当看今朝。

（在达州市文联"庆祝中国共产党建党 90 周年"征文活动中被刊载）

第四章

课改问题的探索

KEGAI WENTIDE TANSUO

高中政治新课程改革探微

曾记得有一位哲学家说过，"人脑不是一个要被填满的容器，而是一个要被点燃的火把"。如今，高中新一轮课程改革正以一种全新的教学理念和教学方式激发学生的潜能，点燃学生的智慧火把，今日星星之火，明日必成燎原之势。这次课程改革是一次全方位的改革，涉及课程的功能、结构、内容、实施、评价、管理等方面。适应新课程改革的需要，转变教育教学观念，革新课堂教学，是当前广大思想政治课教师迫切需要思考和解决的问题。

本人参与高中新课程学习已经有两年有余，深刻体会新课程无论在教材、教法还是学法，与老教材相比都发生了巨大的变化。本文着重站在教师的立场上谈谈自己对这一问题的认识，供大家参考。

一、对高中政治新课程新内容的认识

高中政治新课程的特色之一就是课程内容贴近社会生活，贴近学生生活。这要求教师在实施教学过程中需要关注社会生活，关心学生生活，贯彻理论联系实际的原则，并且学会善于搜集与教材知识相结合的源自社会生活、学生学习生活以及家庭生活等方面的素材，整合这些素材，为学生学习提供有效的信息资源。高中思想政治新教材打破了原来的知识体系，增加了不少的图画，设计了不少的探究问题，让学生研究。

每一个单元的综合实践活动课，让学生在学习中获得个性解放，关注的是人的心理经验与学科逻辑的关系，即人与文化的关系；综合实践活动课所关注的是人的心理经验与活生生的生活世界的关系，但课堂40分钟很难达到活动应有的效果。如果课后完成工作，学生的活动安全性、学习的资源难以保证。

从课程目标的"人生规划能力"，到课程内容的"选择性原则"，再到课程结构的"多样化、有层次"，以及课程实施中的"选课指导制度"，"个人自订学习计划制度"和"学分制管理制度"，均体现出学会选择的理念。我国所采用的是上述"综合性选择"的路向。

走向校本是我国当前课程改革的重要特征之一。"校本课程开发""校本教学研究""校本培训""校本管理"等是同一件事物的不同观察角度。其本质是确立教师即教学研究者、课程开发者，"教师的研究"具有独特价值，且教师的研究与教学是一体化的。每一位教师都希望自己在教育工作中有一番作为，然而课程开发的目标是什么，开发一门课程的价值是什么，怎样定位教师的工作量和其待遇等，这些问题都是实施新课改需要解决的问题。

二、对新课程改革新思路、新做法的思考

新课程倡导学生通过"自主、合作、探究"的学习方式，培养终身发展的素质。让学生自主学习不等于放任自流，学什么，怎么学，学到什么程度，需要掌握哪些知识与技能，必须符合新课标的要求、坚持教师的指导，唯有如此，学生才能有的放矢地学习，实现真正的自主学习，这就要求教师有计划地帮助学生了解课堂学习的目的，教学生学会灵活运用多种学习技巧及思维方法。在掌握基础知识和基本技能的基础上，对一些知识进行合作与探究，就更加需要做好充分准备（教师的备课和学生的事先准备），通过师生合作与生生合作来共同完成，在双方的互动合作、探究的活动中，教师的指导显得更加重要。因而教师不仅是指导者，更是学生学习的合作者。

（一）合作学习多样化

自主、合作、探究学习是新课程倡导的学习方式，但在很多人眼里就是新课改的标志，似乎无之便不是新课程。于是，分组、交流、讨论，"学生想说什么就说什么，喜欢说哪个就说哪个"等形式充斥着整个课堂，贯穿始终，课堂异常"活跃"。让学生独立完成时却让学生合作，让学生自主时却让学生合作，学生有探究欲望时却直接告诉结论；看不到合作的必要，感觉不出合作中的分工协作。

合作学习究竟给学生带来了什么？感觉不到学生自主了什么，教师的作用又在哪里？如果个人的学习效率比合作学习要高，为何还要合作？许多教师就这一问题提出质疑。

（二）教学手段"现代化"

近段时间也听了不少示范课和研讨课，开阔了眼界，学到了知识。现代化的教学手段充斥其间，犹如一场高科技产品的展示会，一节课下来声色并茂，热闹非凡，大有越俎代庖之势；授课者心满意足，听课者大饱眼福，其效果如何？还值得商榷。

多媒体确可以辅助教学，提高课堂效率，让学生学到更多知识，这是不容置疑的。但并不是采用多媒体教学的课就是优质课，用现代化的教学手段代替传统的教学工具不一定体现新课改的精神。

（三）激励表扬常态化

新课程倡导多鼓励学生，正是基于这种考量。"哪怕学生只有一点成绩，就要表扬；只要有一小点进步，也要鼓励。"对学生的表现及成绩的肯定要常态化，学生会对表扬感到激动，得到鼓舞，他们学习的自觉性和主动性就会增强。

三、教师要与时俱进

基础教育课程改革浪潮，促使我们每一位高中政治教师从"关注每一位学生发展"的思想出发，坚持素质教育的方向，重新审视、定位高中思想政治课教学，摒弃传统的"接受学习，机械记忆，被动模仿"的教学，遵循"以学生发展为本"的思想，创立"促进学生全面发展"的新教学模式。然而新课程改革存在的不足必须引起所有的教育工作者包括教育管理者的深思。

加强课改理论学习，勇于课堂实践，积极探索适合自己的课堂教学新路子。课改理论虽已进入教材，但还没有完全进入教师头脑和课堂，每个教师应制订学期计划，要求自己读多少教育理论、专业书书籍和报章杂志，吃透并掌握其理论实质，同时积极投身课改实践中，在观摩、交流、借鉴中，分析得失，发挥自己的长处，大胆借鉴别人的成功经验，探索出一条适合自己的课改新路子。

总之，在高中思想政治新课程的实践中，我们所取得的成绩是主要的，前途也是光明的，但其困惑和存在的问题也必须引起大家的关注。

（此文于 2010 年 6 月达县中小学教研室组织的中学政治教师优秀论文评比活动中荣获一等奖，达教研〔2010〕18 号）

新课改下教师的应对与思考

——新课改对教师的要求

时下，新课改遍及大江南北，覆盖长城内外，可谓是如火如荼。在将近一年的高中政治新课程教学实践中，结合自己的探索与总结，我认为推进高中新课改关键在教师，因为教师是新课改的实施者和操刀者，新课改成功与否，关键在教师，因此教师必须武装自己，充分发挥教师在课堂教学中的主导作用。下面我抛砖引玉简单地谈谈自己的浅见，借此倾听各位专家、学者及同人的高论。

一、转变育人理念

理念是行动的指南和先导，教师的育人观直接指导教师的教学行为，影响着学生的成长。新课程改革能否成功关键在教师，看教师教学的言行是否跟上时代的步伐，是否革新了课程理念，教学中是否创新性地运用新课程理念。

教师要革新课程理念就必须学习领会新课程理念。新课程要求教师应该是终身学习的楷模，学习技巧的传授者，教育科研的专家。因此，广大教师必须为自己充电、加油、换血，认真学习领会新课程理念。特别要学习党和政府关于教育的理论思想，借鉴国外先进的教育理念，更新头脑中的那些传统、陈旧、落后的教育观念，使自己的思想脱胎换骨。

二、增强业务素质

按新课程的要求，教师不仅要有良好的政治素养，更应该有精湛的业务素质，建构学科多元知识体系，具备多种运用能力。多元知识结构要求教师掌握的知识面要广，学科专业要深，同时，还要懂得一定的教育学、心理学知识，掌握多种运用能力，它要求教师要具备指导学生开展合作学习、探究学习，分析、理解和处理问题的能力，培养中学生的科学精神和核心素养，促进学生核心素养的形成与全面发展。

三、找准角色定位

在当今，教师要找准自己的角色，按照新课程要求，教师是学生学习的指导者、辅导者、合作者。因此，在教学中教师不仅要传道、授业、解惑，更要注重培养学生的三观素养；既要注意学生的学科能力的养成教育，又要关注学生的学习情感、学习态度、学习品质，发展学生的人文素养。

1. 教师应成为学生学习的指导者

在课堂教学中，教师要设计恰当的目标、掌控教学进度；其次，教师要对学生的学习习惯、学习策略予以指导；创设丰富的教学情境，调动学生的兴趣，激发学生学习的积极性，分享学生在学习中的体验、想法与成就。

2. 教师应成为学生成长的引导者

教师要注重培养学生良好的品德；懂得尊重别人，学会与人合作；还要对学生进行挫折教育，在教学中尊重学生的人格，做学生的良师益友。

3. 教师应成为学生心理健康与合作学习、探究学习的伙伴

在日常生活与课堂中，要尊重、关心和接纳学生的表现和行为，为学生进行心理辅导，排解学生心理方面的困惑；在教学中，教师是学生学习的伙伴，应与学生合作学习，让学生在和谐、宽松、民主、愉快的气氛中轻松快乐地学习。

4. 教师是爱的传播者

师爱无疆。对学生的爱与尊重不单是教师的职业道德，也是学生的基本心理需要。如果我们以爱滋润愚钝的学生，可开发其智慧；如果我们以爱感化顽皮的学生，可改变其行为；如果我们以爱抚慰自卑的学生，可增强其信心。在课堂中，当学生发言时，教师要用爱去影响学生，用爱去鼓励学生，认真听取学生的发言，适当地给予鼓励，就能激发学生学习的积极性，使学生的心灵受到爱的洗礼。

四、灵活驾驭教材

灵活驾驭教材要求教师在课堂教学中要灵活处理教材内容，包括适当取舍、补充内容，打破教材体系重新归纳以整合新教材，这不仅是教学的需要，更是新课改的需要。

1. 恰当取舍教材内容，利于整合信息，提高学习效率

教师在课堂教学中恰当取舍教材内容，重点突出，学生掌握一目了然，既提高

了分析和解决问题的能力，又利于整合资源。如学习《政治生活》第七课第一框《处理民族关系的基本原则：平等、团结、共同繁荣》只需一课时。本框包括三目，我着重点拨了第二目中的三个原则的内容及第三目如何巩固和发展民族关系，其余内容设置问题，让学生通过自主学习、探究学习去掌握。又如，学习《政治生活》第二课第一框《投出理性一票》仍用一课时，在学生预习后，我只对第二目《选举方式的选择》详细讲解：不同选举方式的适用条件及其优缺点，其余的让学生自主学习。

2. 打破教材体系，归纳交叉知识，重构完整的知识框架

新课程改革主要是模块加专题，许多知识是交叉的，需要帮助学生归纳这些交叉知识，这有利于减轻学生的学习负担，既整合了教材内容，又重构了知识框架。如在学习《政治生活》第五课第一框第二目《肩负人民的重托》时，可以把第一课第二框第二目《神圣的权利、庄严的义务》与第二课第一框《投出理性的一票》相联系，教师可以设计一个模块《关于公民的选举权与被选举权》，为了完善内容，教师还可以联系第六课《我国的政党制度》中党与政协领导机构是通过民主选举产生的，教师还可以联系第七课第一框《我国处理民族关系的原则》民族平等原则中"各少数民族在政治权利和社会地位上实现了平等"，它体现在各少数民族人民平等地享有选举权与被选举权。这样，就将整个教材关于选举的知识连在了一起，有利于为学生建构完整的知识框架。

3. 恰当补充内容，利于整合教材，完善知识体系

在教学中，结合新课标，根据学生实际，对新教材的内容进行补充，有利于帮助学生完善知识体系，整合教材，提高学习效率。

如在学习《经济生活》第二课第二框《价格变动的影响》时，教材是否可以加一条：价格变动影响国家经济的健康发展及政策的制定与执行。价格的波动是牵一发而动全身。从国内来看，当一些与人们的日常生活有着重要联系的商品价格发生变动，不仅影响消费者的生活、企业的生产，还会使经济的发展产生波动，影响国家经济发展和财政收入的增加、社会的稳定，乃至影响国家的政策的制定与执行。从国际来看，国际商品价格的变动不仅影响着一国的贸易收入，还影响着一国的外贸政策，英法两国在 2005 年因商品价格波动引发的两国贸易口水战持续近半年。又如 2003 年欧美之间的贸易战，美国在今年秋季制定了针对欧盟的"外销公司法案"，该法规定：美国对出口欧盟的商品（包括粮农、纺织、鞋类、电子、钢铁及玩具等几大类产品）涉及的企业给予一定的财政补贴。欧盟认为，美国的做法违背了国际贸易规则，一方面向国际贸易组织提出申诉，另一方面欧盟委员会做出决定从 2004

年 1 月 1 日对从美国进口的部分产品征收 40 亿美元的高额关税。欧盟的决定使欧美贸易战再度升温，欧美之间的商品价格贸易战持续近一年，对欧美双方都产生了重要影响。这样，学生学习《价格变动的影响》后知道价格变动不仅对消费者、企业产生重要影响，而且还对国家产生重要影响，心中就有了一个完整的知识体系。

　　总之，作为一名高中政治教师，适应新课程改革，必须武装自己，在课堂教学中，既要坚持新课程理念，又要根据学生实际，灵活处理教材，不断探索适合自己的教学方式，丰富课堂教学，使政治课教学风景这边独好。

　　（此文于 2011 年 3—7 月中国教育在线网、中国教育和科研计算机网联合举办的第二届"新课改下教师的应对与思考"征文大赛中被刊载）

敢问变革课堂教学之路在何方

——以人为本、注重创新

以人为本就是要把实现人的利益作为一切工作的出发点与落脚点，不断满足人多方面需求和促进人的全面发展。它是科学发展观的本质和核心。在课堂教学中坚持以人为本的育人理念就是在课堂教学中教师的教学要坚持以学生为本，把实现学生的利益（听懂课、做得来题、心理品质得到发展）作为课堂教学的出发点与落脚点，教学不断满足学生多方面需求以促进学生全面发展。

作为政治教师，我们在组织课堂教学时要以新课程的要求为视点，重新书写课堂概念，重新规划教学活动，重新规范师生的行为方式。一言以蔽之，就是必须变革课堂，这样才能真真切切地将新课改落实到教学中。因而，变革课堂是实施新课程不可或缺的重要环节，那么，变革政治课堂的路在何方呢？

在将近一年的高中政治新课程教学实践中，结合自己的探索与总结，我认为变革政治课堂既要坚持以人为本的育人理念，又必须注重改革创新。下面我就简单地谈谈几点不成熟的思考，敬请各位专家、学者及同人斧正。

一、变革政治课堂教学，关键在教师，教师必须改变育人理念，充分发挥教师在课堂教学中的主导作用

（一）教师要转变育人理念

一个人的行为总是在一定的观念的指导下进行的，教师的育人观念影响着学生的成长。衡量新课程改革能否成功关键在教师，一看教师是否革新了课程理念，二看教师的课堂教学是否贯穿新课程理念。

教师要转变育人理念并用以指导教学，必须学习领会新课程理念。按照新课程的要求，教师应该是终身学习的楷模，学习技巧的传授者，教育科研的专家。为此，教师必须自我研修，学习新课程理念，特别是国内国外一些著名教育家关于教育的先进理念，充实自己。

（二）教师要内强素质

新课程要求教师不仅要有良好的政治素质，更应该有高深的业务素质，建构多元知识体系，具备多种运用能力。这就要求教师要有广博的文化科学知识、精深的学科专业知识和教育学、心理学知识；要求教师要尊重学生的主体地位，在课堂教学中适时开展研究性学习，提高学生认识问题、分析问题和解决问题的能力。教师要在教学活动中激发学生的创造潜能，培养中学生的探究能力和合作的意识，促进学生德才素质的全面提高。

（三）教师要外换角色

时下，新课改在全省各地如火如荼地开展。新课改要求教师做学生学习的指导者、辅导者、合作者，这就意味着教师必须转换角色，不仅要为学生释疑拨难，更要注重教会学生学习的技能，重视学生的情感、态度、价值观；关注学生的现实需要，培养学生可持续发展的能力，养成良好的学习意识、学习习惯、学习态度、学习方法。

1. 在学习上，教师是学生的导师

教师要引导并帮助他们选择适当的学习目标；指导他们养成良好的学习习惯，掌握学习策略；创设适当的教学情境，激励学生学习。

2. 在成长方面，教师是学生的楷模

在教学中，教师要注重自己的修为，以身垂范，尊重学生的人格，做学生成长的楷模。教会学生做人，引导学生学会尊重，学会与人合作，要求他们在学习中要通力合作，共同探究。

3. 教师是学生的良师益友

在课后，教师应为成学生的良师，在与学生的交往中，要悉心倾听学生的发言、关心学生的疾苦和接纳学生的行为，做好心理辅导，为学生排解心理方面的困惑。在教学中，教师是学生的益友，要与学生合作，共同探究学习中遇到的难题，营造和谐、宽松、民主、愉快的课堂氛围。

4. 教师是爱的撒播者

"我们同欢乐、我们同忍受、我们怀着同样的期待；我们共风雨、我们共追求、我们珍存同一样的爱"，这是《让世界充满爱》的歌词。是啊，我们生活处处充满爱。在学校里，教师对学校充满爱；在课堂教学中，教师撒播着爱的种子，给愚钝的学生以爱的滋润，可开发其智慧；给顽皮的学生以爱的感化，可使其行为改善；给自

卑的学生以爱的抚慰，可使其信心恢复；给畏惧的学生以爱的激励，可使其活力激发。在课堂上，当学生发言时，教师要用眼神传递爱，用微笑鼓励学生，认真听取学生的发言，让学生感受爱的关怀。

（四）整合教材资源，提高学习效率

在课堂教学中教师整合教材资源包括抓取重点、梳理教材、补充内容。

1. 抓取教材重难点，提高学习效率

在教学中，教师可以根据教学内容的重难点取舍教材内容，做到突出重点，方便学生掌握。这既能提高学习效率，又利于整合教材。如学习《经济生活》第一课第一框第一目《货币的本质》只需一课时。本目包括三部分内容，即商品的概念及其判断，货币的产生及商品的基本属性，我着重剖析了商品的概念及其判断的内容，特别对怎样判断做重点点拨，其余内容让学生自主学习即可。又如，学习《文化生活》第二课第一框《感受文化影响》第三目《深远持久的影响》仍用一课时，在学生预习后，我只对文化具有深远持久影响的方面及其原因做如下点拨：文化对哪些方面影响深远持久？为什么会深远持久的影响？

2. 归纳交叉点，梳理教材内容，完善知识结构

新课程下的学科内容主要以模块加专题的形式呈现，结构缜密，许多知识相互交叉，这就要求我们教师要引导学生对所学内容进行梳理，归纳交叉知识，这有助于减轻学生的学习负担，帮助学生完善知识结构。如我们在探究《政治生活》第三单元后，在上综合探究课《社会主义民主政治的特点和优势》一框时，可以把它与前七课联系，特别是第一课第一框和第三框，整个第二至第五课，教师可以引导学生进行归纳为一个专题《公民的当家做主是真实的》。这样，我们就将整个教材关于社会主义民主真实性的知识连在了一起，建构了新的知识模块，有利于帮助学生形成完整的知识结构。

3. 适当充实教材内容，形成完整的知识体系

新教材虽结构严谨，但也存在某些方面的不足，教师可以结合教材，选取时事资料，以补充新教材内容的缺陷，帮助学生完善知识结构，形成完整的知识体系。

例如在探究《价格变动的影响》时教材只选取了消费者（居民）和企业两个角度在分析。显然完整,我们应补充:价格变动还会对国家经济产生一定的影响。因为，从国内的发展来看，一些重要商品的价格发生变动不仅影响消费者的生活及企业的生产，还会影响国家经济的发展，甚至波及社会的稳定，特别是一些涉及国计民生

的物品价格变化尤为突出。如近期市场上猪肉价格的上涨不仅影响到消费者生活水平的改善，养猪生产者的成本增加，影响到猪饲料企业的生产，影响国家猪肉市场价格的稳定，可以说是牵一发而动全身。就国际方面来看，国际市场商品价格的变动不仅影响着一国该商品外贸的收支，还影响到该国对外贸政策。如近期的中美贸易摩擦，始于2018年1月美国通过主要针对中国的201法案，对太阳能电板和洗衣机征税。当时，我国反击，宣布对美国高粱进口进行反倾销调查。3月8日特朗普以进口钢铁和铝产品危害美国"国家安全"为由，宣布对进口钢铁产品征收25%的关税，对进口铝产品征收10%的关税，但却签署了对欧盟、澳大利亚、加拿大、墨西哥、阿根廷、韩国和巴西的钢铁和铝关税豁免。3月22日，美国总统特朗普在白宫签署制裁所谓的"中国经济侵略行为"的总统备忘录：依据"301调查"（"301调查"源自美国《1974年贸易法》第301条，该条款授权美国贸易代表可对他国的"不合理或不公正贸易做法"发起调查，并可在调查结束后建议总统实施单边制裁，包括撤销贸易优惠、征收报复性关税等，具有强烈的单边主义色彩）结果，拟对中国出口美国的累计达600亿美元的商品加收关税。3月23日，中国商务部发布针对美国加收钢铁和铝产品关税措施的中止减让产品清单并征求公众意见，拟对自美进口部分商品征收关税，以平衡因美国对进口钢铁和铝产品加收关税给中方利益造成的损失。4月4日，美国发布301清单，建议对价值500亿美元中国产品征收额外关税，并扬言要对另外1000亿美元的中国产品征收关税。同日，中国采取强硬对等500亿美元产品清单还击，并回应"必将采取新的综合应对措施"。中美贸易摩擦迅速升温。贸易摩擦给中美贸易关系蒙上了浓重的阴影，中美两国进入了前所未有的贸易摩擦期，波及许多领域，严重影响到两国的外贸收支、两国的外贸政策，甚至影响着中美经贸关系、中美政治关系的发展和国际局势的变幻。学生学习后心中就有了一个整体轮廓。

二、变革政治课堂教学，必须坚持以人为本的育人理念，课堂教学中尊重学生的主体地位，充分调动学生自主学习的积极性

之所以要进行新课程改革，就是因为旧课程特别是课堂教学存在诸多弊端：它表现在以"教师为中心"，搞"一言堂""满堂灌"，不留给学生思考问题、主动学习的空间，其做法是重教师的主导作用、轻学生的主体地位等。而新课程下的课堂教学，则要求以学生为本，注重学生的全面发展，以"学生为中心"。因此，我们要转变传统的课堂教学，重新定位教师和学生的关系。

曾有一位美国课程学家指出，在现代课程中，教师是"平等中的首席"。这就

意味着：在教学中，师生之间是平等的，教师对学生的学习起设计与引导作用，同时也意味着学生是课堂学习的主体，学生的地位应由被动的"听讲"转变为主动"参与"。在学习过程中，学生是学习问题的发现者和探究者。学生地位的变化使整个教学发生了改变，教学应由"教师为中心"转变为"教师为主导、学生为主体"（学生为中心）。教学过程应由教师讲授讲解的过程，彻底转变为通过情境创设、问题探究、合作学习等以学生为主体的学习过程，教学工作真正体现新课程的要求——以学生为主体，以教师为主导，将新课程改革落到实处。

教师的教是为了学生的学，离开了学，教就没有了存在的价值，这是我作为一名高中政治教师反思一年来探索新课改的实践得到启示。一年来，我不断求索，不断总结。

（一）根据学生实际和结合教材内容设置情景，激发学生的思考欲望，活跃课堂气氛

现在的中学生，思想敏锐、兴趣广泛、问题意识和参与意识很强烈，总喜欢刨根究底，因而教师可以针对学生的这一心理，巧妙"布惑"，设置障碍，通过合理的引导，激发学生强烈的思考欲望，这必将改变过去几十年的"满堂灌""注入式"的教学方法，充分发挥学生的主体作用，逐步提高他们分析问题、解决问题的能力。

创设情境就是一种很好的方法，它能使课堂"活"起来。创设情境，不仅要考虑情境在形式上具有活跃课堂气氛的功能，更应注意情境的内容来自生活，这样才能真正调动起学生主动参与学习的积极性。例如，在讲授《文化生活》第三课第二框《文化在交流中传播》一课时中，我联系社会热点创设情境《做传播中美文化的使者》，我安排了八名同学：其中四名同学分别扮演中国的商人、旅居美国的中国公民、中国教育部长、中国新闻记者，另外四名同学分别扮演美国的商人、旅居中国的美国公民、美国教育次长、美国新闻记者。模拟中美文化两国开展的交流活动，提出如下要求：①扮演中美的商人要模拟中美商业贸易谈判的情景，讨价还价，以此体验商业贸易给文化交流产生的影响；②扮演中美分管教育的领导模拟双方制定鼓励互派留学生的教育政策给双方文化传播带来的影响；③扮演中美的新闻记者要模拟及时报道中美两国在开展文化交流年活动的盛况，帮助同学们理解大众传媒的功能及影响；④扮演旅居对方国家的公民谈自己所体会的感受，以理解风俗习惯的差异给生活及文化交流带来的影响。结果，同学们积极发言，在扮演的角色中碰撞出了思维的火花，课堂交流异常踊跃，双方都引用了教材的观点。由于设置的情境贴近生活，在形式上具有趣味性，因此，每个同学都不自觉地成了课堂学习的主体，

通过激烈的争论既加深了对知识的理解与掌握，又帮助他们提高了分析问题和解决问题的能力。

（二）采用启发式教学，引导学生质疑释疑、问难解难，激活课堂思维

课堂采用启发式教学关键在于教师必须设置启发性的提问，以调动学生的好奇心和学习兴趣，激发学生学习的内在动力，引导学生动脑、动手、动口，积极、主动学习。教师的态度、价值观、理念必须以学生的求知欲为本，通过设置疑难，启发诱导，使学生共同探索和研讨。

例如在《生活与哲学》第五课第二框《意识的作用》后，提出"如何正确认识意识的能动作用与意识的反作用"，让学生思考，各自提出自己的观念，找出内在的区别、联系和规律，让学员带着问题进行探索和交流。在学习中扩大涉猎面、交流面，让学生用掌握的理论来论证和解决实践中碰到的问题，从而获得思维的碰撞与自己发现规律的能力。

（三）借用现代教育技术，开阔学生视野，活跃课堂气氛，使教学具有新的内容

现代教育技术特别是多媒体技术作为一种工具，应用于政治课堂教学，它通过绚丽多彩的形象信息和错落有致的音响信息，创设课堂情境，调动学生的多种感官用之于学习，增强教学的直观性、形象性；运用现代教育技术可以丰富教材，增加课堂容量，开阔学生视野，充分发挥他们的想象力和创造力，提高政治课堂教与学的效率，改善教与学的效果。

三、引导学生转变学习方式，培养学生的自主创新能力

（一）分组讨论，探索与尝试合作学习的魅力

新课程强调合作学习。因为合作学习能弥补个性差异带来的知识上的缺陷、思维上的局限，激活封存的记忆，开启幽闭的心智，促进学生自我反省和完善，培养学生的合作意识、团队精神和集体观念，使课堂教学焕发出生命与活力。在课堂教学中，我依据教材内容、学生的实际，适时开展以小组为单位的合作学习。其具体做法有：

1. 构建学习小组，合理搭配小组成员，明确各自的职责

以学生的基础、学习能力、智力状况、性别、心理素质、兴趣爱好等为依据搭

配分组，定期调整。保证小组内各个成员之间的差异性和互补性，便于各组间开展公平竞争；明确各自的职责，使小组成员人人都要有事做，每位同学在合作中探究，在探究中合作以解决共同的问题。

2. 精选和设计适合于探讨的问题

紧扣教材，精选和设计问题，坚持有利于促进学生动脑，有利于集体研究，促进合作学习的原则；选择适当的时机，在学生对某一问题的发现与困惑产生分歧时设计合作，有利于学生相互交流、集思广益，达到共同提高的目的；在教材的重、难点处设置合作，有利于学生集体智慧的发挥，加深学生对教材重、难点的理解，从而使每个学生体验成功的乐趣。

3. 及时评价学生的表现

要善于挖掘孩子的闪光点，给予充分的鼓励和肯定，既要关注学生学习的结果，更要关注学生学习的过程。注意评价的客观性，使学生在挫折中吸取教训，明确努力方向，促进学生的学习和发展。

（二）开展研究性学习，培养学生的探究能力

曾记得米勒说过："教师应该较少阐述事实，较多提出问题，较少给以现成答案，要指出所教课程的戏剧性及美妙性，引发美感。"这正是探究性教学的目标体现。"探究性学习"（或研究性学习）是指教师不把现成结论告诉学生，而是基于兴趣，让学生在教师指导下，从自然、社会和学生自身生活中选择和确定研究方向，自主地发现问题、探究问题，获得结论的学习活动过程。在教学中，我结合学生的情况，适时开展研究性学习。其做法如下：

1. 联系现实生活，创设问题情境，选取学生感兴趣的话题

政治教材与现实生活联系非常紧密。新课程强调课堂教学应激发学生的学习兴趣，注重培养学生自主学习的意识和习惯。爱因斯坦说过："兴趣是最好的老师。"我联系现实生活，创设一定的问题情境，选取学生感兴趣的话题，使学生置身其中，努力思考，发现问题，解决问题。如学习《民主决策：做出最佳选择》一节中的《两种不同的决策方式》的探究与共享中漫画 A、漫画 B，我设计了这样的问题：请问漫画 A 反映的是一种什么决策方式？假如你是一名官员，你如何决策？如何看待自己的决策行为？如果你是一名消费者，你如何看待这种现象？假如你是此漫画的作者，你设计的初衷是什么？现在你有何感想？学生对创设的问题情境表现出强烈的兴趣，他们各抒己见，畅所欲言，积极参与问题的讨论，从而变"要我学"为"我

要学"，激发了学生的兴趣，使学生既在"做"中学，又在发现中学。

2. 改变学生的学习方式，培养"探究性学习"能力

在激发学生探究兴趣的基础上，结合课程内容，我关注改变学生的学习方式，开展政治活动课，指导撰写小论文，培养学生探究问题的能力，使学生能真正体会到探索的乐趣。如讲完《政治生活》第一单元后，给学生推荐有关书目、网址或网站，要求学生课后自己搜索、筛选资料，以合作学习小组为单位，在班上开展班级民主管理大讨论，在此基础上独立完成小论文《班级民主管理之我见》。学生利用课余时间，各显神通，大胆地对现在的班级进行了评价，设想了自己心中的民主班级模式。在班级民主管理大讨论中，同学们踊跃发言，小组内、小组间的争论异常激烈。学生参与讨论和写论文的过程，就是一个探究问题的过程。通过这一活动，培养了学生的"探究性学习"能力。

总之，作为一名高中政治教师，在课堂教学中，既要坚持新课程以人为本的育人理念，又要注重改革创新，根据学生实际，灵活处理教材，不断探索适合自己的教学方式，使政治课充满生机与活力。

（此文参加 2011 年达州市普通高中新课程改革教学成果评先活动获市级二等奖，达市教研〔2011〕95 号）

探寻破解高中政治课堂教学困境的应对策略

在过去 20 年的时间里，笔者一直从事思想政治课教学工作，现结合自己的教学经验，就思想政治课的教学面临的困境及应对策略做如下探究。

一、高一政治教学面临的困境

近年来，高中课堂教学质量虽有一定的提升，但仍然存在一些影响课堂教学的问题，本人结合自身的教学经验及实际的调查，从六方面就存在的困境展开论述。

（一）在初中，学校排课不合理、教师不重视导致学生没有建构初步的学科思维，进入高中后没有完整的知识链接

初中阶段，由于中考不考初一、初二的政治，因而很多学校在"不考不教、考则突击"的功利主义思想误导下，干脆不排或少排政治课，让学生把全部精力放在语、数、外上，这种做法使大部分学生放弃了政治学科的学习，阻碍了学生对政治课的兴趣及学习的积极性，没有形成初步的学科素养；进入初三后，为了升学，则搞突击，每周排三节课，课课列提纲，划重点，让学生死记硬背。由于没有初一、初二的知识链接，学生缺乏学科素养，没有建构学科思维，结果，许多学生学习政治非常吃力，甚至讨厌。升入高中后，由于在初中没有初步的知识储备，没有形成初步的学科思维，没有初步的知识链接和学科兴趣，厌学政治就更加突出了。

（二）在功利主义和"重理轻文"遗毒的双重影响下，学校、家长、学生对政治学科缺乏正确的认同

进入高中后，分科时，学校为升学需要对学生选科重理轻文的宣传误导了学生，许多家长受社会"重理轻文"遗毒的影响，无视子女的学习实际，把自己的意志强加给子女，要求子女弃文从理，导致许多学生的文科天赋被埋没，个性被扼杀，严重阻碍了学生对政治课的兴趣及学习的积极性。分科后，在功利主义思想的影响下，这些学生专注于学习理科，放弃了政治。

分科后，在许多学校，甚至是重点中学，政治学科的位置也未被摆正。许多家长、

教师甚至学校领导认为政治很好学，是死的，无非就是上课念教材、勾重点、划考点，课后死记硬背，政治教师谁都可以当，未给予和其他学科同等的关注。同时，许多老师在无形中把对学不学政治无所谓的态度传导给学生，使得学生不愿意将精力花在政治学科上，影响了课程目标的有效达成。

（三）学生参加社会实践锻炼的机会少，教材理论学习与现实生活脱节

回归社会生活、参与社会实践是新课程的题中之义。本人认为要抓好政治课教学，教师应该为学生提供更多社会历练的机会。一方面通过社会实践，学生加深了对社会的认识和教材相关知识的理解，用教材的理论知识分析、解决现实生活中发生的问题；另一方面通过社会实践能够使学生的思想受到熏陶，使学生的思想境界上升到一个新的台阶。然而目前许多学校和教师出于安全考量不让学生参加社会实践，学生只能单纯地在课堂上进行理论知识的学习，其做法是隔离了理论与实践的联系，不能学以致用，严重影响了学生政治综合素质的提升，与新课程的要求南辕北辙。

（四）政治教师授课班级多，课时量不足，教学任务重，不能适应教学发展的需要

在许多学校，政治教师授课班级多，课时量不足，高一周课时两节，分科后，文科政治周课时三节，且节次安排不合理。政治学科经常安排在上午第五节和下午第三节。教学任务重，教材涉及的基础知识点、基本概念和原理较多。大多数文科学生的基础差，理解能力差，教师要在较少的时间内将教材内容系统地传授给学生，做到因材施教，同时又要让大多数学生在考试中取得较好的成绩，难为政治教师了。

（五）许多政治教师教学方法单一,趣味性不强;重传授理论,轻体验运用,不能适应现代教育发展的需要

政治学科要求教师引导学生掌握理论知识、建构知识体系、培养核心素养和学科思维、提升迁移运用能力。为此，在教学过程中：一方面教师要取材于现实生活，综合运用多种教学方法，用鲜活的事例讲活教材用活理论，激发学生学习兴趣，吸引学生的眼球，引导学生积极思考，加深刻对教材的理解。但在调查中发现，许多教师在课堂教学中以讲授理论知识为主，方法单一，课堂平淡乏味，气氛十分沉闷，这种无视学生学习主体的做法，不利于激发学生的求知欲，没有调动学生学习的主动性，影响了课堂教学效果；另一方面教师要提高学生的运用能力，教会学生在分

析材料时找准与教材的链接点，运用相关理论对其分析提炼，形成答案要点，并运用学科术语将其表达出来。调查发现，许多教师为应对考核向学生传授固定的答题模式和术语，以提高学生成绩。这就压抑了学生的个性思维，不能锻炼学生独立运用教材分析和解决实际问题的能力，不利于提升学生的政治综合素质。

（六）学校师资配备失衡，缺乏高素质的教师引领。

俗话说"学高为师，身正为范"，一堂课，教师自身素质的高低，对教学工作的开展和学生能力的培养至关重要。目前，许多学校，政治教师良莠不齐，而真正吃透教材，在课堂上得心应手发挥且效果较好的教师不多。大多数政治教师，教学理念落后，教学方法陈旧，囿于传统教学模式，只顾满堂灌，把学生看成储存知识的"仓库"，忽视了学生的主体地位，严重挫伤了学生学习的积极性。

面对当下政治课堂严峻的形势，政治教学要走出困境，必须采取切实可行的措施，把学生拉回课堂，调动学生学习政治的积极性。

二、破解政治教学面临困境的主要应对策略

针对目前高中政治课堂教学面临的困境，教师应该在分析原因的基础上采取有效的应对之策，才能更好地提高课堂教学质量，培育学生的核心素养。本人认为应该就以下四个角度破解目前政治课堂教学面临的困境：

（一）着眼现实冲突，弘扬理性精神，降低两遗毒的影响，引导社会形成正确的政治认同

在高一分科的选择及高中阶段的学习过程中，我们直面来自家长、学校、社会的冲突。解决的办法是，必须着眼现实，弘扬理性精神，进行马克思主义世界观、人生观、价值观及社会主义核心价值观的宣传，促成家长、学校对政治学科的认知转变，使学生端正对政治学科的学习态度；同时对学生进行职业理想的宣传，引导学生做好生涯规划，把两遗毒对学生分科及升学的影响降到最低层次，这对学生高中、大学的学习乃至以后的人生发展都非常重要，引导家长、学校、学生形成政治共识，从而让学生重视该学科，促进学生全面健康成长。

（二）关注国家大事，加强师德修养，注重人文关怀，强化情感投资，创设氛围，提高教学的趣味性，激发学习兴趣

首先，在课堂上，教师要注重自己的师德修养和人格魅力，强化人文关怀和情

感投资，以饱满的激情教学，影响学生，创设氛围，活跃课堂。其次，在课堂上，要激发学生学习的积极性，坚持学生是学习的主体，注重"教"与"学"结合、讲与练结合，培养学生的学习方法与迁移能力。同时，注重时政等生活资源与教材的结合，变"苦学"为"乐学"，通过介绍国际国内的大事及发生在身边的事情，培育学生对政治学科的学习热情。最后，教师要提高课堂教学的趣味性。有人说："兴趣有一种魔力，它可以创造出人间奇迹来。"结合本人实际的教学经验，本人认为能够提高政治课堂教学趣味性的方法有很多种，例如，教师可以组织学生运用政治学科的知识就某一问题进行讨论或开展辩论赛，或借助网络资源引入漫画或时事或角色扮演等，通过这些方法，增强政治课堂教学趣味性，加深学生对学科知识的理解与运用。

（三）改进教学方式，实现政治课堂教学方法的多样化，凸显政治课堂教学魅力，提高执教能力

在过去，一堂课，完全由教师一张嘴、一支粉笔构成，这种教学模式摧残学生心智，抹杀学生学习的主体性。经验表明，学生在课堂上能积极主动学习，很大程度上来自教师教学方法的多样化。所以，教师在政治课堂教学中，应该紧跟时代发展的潮流，根据教学内容、学生心理要求选择适宜的教法，并把传统的教学手段和现代教学手段结合起来，为学生创造直观、形象、轻松、愉快的学习氛围，凸显政治课堂教学魅力，以完成教学任务，培养学生的实际应用能力。

（四）强化学生的政治认同，设置生活情境，让学生参与实践，注重知识的掌握和能力的提升、知识的传授和情感体验并重，实现政治教学的生活化，培养学生的实际应用能力

任何理论都来源于人们的实践，并最终作用于实践、接受实践检验、指导实践的发展。政治学科也不例外，它是一门与实际联系十分密切的学科。因此，学好政治必须强化学生对教材内容的认同，在教学过程中，教师要为学生创设更多的实践机会，强化学生的情感体验，将理论知识的讲解与生活中发生的事情结合起来，让学生在体验中真正认识到理论知识是如何与实际生活结合起来的，这将有助于激发学生的兴趣，加深学生对政治理论知识的理解和掌握，提升学生的政治素质，帮助学生解决生活中遇到的问题。如讲银行的业务时，可设置这样的问题让学生体验："你是怎样办理银行卡的，又是如何存取现金的？"又如，对于民主选举，可以通过选班干部的方式让学生了解民主选举的方式和程序；对于民主决策，可以就班集体的

某件重大事项做的决定让全班同学参与的方式，来调动学生的兴趣。通过实践活动，学生可以轻松地掌握知识，这有助于消除学生对政治课的偏见，帮助他们树立正确的学科观。同时，教师应在强化知识掌握和应试技巧的过程中注重提高分析与解决问题的能力。比如，教师可以先不给出固定的答题模式和术语，让学生自己先做，然后结合学生的答题情况再给予指导。这样利于提高学生解决问题的能力。

　　以上是笔者结合自己的教学经验对思想政治课的教学困境和应对策略的探究。总之，只有学校、家长及社会对思想政治学科有正确认识，教师不断提高自身的政治素质和教学水平，践行新课程理念，大胆探索，勇于创新，探寻破解方略，才能引导思想政治课教学走出困境，提高教学实效。

透析往昔三载实践，且看今日达州课改

——新课改中的问题与对策

高中新课改已经走过了三年艰辛的历程，国家、省、市、县、学校在课改方面投入了大量的人力、物力和财力，但今日达州课改之路举步维艰，问题出在哪里呢？

在走访了我校高一到高三的许多一线教师，联系了我们达州部分兄弟学校的一些朋友，取得了大量的信息资料，分析三年来课改实践的现状，总结如下：

一、新课改教学中的问题

（一）从教师来看：教师思想观念的转变和教学行动的跟进是制约新课改的核心因素

1. 在思想上，广大教师思想观念严重滞后，与课改要求反差太大

我省自 2010 年推行高中新课改以来，尽管每年暑假国家、省、市、县、学校都在组织教师参加新课改培训，但他们的心思却没有在培训上，培训与教师观念的转变各是一回事，教师尽管接受了一些新的育人理念、新的教学方法和教材观点，但观念不仅没有跟上，反而严重滞后。

（1）旧的教育思想对教师新课改影响非常大，可以说是根深蒂固

在此影响下，许多教师对新课程不愿主动去了解和研究，平时教学中过分强调个体的生存价值、报酬和需要而忽视自己对社会的责任；重视教师在教学过程中的角色，忽视与学生的合作、探究关系；强调劳动的传递性，课堂上硬灌、死整，忽视教与学的创造性。对新课程持观望、怀疑甚至否定的态度，片面认为新课改是装扮门面，是改一下上课的内容、丰富一下教学方法、活跃一下课堂气氛，结果导致新课改穿新鞋走老路，换汤不换药。这部分教师忽视了新课改的理念与价值，耍独门戏，不愿与他人协作，缺少与学生家长的交流沟通，甚至对教育部门及学校组织的课程专家的讲座、辅导抱着漠视轻忽的态度，当然更谈不上主动学习钻研和深入

思考了。轻视知识理论的学习。有些教师认为理论是专家们的事情，自己只要上好课就行了，以自身的实践水平、技能水平为满足，缺乏学习理论的自觉性和主动性，不能很好地把握新课改培养目标的教育指向。

（2）高考指挥棒的影响

各校为了升学，从学校领导的要求到教师的实际行动，严重影响了新课改的健康发展。回归社会生活、让学生走进社会、亲近自然、从体验与感悟中加深对教材的理解是新课改在教学实践方面的必然要求，学校领导的要求和教师的行动与新课改的要求南辕北辙，不能从满足学生发展需求的角度思考、解决教学方面存在的问题，许多教师认为千改万改，不如不改，认为学生分数上去了，成绩提高了，教学目标与学校的任务也就达到了，自诩自己按传统的教学模式教学甚至比实行新课改的同行的教学效果还要好。

可以这样讲，目前不要说全省，更不要说全市，单就我校目前的情况来看，真正在思想观念转变，按新课改要求上课的教师微乎其微。

2. 在行动上，许多一线教师做法与课改的要求差距大

台上，新课改宣传得轰轰烈烈，台下应试教育却干得扎扎实实，教师在课前的备课以及课堂教学中仍受高考指挥棒的束缚，再加上信息不灵通，课改少有经验借鉴。这样，新课改被束之高阁，成为教师饭后的谈资。

（1）教师的备课不充分

新课改要求教师在备课上必须下足功夫，要求教师要根据学生自身的特点，来组织教案，在选取切入点上一定要新颖，要有创意，要能吸引住学生的兴趣，而不能按照传统的那一套眉毛胡子一把抓。事实上我们有很多教师还是拿着几年前备过的教案走进教室。这样怎么能搞好新课改？

（2）教师上课漫无目标

很多教师在走进教室前的那一秒钟，估计心里都没有底，不知道这一节课到底要上些什么内容，不清楚这一节课要求学生到底要掌握哪些知识点，上到哪儿就到哪儿，下课前没有回顾，没有总结。这样的教学，学生能学到些什么东西吗？

（3）作业批改不彻底

我敢说至少有部分教师，一学期没有批改过几次作业。学生作业上显示的就只有日期，或者一个大钩。没有仔仔细细地去研究学生作业中存在的问题，更不要说去纠正和解决这些问题。

（4）学生方面的反馈几乎为零

目前存在的问题就是教与学脱节，课堂上与课后脱节，不能及时反馈学生中存在的问题，不清楚学生掌握得到底怎么样。

（二）从学生上看：学生存在的问题也是制约新课改的重要因素

1. 学生学习不主动

主要表现在：课前不主动预习，课上不主动举手回答问题，课后做练习一遇到比较复杂或需要自由发挥的题目，不主动探讨，而是过分依赖教师。这样造成我们的课堂十分被动，教改也难以引向深入。

2. 学生知识面窄，水平良莠不齐

交通、信息闭塞，使我们的学生成为"井底之蛙"。他们没有机会接触大千世界，也不愿接受更多的文化冲击。久而久之，他们的知识面变得狭窄，思维方式变得狭隘。我曾经遇到这样一个问题：时事材料中，讲施明德发起的"倒扁运动"，全班没有一个人知道这个运动是反对谁的，即使零星有几个声音说"阿扁"，却也说不出陈水扁的全名。

班上学生的水平也不是处同一个等级上，他们小学毕业时的会考成绩有的高达190多分，有的学生语文数学两科合起来都还不到60分。在课堂上，能够理解教师的授课意图，积极讨论交流的同学不多，更多的人在课堂中无所事事，不参加也不知道如何参加讨论。久而久之，课堂气氛逐渐变冷。

3. 社会实践机会少

在教学中，有很多思考、活动、探究、实践的内容，学生无法开展，这仅仅靠教师的讲授是很难达到效果的。而要想在短时间内改变这种状态几乎是不太可能的。因此，我认为，要改变现状，不如先改变自己。提高教师自身的专业素质，便是应对困难的最好的对策。

（四）从家长来看：家长对课改认识不清

许多家长只关心孩子的成绩，对课改毫不了解，漠不关心。他们认为，把孩子送到学校就已经完成他们的任务了，至于把学生教成什么样，孩子考得如何，完全是学校的责任、教师的责任。学校采取哪种方式，搞不搞课改，怎样改，他们都不感兴趣。子女的学习兴趣与否，许多家长平时也基本上不过问。这样，学生缺少来自家庭的教育，许多学生学习目的不明确，学习态度不端正，缺乏进取心和上进心。

（五）从管理层面来看

1. 主管部门的部分领导对课改不够关注

从各级主管部门的管理来看，很多领导在大会小会口口声声说重视新课改，在行动的落实上却不是这样，虽有长效性的督查机制，但并未落实，除了发发文件，搞点点调研到下面走走过场外，听取基层特别是一线教师意见的太少，甚至在教材的征订方面存在着以下问题：

（1）教材征订不及时，出现错位。

（2）调查显示：2012 年春高二下英语本该上选修 7，但这部分的内容现在高三才在上。该征订的教材没有，高二文科数学和高三的理科《数学 2-2》甚至连教材都没有等；数学教材的征订顺序有的学科也需要调整。

（3）从内容来看，教材内容与结构的设置极不合理。

（4）调查表明：教材在高一与高二的设置不合理，如高一数学内容太多，高二内容太少，只有一章。内容之间不连贯，脱节。如教材讲了空间直角坐标系后就应该讲立体几何，但是中间却穿插了其他内容。

（5）版本不同使内容出现重复。

在调查中，我们发现：如高二历史由于没有教材，有些教师大骂我们的领导，骂我们的主管部门，有的质问我们，搞得我们非常尴尬。然而怨气归怨气，许多教师在发完气之后，还得为学生找资料，这些学科中，对于涉及高考要求的部分，教师就只好到人教版网站去下载打印，然后给学生复印，向学生收取印刷成本费，这就浪费了大量的人力与资金，加重了学生的负担，可谓劳民伤财。

2. 从学校的管理来看，学校的管理支撑不到位

有的学校领导对新课改的理解缺乏正确的认识，对新课改资金的投入与政策支撑不到位，教学投入少，有的学校有完整的监督考核机制，有的学校至今都还没有完善，即便有，也由于执行力及其他制约因素而形同摆设，离新课程的要求相去甚远。在上级检查前，搞点形式，走走过场应付了事。

（六）从新课程教学所需硬件的现状来看

1. 教学设备简陋，适用于现代教育的设备不到位，甚至缺乏

目前，许多学校经费来源困难，单靠学校自身的力量难以购买足够的现代化教学设备。例如我校有共有 61 个教学班，但全校能用多媒体教学的班级却少之又少。

所以，教师授课，依然是传统的两个"一"（一本教材和一支粉笔）。学校能够满足学生上信息技术课的电脑高中仅有 50 台电脑，初中仅有 40 台电脑，直到现在，我们绝大部分学生都不会电脑打字，像我校这样的情况在全市还较多。

2. 馆藏资料不足，内容严重过时

许多校图书馆里的藏书量严重不够，绝大部分是旧书，且内容比较陈旧，难以满足师生借阅、查找，这在一定程度上制约了课改实验的发展。

课改要求老师和学生都开阔视野，去寻求丰富的知识，然而，图书资料缺乏，缺乏网络信息的利用，这就使我们教学中犹如绑起双脚来走路，根本无法前行。

3. 用于新课改的实验仪器药品太少，无法上实验课

面前，许多学校的实验室的仪器药品量严重不足，绝大部分是淘汰品或半淘汰品，而适用于高中新课改的实验仪器药品非常少，许多实验仪器药品根本没有，无法上实验课，这在一定程度上制约学生自主学习、探究学习与合作学习及创新能力的培养。

二、我们的对策

面对课改中存在的问题，我们应该怎么办呢？

教育发展日新月异，课改工作任重道远。新课改要顺利推行，必须排除束缚新课改的阻力，在探索中艰难前行，要求我们坚持四个到位：

（一）强化宣传到位

要强化宣传的力度，要充分利用一切可利用的途径与方式宣传新课改，同时，引起各级领导的重视，在政策与经费、物资与设备方面给我校更多的人文关怀，以引导全社会特别是家长关注新课改。

（二）课改落实到位

在长期的教学教改中，我们探索并建立了一套行之有效的长效性的督查机制，如区别于其他年级的《达县石桥中学课改年级的教研及管理办法》《达县石桥中学教师备课及作业检查考核办法》《达县石桥中学教师新课程培训管理办法》《达县石桥中学教师五项基本能力考核办法》《达县石桥中学省、市、县级骨干教师推荐办法》《达县石桥中学高中学生的新课程管理及学分认定办法》等。深入基层，潜到一线，广泛听取教师的意见；经常深入课堂，看教师是否在按新课改的要求在做。

（三）资金和设备的投入到位

学校经费再紧张也必须加大对课改经费的投入，一是保障教师的工资收入逐步增长，以调动教师工作的积极性；二是在每学期开学前，学校都要加大投入购足下期学校必备的设施设备、药品器材，以满足课改正常教学的需要。

（四）教材的征订和课程设置到位

教材的征订要尽可能符合教学实际，以按课程设置为依据落实到位。

在每学期结束前，学校都要参照课程设置，又要充分调研一线教师，以征订好下学期的教材，在征订教材前将订单粘贴出，在广泛征求教师意见的基础上，向上级征订教材。

（五）教师的课改到位

新课改的推进与落实关键在一线教师，在客观条件不足的情况下，广泛发动一线教师，要他们充分发挥个人的主观能动性。人人参与课改，教师之间要虚心学习，资料互通有无，相互间经常开展听课、评课等教研活动，广泛听取同行意见，交流心得。要经常参加课改培训，利用网络学习别人的先进经验，灵活地运用到自己的教学活动中去，使自己在课改探索中不断成长，不断前进。法国著名的教育家卢梭曾经指出："学生周围的事物就是一本书，使他在不知不觉中继续不断地丰富他的记忆，从而增进他的判断能力。"教师，就是学生身边的教科书，时时事事影响着孩子的成长和发展。这本书越精彩，越能给予学生更多的精神食粮。

（六）教师对学生的指导到位

目前我校在达县率先推行高校课堂教学改革，借助这次改革，我们要求各位任课教师针对学科特点对学生加强学法指导，要求学生必须做好课前预习，在自己不能理解的地方或做上符号，或向同学求助，特别关注教师课堂上的讲解，同时教师要纠正学生在学习方面存在的问题，使教学取得更好的效果。

新课改本身是一个系统工程，其顺利推进涉及方方面面，需要各方面联动配合，我们唯有依照学校的实际，把新课改工作做好、做实。社会在发展、教育在深化，新课改在探索中艰难前行，我们有理由相信：明天的达州新课改一定会阳光灿烂。

（此文参加达州市普通高中课程改革阶段性教学成果评选活动中获市级二等奖，达市教研〔2012〕6号）

必须大力推行学分管理

——学分管理问卷调查分析

四川省在 2010 年秋季在全省普通高中拉开了新课程改革的帷幕。与此同时，为了贯彻省、市相关文件精神，适应教育改革的需要，我校于 2010 年秋在高 2010 级开始推行学分管理。在此前提下，为深化课堂教学改革，全面掌握学分管理的利与弊，课题组以传统的教学管理为参考对象，把学分管理与传统的教学管理相比较，设计了问卷调查表，对学生进行调查。调查结果表明学分管理很受学生欢迎。

一、问卷调查

（一）问卷调查的目的

我校已在高 2010 级开始推行学分管理。为了促进课堂教学改革的深入发展，全面掌握学分管理的利与弊，我们以传统的教学管理为参考对象，把它与传统的教学管理相比较，设计了问卷调查表并对学生进行问卷，通过对问卷结果的分析研究学生对传统的教学管理和新课程下的学分管理的态度倾向，可以客观地了解学生的需求，以便更好地调整教学管理培养社会需要的人才，以此衡量学分管理的利弊。

（二）各项问卷项目的数据统计

为了更客观地了解本校 2012 级（现在的高二，传统教学管理的年级）和 2010 级（实行学分管理的高一年级）不同代表类型的学生对传统教学管理教学与实行学分管理的认识而设计制定了 11 项问题的调查表，采用随机抽样的方式抽查了高一、高二年级每班的各 10 名同学共 180 名。对各项数据进行统计见附表 1～11。

附表 1：你认为实行学分管理

顺序	项目	2012 级	2010 级
A	可以自主选课，使学生有一定自主选择空间	31%	42%
B	能以人为本，贯彻因材施教	23%	38%

顺序	项目	2012级	2010级
C	能修满学分即可提前毕业	25%	17%
D	可以帮本人延长学习时间（如停学打工）修满学分后可毕业	13%	8%

附表 2：学分管理问题调查问卷结果

顺序	项目	2012级	2010级	顺序	项目	2012级	2010级
A	本人学习更主动努力	72%	80%	B	本人学习会放松	28%	20%
A	本人学习会无计划，自己被动选择学习	13%	19%	B	本人学习更有计划，自己主动选择学习	87%	81%
A	学校教学管理更容易	54%	80%	B	学校教学管理难度大	46%	20%
A	对老师授课要求提高，难度加大	71%	80%	B	对老师授课要求需要提高，难度可以降低	29%	20%
A	如无限制或指导，学生只选易得分的学科	33%	40%	B	凭个人兴趣选课	67%	60%

附表 3：现行的传统管理的特点

顺序	项目	2012级	2010级	顺序	项目	2012级	2010级
A	教学计划性，统一	33%	32%	C	便于教学管理	22%	30%
B	要求标准一，统一	29%	26%	D	适应性强	16%	12%

附表 4：传统管理的不足

顺序	项目	2012级	2010级	顺序	项目	2012级	2010级
A	与市场经济接轨慢	17%	17%	B	有升留级，不利于学生提早毕业	16%	33%
C	不允许延迟毕业	6%	13%	D	统一的模式培养，不利于有专长、潜能与个性的发展	61%	37%

附表 5：你认为现行的传统管理

顺序	项目	2012级	2010级	顺序	项目	2012级	2010级
A	很好，必须坚持	12%	20%	B	一般，可以接受	65%	58%
C	不好，必须改革	17%	14%	D	无所谓	6%	8%

附表 6：你认为实行学分管理

顺序	项目	2012级	2010级	顺序	项目	2012级	2010级
A	很好，必须实行	20%	26%	B	较好，可以实行	66%	59%
C	不好，不必实行	4%	8%	D	无所谓，可实行也可不实行	10%	7%

附表 7：你认为现时的学习任务

顺序	项目	2012级	2010级
A	压力大，功课多，无法接受	16%	7%

顺序	项目	2012 级	2010 级
B	压力适中，功课一般，可以接受	65%	59%
C	压力不算大，功课少，还有部分潜力选修其他课程	14%	29%
D	压力相当小，功课非常少，还有相当潜力选修课程	5%	5%

附表 8：你认为目前的课程设置

顺序	项目	2012 级	2010 级
A	较好，比较满意，对毕业找工作帮助大	38%	29%
B	基本可以，满意，对毕业找工作有一定帮助	44%	44%
C	一般，帮助不大，不满意，对毕业找工作没多大帮助	10%	13%
D	较差，非常不满意，对今后毕业找工作无帮助	8%	14%

附表 9：对学校教学工作及课程设置的希望（可选择三项填写），你认为应

顺序	项目	2012 级	2010 级
A	上好现有的课程	28%	30%
B	多开一些选修课或讲座	30%	15%
C	多开设专业技能训练课	42%	50%
D	增多一些文体、文艺活动	20%	35%
E	讲一些社交、人文、礼仪知识	32%	39%
F	外语提高（含口语）	55%	47%
G	文秘办公知识与技能	9%	17%
H	电脑提高班	61%	57%

附表 10：若实行学分管理，你认为其造成的最大影响是（可多选填写），你认为应

顺序	项目	2012 级	2010 级
A	有利于学生充分发挥学习主体的积极性与主动性	21%	40%
B	利于培养与社会接轨的人才，提高综合素质	27%	30%
C	有利于使学校教育改革走在各地高中的前沿	18%	17%
D	不利于学校学生短期内重新适应，易造成心理上的负担	20%	12%
E	不利于学校优良校园文化氛围的形成	14%	8%
F	不利于学生树立正确的学习观念，易形成虚伪的学分	19%	14%

附表 11：如果实行学分管理，你觉得你/学生会（　）（可多选）（可多选填写），你认为应

顺序	项目	2012 级	2010 级
A	学分管理对个人发展的帮助很大	39%	43%
B	某些方面可以培养自己的综合素质	25%	42%
C	不好说，要视自身兴趣及所参加活动而定	29.3%	29%
D	学分管理会导致学生仅仅以拿学分及加分作为自身发展动力，不利于培养自身综合素质	2%	6%

二、对统计数据的透析

在分析调查表之前我们首先要确定标差。我们把此次调查的标差定在 8% 以下为基本无差别;8% ～ 12% 为有差别;12% ～ 20% 为差别明显;20% 以上为差别非常明显,然后按此标准进行差别原因探讨分析。

（1）调查显示：大部分同学赞同实行学分管理。

附表 1 结果表明认同实行学分管理可以自主选课,使学生有一定的自主选择空间,能以人为本,贯彻因材施教原则的,2012 级 A、B 两项占 54%;2010 级占 80%。

调查结果说明：①绝大部分同学认为实行学分管理,学生的自主性增加,自由度加大,这恰恰说明新课改贯彻"以学生的发展"为本的育人理念,尊重了学生的主体地位,贯彻了因材施教的原则。②两个年级对实行学分管理的认同差别明显,差别是 26%,我们据此分析认为是由于 2010 级实行学分管理了以后,学生体验到新课改带来的好处,增强了学习的自主性。③认为实行学分管理后,学生会更轻松、主动、更有计划地学习,这有助于提高学习效率（见附表 2）。2010 级的百分率较2012 级稍高,说明 2010 级实行学分管理以后,同学们在学习习惯、学习能力、学习方法及学习效果上有很大的收获。④认为实行学分管理很好和可以的占 80% 以上（见附表 6）；认为不好和无所谓的占 14% 和 15%,是少数,说明学分管理能让学生收获知识、提升能力而为学生接受,表明实行学分管理已经势不可当。⑤大多数同学认为学校安排的课程可以接受（见附表 7）。说明大多数同学赞成认同实行,其中可看出：实行学分管理也是学生发展迫切的要求。其中认为现时学习任务不算紧,还有潜力选修其他课程的 2012 级学生占 14%,2010 级学生占 29%,两者对比差异明显。说明在实行学分管理教学后 2010 级学生学习压力降低,比较 2012 级学生来说更有精力选修其他课程。

（2）统计以无可辩驳的事实说明传统教学管理的局限性和弊端显现无遗,新课改已成为不可阻挡的历史潮流,课堂教学中采用学分管理已成为高中课改的大势。

问卷调查的数据显示：对于传统教学管理,绝大多数学生认为它计划强、标准统一、便于管理,但适应性较差（见附表 3）,从深层次揭示出传统教学管理不利于学生特长、潜能与个性的发展的弊端（见附表 4）。由于 2011 级没有实行学分管理教学,学生对传统管理的认同率占 59%;而 2010 级学生的认同率占 38%;两者差异非常明显。可以认为在没有实行学分管理教学的同学更希望能实行学分管理;2011 级学生比 2010 级学生在年龄上稍大,思考问题更全面,而且离毕业时间较近,更多地关注专长和潜能个性的发挥问题及运用能力的培养。

（3）调查还揭示：课程的开设体现了社会的需要。在学分管理下，学校的课程设置基本符合毕业找工作的要求（见附表8）基本满意与满意者占82%，但还希望增加一些选修课（见附表9）。

调查结果表明信息技术、外语、音、体、美等课程是同学们最受欢迎的课程（见附表9）。学生还希望能学习更多的其他的知识。

（4）实行学分管理，对学生的发展产生了较大影响（见附表10）。同时，表明学分管理有利于学生充分发挥学习主体的积极性与主动性，形成正确的学习观，培养与社会接轨的人才；有利于学生自身的发展，提高学生的综合素质（见附表11）这进一步说明，学分管理已为绝大多数学生接受，成为提高教学效率，培养学生核心素养的重要举措。

三、形成的结论与建议

（1）综上分析我们不难得出这样的结论：必须大力推行学分管理。

实行学分管理是新课程改革的题中之义，是顺应时代发展、社会需求、学生成长的需要，是学校教育教学改革的必由之路，由于它在教学方面的独特优势备受老师和同学们的欢迎，因而必须大力推行学分管理。

（2）对推行学分管理的建议：

①实行学分管理有利于尊重学生的主体地位、发展学生的兴趣。当学生对自己所选的领域有兴趣时，学习就是一种快乐、一种享受，这有利于调动学生学习的积极性和发展自己的特长和个性，可起到事半功倍的效果。

②学分管理的推行要求教师更新教育价值观观念。教育机构的价值在于为学习者提供服务，满足他们为提高素质的各种要求，同时也要努力满足市场需求。既然是服务，就不能关门教学、守株待兔，而要主动走向社会，了解社会需求，既然是服务，就要给学习者充分自主选择的机会。因此，教师要根据社会要求、学生需要，开设选修课，以供学生选修，安排适合的场所，采取相应的措施，确保选修课顺利展开。

③学分管理的实行要求教师要更新课堂教学观，提高自身素质。新的课堂教学观认为：教学是一个过程，是一个师生之间交往、互动的过程，并将这种过程升华，认为通过这种互动和交往，可以达到师生之间的共同发展。这要求每个教师都要努力学习与自己专业相关的新知识、新成果；研究教学方法；密切关注社会的发展需要；拓展新的专业知识，使自己在抓好教学工作的同时承担选修课的教学任务。这样既能满足学生的需求，又有利于教师队伍的良性循环，为国家和社会培养能够适合市场经济需要的高素质人才。

市场经济和价值观影响下弱势群体学生的现状调查和优化教育策略研究

一、市场经济和价值观的冲击是中学生弱势群体产生的重要原因

社会变革带来的机遇、竞争与挑战，使中学生过早地承受着沉重的思想、认识、信息等压力。幼稚、好奇和要强的心理使他们对一些社会问题非常敏感，由于他们头脑中世界观、人生观和价值观还比较幼稚，不成熟，社会政治、经济、教育、道德等方面的任何变化都会对他们的成长产生至关重要的影响。

其中，社会人文环境的变化冲击中学生传统的世界观、人生观和价值观，引起中学生在思维方式、思想观念、价值取向、人生态度等方面发生一系列变化，促使中学生政治立场弱化、价值取向多元化、道德观念世俗化、认知方式曲线化等。如果缺乏正确的引导，就会使部分中学生偏离社会发展的轨道，最终沦为中学生中的弱势群体。

（一）市场经济发展带来的市场冲突、引发的社会问题是中学生弱势群体产生的重要原因

（1）市场经济发展带来的市场冲突与中学生心目中的社会文化目标发生了激烈碰撞，使其价值观发生严重扭曲，甚至出现了严重错位，形成了诸如贪婪、冷漠和躁动等畸形心理。如果他们不能有效地自控，就容易采取极端行动，做出违法违纪的事情，从而形成与社会的对立，比如校内学生与校外闲杂人员勾结聚众打架、在校外扒窃被抓等恶性案件。

（2）城乡差距和贫富差距加剧了中学生的不平衡心理，使他们心态失衡。在市场化改革的过程中，由于经济发展的不平衡，经济关系日益多样化，社会保障体系的不完善，致使城乡差距和社会贫富差距扩大。这种现象在被视为自由和谐的校园中同样普遍存在，使得中学生在处理各种社会关系时，容易在认知和心理方面产生不平衡的心理，心态陷入失衡的误区。

（3）物价上涨拉开了学生之间差距，加剧了经济困难型弱势学生群体的产生。

在市场经发展中，物价不断上涨使学生的各项开支越来越多。目前，我国仍处于社会主义初级阶段，经济发展虽取得了一定的成绩，但与发达国家相比，社会基础特别是教育还十分薄弱，教育总体水平较低，亟待发展，生活费愈来愈高。一般家庭尚难支付，贫困家庭则更难承担。同在一个蓝天下，在学生中，有的资金宽裕，出手大方；有的捉襟见肘，缩手缩脚，这拉开了学生之间生活方面的差距，使学生产生了不平衡的心理，加剧了经济困难型弱势学生群体的产生。目前尽管全社会对该群体都高度重视，但关注和帮助都集中在经济层面，而经济困难学生问题是一个社会结构性问题。

（4）中学生的价值观易被市场经济影响下的社会环境左右。

小学六年教育使许多学生在上中学时就有明确的主导性的道德动机和价值观，从开始的比较短浅的、狭隘的状况，向比较自觉的、远大的动机发展，从比较具体的动机向较抽象的动机发展。但是，由于他们缺少一定的社会阅历、意志力薄弱、容易动摇，所以他们的价值观很不稳定。我们调查发现，初一学生的处事动机由于受到他们自主、独立倾向性增强的影响而有所下降。

此外，为适应市场经济的变化和发展，教育事业不断改革，教育已逐步大众化，许多中学生不得不思考高中毕业后，不管之间能否读大学，都必须面对就业、竞争等来自社会各方面的巨大压力，心理承受能力受到严峻挑战。这也是导致大量弱势群体学生产生的原因之一。

（二）价值观的扭曲也是中学生弱势群体产生的重要原因

改革开放和市场经济的深入发展特别是西方文化的渗透所形成的社会人文环境的变化冲击中学生传统的世界观、人生观和价值观，引起中学生在思维方式、思想观念、价值取向、人生态度等方面发生一系列变化，促使中学生政治立场软弱化、价值取向多样化、道德观念世俗化、认知方式垂直化等。如果对他们缺乏正确的引导，就会使部分中学生偏离社会发展的轨道，最终沦为弱势群体。

（1）受市场经济的影响，家庭环境不正确的人生观和价值观给弱势学生群体带来不利的影响。

① 在传统"学而优则仕"的升学价值观的指导下，家长所采取的不恰当的家庭教育方式给在校中学生的成长带来很大的消极影响。很多家长认为子女在校就应当努力学习，不应当有其他任何想法。他们大包小揽了中学生在家里洗衣服、煮饭及应干的家务活，这样的家庭出来的中学生独立意识较差，生活和处事方面缺乏自主能力，不能适应丰富、多变、复杂的社会，情感脆弱，缺乏创造力和活力，严重

压抑了个性的发展。

②家长在市场经济竞争意识、金钱意识和读书无用论的错误的价值观的指导下，采取不恰当的家庭教育方式也会给中学生的成长带来很大的消极影响。在市场经济的影响下，一些家长认为"学生在校多读点书，不如多挣点钱"，在这种读书无用论的指导下，经常在家庭中散布落后的言论，还有一些家长成天忙于挣钱，对子女的学习不闻不问等极大地影响着子女的上进心，影响着子女的学习。

③我国在校学生中家庭经济困难的人数不断增加。应该肯定，绝大部分贫困学生都能正确面对生活的贫困，保持健康的心理状态，刻苦努力，积极追求，正所谓"穷且益坚，不坠青云之志"。但贫困学生毕竟要承受更多的精神压力，更容易产生各种心理问题。

（2）在市场经济条件下，受拜金主义和享乐主义价值观的侵蚀，许多家庭的软环境因素——家庭和睦程度对子女性格的形成具有重大影响。

在现实生活中，确存在一些家庭不和谐的现象，比如夫妻感情不和、一方为了自己的快活导致第三者介入、家庭破裂、离婚增多、单亲家庭或父母双亡等。这种家庭环境往往造成子女性格畸形发展，表现出苦恼、愤怒、恐惧、失望、悲观与厌世等消极情绪，这也是形成中学生弱势群体的一个重要因素。

（3）中小学之间的差异使部分中学生不能适应急剧变化的社会环境。

中学的生活环境和学习方式与小学时差异很大，导致一些学生不能及时适应中学的学习和生活，学习效率急剧下降，学业成绩不理想，进而怀疑自己的智商和学习能力，自信心减弱。这往往造成一些学习成绩差的学生在心理上感觉自己"低人一等"，拒绝与成绩好的同学接触和交流，厌恶学习，形成恶性循环，失去各种自我发展的机会。

（4）人际交往欠佳。由于种种原因，相当一部分中学生缺乏与人交往的基本技能和方法。

在人际交往中经常出现害羞、尴尬、笨拙、不知所措等异常行为。他们或缺乏承受挫折的心理素质，或缺乏适应市场的竞争意识，或缺乏正视挫折的危机意识，自立能力差，依赖性强；或者自尊心极强，但心胸狭窄，现实情况往往和他们的希望相反，使得他们在情感、认知和心理等方面严重扭曲。

（5）社会转型形成的多元价值观，对中学生价值观的形成产生重要影响。

①中华民族传统美德与西方享乐主义的价值观的碰撞对初中学生价值观的影响。

市场经济的发展激发了人们自立、平等、创新和开拓进取的意识。但是，市场经济中对物质和金钱的追求，使人们的思想境界发生了偏离传统的优良道德轨道。

不少生活在"温室"里的初中学生享乐主义、利己主义思想严重，重自我、轻他人；重享乐、轻劳动，缺乏集体主义思想和艰苦创业精神，奉献精神淡化，社会责任感减弱。从而出现有的初中学生以升学为目的，平时闭门读书，不问国事；有的只强调主体的需要，不讲客体的给予；相当多的初中学生劳动意识淡薄，饭来张口、衣来伸手，不以俭为荣，怕过艰苦日子。

② 市场经济的冲击、社会环境、文化市场的消极因素对于初中学生价值观的影响。

社会是中学生德育发展的学校，个性成长的课堂。学校虽是初中生良好道德品质养成的主体，但离不开家庭、社会各界的配合和支持。事实上，面对市场经济的大潮，不少家庭缺乏对后代教育的社会责任感，难以与学校教育形成合力。在市场经济的冲击下，许多社会陋习不断滋生，一些中学生经不住社会陋习的诱惑，纷纷效仿。比如，部分中学生认为吸烟是一种社会时尚，是成熟和有风度的表现，虽然吸烟有害健康，国家已经明令禁止在公共场所吸烟，但他们置若罔闻，在教室、寝室、厕所、操场等地方我们经常发现他们丢弃的烟头，给卫生打扫增加了难度；我们还发现许多学生参与赌博，经常三五个学生聚在一起在寝室或校外诈金花，斗地主，打麻将，等等，甚至个别学生还与社会闲杂人员一起赌博；同学之间相互出钱，聚众办生日，等等，许多影视、书刊出版格调低下，禁而难止，甚至贩卖黄毒，严重侵蚀学生的心灵。其他如吸毒、嫖娼等丑恶现象死灰复燃，凡此种种，不一而举。其影响极坏：污染了社会生活环境，成为初中学生犯罪的一大诱因，更是冲击初中学生形成科学的价值观的重要因素。

③ 以传统价值观为载体的教育方式很难适应当代的社会实践。

在市场经济条件下，初中学生面对的是五光十色、日新月异的广阔的社会背景。他们的心理、思想特征有很大的变化。其表现行为和实际能力往往是矛盾的。他们的成熟与幼稚、可爱与可忧相互交缠，大部分学生思想活跃，敢想敢说，但观点又往往失之偏颇。对此，大多数教师感到学生难教，不少家长认为孩子难管。针对初中学生中出现的问题，一些学校制定了一大堆管理办法，规定若干"不准"，管住了学生的手脚和言行，却管不住学生的心灵。学生一旦"越轨"，一些教师动辄以罚代教，写检查、停课或邀请家长共同教育。而一些家长"恨铁不成钢"态度粗暴、方法简单，打骂成了家常便饭，长此以往，恶性循环，加剧了初中学生的"逆反"心理。这样，从学校到家庭，多动好奇朦胧幼稚的初生学生从"百草园"到了"我想唱歌不敢唱"的"三味书屋"，失去自由，这样的教育，效果极差。

二、探寻受市场经济和价值观影响的弱势群体学生的教育优化策略

面对这部分学生，作为德育工作者，我们不得不深深思考，不得不面对现实，探寻受市场经济和价值观影响的弱势群体学生的教育优化策略。

（一）加强学生的养成教育。依托的中华民族的传统美德，引导学生逐步形成适应市场经济要求的价值观体系

历游千载历史长河，中华民族有着优良的道德传统，这是我们宝贵的精神财富。笔者认为，在新时期，对初中学生的养成教育应当包括：

1．权利与义务价值观的养成

宪法规定，任何中华人民共和国公民（初中学生也如此）都享有人权、依法享有广泛的政治权利与政治自由；同时，必须履行宪法和法律规定的义务，如依法纳税、服兵役、接受义务教育等。

2．自尊与尊重的养成

著名人本主义哲学家马斯洛指出，当一个人的生理需要、安全需要和社交需要（爱和归属的需要）得到一定程度的满足时，人就产生对荣辱的关心，即自尊的需要。"己所不欲，勿施于人"的中国传统是对尊重他人的最可贵的准则。尊重他人包括尊重个性和接受差异。

3．公平、公正价值观的养成

公平、公正在人格中是最重要的品质，也是市场经济的基本法则。初中学生的公平公正的价值观来源于平常的学习生活及学校班级的工作与事务，初中学生相对于教师来说是弱势群体，教师的公平公正对学生公平公正的价值观的形象具有重要的意义。

4．诚信价值观的养成

《说文解字》对于"信"的解释是："人言也，人言则无不信者，故从人言。""人而无信，不知其可也"，诚信是一个人最基本的品质，是为人处世的重要方式。在教育中，我们必须引导中学生形成正确的诚信价值观。

5．竞争与合作价值观的养成

社会生活处处存在着竞争，初中学生的学习生活也不例外。学习成绩方面的竞争与合作，解题、班级文娱活动、劳动、讨论、完成作业、阅读等无处不体现着初

中学生的竞争与合作，而正确的价值观则是成功完成某一项工作的前提，集体的努力是各个人努力的综合表现。

6. 规则与秩序价值观的养成

没有规矩，不成方圆，这是中国传统的美德。初中学生的行为与道德意识易受环境的左右，所以，我们必须对中学生进行正确的引导，使他们严守规则与秩序。

7. 平等与自由价值观的养成

平等自由是公民的基本权利，也是公民的必备意识。初中生的平等与自由的价值观存在于学生之间的比较，存在于师生之间的人格比较。当今社会，初中学生的平等与自由是有一定的限度的，那就是国家的法律法规及学校的规章制度。这正如美国的威廉·弗兰克在《伦理学》一书中所讲的："享有自由对于愚蠢的人来说是非常棘手的，对于高尚的人来说才是安全的。区别理性的自由和疯狂的无法无天的界限，在于情况的不同和精神气质的良好，而这些品质只有长时间的思考和依附同伴的人才能具备。"

8. 社会责任感的养成

伊壁鸠鲁曾经明确提出："我们的行为是自由的。这种自由就形成了使我们承受褒贬的责任。"初中学生的责任感决定于初中学生必须扮演什么样的角色。他们在学校是学生，在家庭是子女，在社会是公民，每扮演一种角色必须担任起他们应有的责任。

（二）建立学校、家庭、社会的立体网络，构筑学校、家庭、社会的价值观防火墙

我们必须清醒地认识到，对初中学生的科学价值观教育光靠学校的力量是不够的，必须把对他们的科学、价值观教育工作纳入社会、家庭的大系统、大环境之中，空间上向社会、家庭发展，时间上向课外延伸，从而形成学校、家庭、社会三结合的立体网络，构筑学校、家庭、社会的价值观防火墙，以便进行全方位、多层次、立体化的教育，取得联动效应。

1. 强化学校在转化弱势群体学生中的主导作用

学校是初中学生受教育的主要阵地，学校的价值观教育也是初中学生价值观形成的重要力量。在整个教育过程中，要充分发挥学校在转化弱势群体学生方面的重要作用，学校必须健全使学生形成科学的价值观的教学目标，把本班弱势群体学生

的转化情况作为对班主任工作考核的重要依据，并通过有计划的、系统的教育活动，使学生的价值观得以形成。

2. 发挥家庭在转化弱势群体学生中的配合作用

家庭教育在学生价值观的形成中起到基础作用，但由于一些家长文化水平不高，他们的言行本身就是初中学生形成科学价值观的最大的阻力与破坏力。学校通过举办家长学校、召开家长会、教师家访与家长来访等手段，提高家长的认识水平，使学校与家长在对培养学生价值观的标准方面形成一致的意见，共同做好对弱势群体学生的教育转化工作。

3. 有选择地让学生吸收市场经济背景下的多元化价值观中积极的因素

市场经济的深入发展带来价值观多元化，使初中学生科学价值观的形成面临严峻挑战。从初中学生价值观形成的角度来看，学校教育与社会的影响就像巴甫洛夫在谈到条件反射时所作的比喻：狗的"刺激—反应"实验一样，狗对于"听到铃声就分泌唾液"必须有食物刺激得以加强。同样初中学生的价值观也必须在与社会上的种种多元化价值观的对比中得到强化，使弱势群体学生得到转化。

总之，面对市场冲突和在价值观方面的困惑，我们教育工作者必须适应新情况，认真总结，不断反思，积极探索，不断创新，就一定能让弱势群体学生走出困境，使他们登上新的发展台阶。

（此文发表于 2011 年《中国校外教育》第 12 期 总 391 期）

第五章

教育教学管理叙事

JIAOYU JIAOXUE GUANLI XUSHI

教育教学管理叙事

二十余年来，我教海励耕，信念笃定。还是在二十余年前，当我第一次走上讲台面对着一双双明亮的眼睛时，当我看到我的学生在中期考试全班成绩落后于年级的时候，我的眼泪禁不住脱眶而出，那时我就坚定了一定要教好学生、终身从教的信念。十余年来，只要我一走进办公室，我心中装的就只有学生。为了教好每一个学生，我十年如一日按"教学六认真"的要求规范自己的言行。

"俯首甘为孺子牛"，献身教育是我的无悔抉择。在这二十余年的教海生涯中，我不知教了多少学生，写了多少备课笔记，上了多少课，批改了多少作业，连许多学生的姓名我都记不清了。"吾身有涯而学无涯"，在二十多年的教育教学工作中，我始终坚持以学促教、以教促学、边教边学，不断更新教育理念，不断探索新的教学方法，不断总结育人经验，充实自己，发展自我。在这一过程中，我提高了业务水平和教改能力。二十多年了，要"说"的"话"不少，"叙"的"事"肯定是很多很多……

辛勤浇灌教育热土，无悔培育祖国幼苗

在本年度，我执教的是高三（5）（6）两个班级，尽管（6）班是文科快班，但由于学生基础太差，底子薄，升学任务压力特别大，但我没有灰心，春夏秋冬，早出晚归，一心扑在教学上，抓讲解，促记忆，勤练习，学生的政治成绩直线上升，面对学生的变化，我感触太多太多。

严格遵守学校各种规章制度，积极主动参加学校各种教育活动，加强师德修养，不断提高自己的教学水平和思想觉悟；严格约束自己，教书育人，为人师表，服从领导安排，注意与同事、学生搞好团结；平时政治课上要求学生做到的，自己率先垂范，同时尊重学生，发扬教学民主，使学生学有所得；谦虚好学，注意多阅读书籍，特别是教育教学理论，以之指导自己的教育教学工作，并且在日常工作中虚心向同行请教。

积极钻研新课标，研究新课标的高考要求，认真备好课、上好课、多听课、评课，做好课后备课、辅导、批改作业等工作，注重基础知识的教学，让学生形成知识网络。

在平时教学中，注意学生的实际情况，认真编写教案，选择好练习题目，注意讲练结合和师生交流，并不断归纳总结经验教训。注重课堂教学效果，针对学生特点，以愉快式教学为主，坚持以学生为主体，教师为主导，教学实效为主线。在教学中注意抓住重点，突破难点。及时批改作业，力求做到全批全改，重在纠错，及时了解学生的学习情况，以便在辅导中做到有的放矢。

当然，在本学期的教学仍然有一些遗憾：

1. 很多问题都要靠我讲他们听，我讲得多学生做得少，同学们不善于挤时间，独立动手能力比较差，稍微变个题型就不知所措，问其原因，回答不会，做题没思路，一没思路就不想往下做。平时做题少，很多题型没有见过，以至于思维水平还没有达到一定高度，做起题来有困难。

2. 现在的学生学习不勤奋，没有养成好的学习习惯，有些问题即便知道思路也懒于动手，以至于高考时思路跟不上，解不了题，得不了高分。我想学生出现的这些问题，可能是我还没有找到很好解决这种问题的方法。

"学然后知不足，教然后知困"，通过教学，我更加清楚教学相长的意义，我将在以后的教学工作中继续努力，提高自己的解题、讲题水平，多注意思想方法的渗透，并多多向其他教师学习，取长补短，使自己的教学成绩和水平都有较大的提高，争取做一位受学生欢迎、让学校放心的优秀教师。

我认为，通过自身的努力，教学工作取得家长和学生对我的支持和信赖是非常重要的。因为要教育好学生，就必须得到家长的配合和学生的理解。为此我积极和家长交流。同时通过本学期的教育教学，认识到任何学生都会同时存在优点和缺点两方面。对优生的优点是显而易见的，对后进生则易于发现其缺点，尤其是在学习上后进的学生，往往得不到教师的肯定，我一直注重抓好后进生转化工作，用鼓励表扬方法来做他们的工作，因势利导，化消极因素为积极因素，帮助后进生找到优、缺点，以发扬优点，克服缺点。以平常的心态对待每一位学生，真正做到晓之以理，动之以情。

总之我深深地懂得：一名人民教师要重视自身建设，努力提高业务水平，热爱教育事业，努力培养人才，注重德育教育，引导学生全面发展。在教学这片热土上，我们只有辛勤浇灌，在培育祖国幼苗的工作中我们才能无怨无悔。

2007 年 1 月 5 日

注重过程，增强教育教学效果

落花不会有芳香，流水不会有重归，时间不会有重返。本学期本人担任高一（1）（2）班和高二（6）班的政治科教学工作。一学期来，我注重过程，在理论学习、备课、上课、听课、评课，作业批改与讲评，课后辅导、高考考向、学生管理等方面做了许多有益的探索，顺利完成了教育教学任务。这学期的工作我感触良多。

一、认真组织教学工作，增强教学效果

本学期本人担任高一基础年段的教学，需要为以后的教学打好基础，在本学期本人认真备课，不但备教材、备教法，而且备学生。根据高一学生实际，设计课的类型，拟定采用的教学方法，并对教学过程及时间安排都做了详细记录，认真写好每一课教案，每一课力争做到"有备而来"，每堂课都在课前做好充分准备，根据教学需要，采用多种教学方法，提高学生学习兴趣，增强教学效果。

二、在教学措施上，积极采用新的教学方法，增强教学的时效性

本学期本人在教学上力图创新，以适应教育教学的需要。在班上开展课前三分钟演讲，使学生关注时政、关注生活。课堂上多开展导学式教学，为政治课以后的教学模式提供新的思路，实践证明这种方式是行之有效的。借助多媒体，运用多种方式进行教学，以提高学生学习的积极性。在课堂上特别注意调动学生的积极性，加强师生交流，充分体现学生的主作用，让学生学得容易，学得轻松，学得愉快；注意精讲精练，在课堂上教师该少讲的尽量少讲，把更多的时间留给学生，尽量让他们多动口动手动脑；因材施教，充分考虑每一个层次学生的学习需求和学习能力，让他们在学习中都得到提高。

三、虚心学习，提高自己教学基本功

本学期，本人上了《民主决策：做出最佳选择》的公开课，通过公开课展现自己的教学基本功，虚心同行的点评，提高了自己的教学能力。同时，认真听其他教师的课，学习别人的优点，克服自己的不足。近年来，由于教材改版，高考命题的

模式与考试方向都发生了极大的变化，为此本人经常阅读《中学政治教学参考》《中学政史地》《中学政治教学》杂志等，在这些刊物中汲取别人教学中对教材的分析与挖掘，教法的设计，知识的训练，研究高考试题，在学习中做了大量的笔记，成为教学的辅助资料。

四、认真开展备课活动和帮助新教师成长

本学期，本人担任高一政治备课组组长，认真组织备课组工作，做好教学工作计划和统一协调教学进度。对庞小兵老师进行教学指导，内容涵盖教学的方方面面，有教学语言、教学方式等，通过这种方式提高她的教学水平。

五、认真开展教研活动，提高自己的教学科研水平

本学期我开设研究性学习《重温红色经典，缅怀革命先烈》，培养学生爱土爱乡的思想，引导学生关注文化风俗，丰富学生的精神生活，学生反响好。每个星期认真设计一个主题，针对主题组织学生充分讨论。据统计本学期开设的主题活动有 12 个。在组织本组成员开展活动的同时，本人也获益匪浅，自己的教研水平得以提高。

此外，我备课组的成员还积极参与一中片区校际研讨，并积极筹备校本教材的组织与编写工作，进一步加深了对教材的理解与把握，形成了一系列有价值的成果，大有收益。

六、认真做好教学常规工作

认真批改作业，布置作业做到精读精练，有针对性，有层次性。同时对学生的作业批改及时、认真，分析并记录学生的作业情况，将他们在作业过程出现的问题做出分类总结，进行透彻的评讲，并针对有关情况及时改进教学方法，做到有的放矢。做好课后辅导工作，注意分层教学。在课后，为不同层次的学生进行相应的辅导，以满足不同层次学生的需求，避免了一刀切的弊端，同时加大了后进生的辅导力度。

七、工作中存在的问题和需要改进的方面

（1）在探索新的教学模式，尤其是导学式教学模式，还需要在实践中进行改进，同时注意提高教学的有效性。

（2）在教研工作中，还需要提高教研的水平和方式，尤其是教学教研还需要再推进。

（3）辅导效果要提高。无论是作业或试卷面批，还是对一般同学的答疑，似乎效果不是很明显。一方面是辅导的学生比较多，一方面是没有找到更科学合理的辅导方法。另外，学生的思想和心理方面的辅导明显不够。

（4）难以做到因人而教。对于上课，一部分成绩好的同学，觉得上课效率不高，对于成绩较差的同学，觉得内容深且多，没有把不同层次能力的学生很好地协调起来。

2009 年 1 月 9 日

欲穷千里目　更上一层楼

一年来，我认真学习党和国家的方针政策，严格遵守《中小学教师职业道德规范》，落实学校工作部署，以培养学生创新精神和实践能力为重点，以新课改为契机，深化课堂改革，认真落实课程计划，落实教学常规，使所任班级教学质量和分管的工作有了较大提高，反思一年来的工作情况，体会如下：

一、教育理论方面：认真学习，提高思想认识，树立新的理念

理论是行动的先导。一年来，我认真学习党和国家的方针政策，提高思想认识。认真领悟新课改的思想理念，深研大纲、教材，为了更好地了解新教材，了解新课改的方向和要求、目的，我在教学之余利用网上资源和学校订的有关书刊研究新大纲；在每学期初，我翻阅新教材，了解这一册教材的内容和各个知识的关联点，做到了解并熟悉教材。

二、道德修养方面

率先垂范是师德的基本要求。作为一名高中政治教师，不仅仅是学生学习知识的引导者，更是学生人品学习的楷模。做到尊重学生，不对学生有偏见，尊重他们的意见；课堂上是师生，生活中是朋友，充分信任学生；注重提高教学素养，言传身教，感染学生；引导学生学会快乐学习、生活；同时，时时刻刻关心国家大事，了解教育的改革方向和政策，与时俱进，拥护党的各项教育方针和政策，做好自己的本职工作。

三、教学能力方面

教学工作是学校的中心工作，是检验教师工作成败的关键。一年来，在坚持抓好新课程理念学习和应用的同时，我积极探索教育教学规律，充分运用学校现有的教育教学资源，尝试新的教学方法，大胆改革课堂教学，取得了明显效果，具体表现在：

（一）发挥教师为主导的作用

（1）备课深入细致。平时认真研究教材，多方参阅资料，力求深入理解教材，准确把握难重点。根据学生实际制定教学目标、编写教案，不断归纳总结经验教训。

（2）注重课堂教学效果。针对中年级学生特点，以愉快式教学为主，不搞"满堂灌"，坚持学生为主体，教师为主导、教学为主线，注重讲练结合。在教学中注意抓住重点，突破难点。

（3）坚持参加校内外教研活动，不断汲取他人的宝贵经验，提高自己的教学水平。经常向经验丰富的教师请教并经常在一起讨论教学问题。听公开课多次，使我明确了今后讲课的方向。

（4）在作业批改上，认真及时，力求做到悉心批注，重在订正，及时了解学生的学习情况，以便在辅导中做到有的放矢。

（二）调动学生的积极性

在教学中我不强求一律，尊重学生的不同兴趣爱好，引导他们形成自己不同的风格。坚持以学生为主体，教师为主导，通过各种游戏、比赛等教学手段，充分调动他们的学习兴趣及学习积极性，培养他们的创造性思维，提高了教学效率。

（三）支持并积极进行课堂改革

俗话说：授之以鱼不如授之以渔。作为一名高中政治教师，我积极支持并探索课改。在教学中，我不断运用新方法，尝试用多种教学手段教学，先让学生去预习，试着去做新的内容，当他们遇到困难时，及时给他们正确指导，适时告诉他们学习方法，以加深学生对该知识点的印象，有利于学生掌握知识。

四、班主任工作：强化班级管理

上学期我兼任高2013级（10）班的班主任，本学期我兼任高2017级文科直播（2）班的班主任。对学生的德育教育也是我的主要工作之一。作为班主任，我深知德育教育对学生的重要影响。所以经常利用班会课和晚自习准备时间对学生做德育教育。

（1）思想教育常抓不懈：利用班会，晨会进行思想品德教育，卫生、纪律、安全等经常讲，着重培养学生良好的道德品质、学习习惯、劳动习惯和文明行为习惯等。

（2）发挥"小干部"的大作用：大胆放手使用班干部，通过制定班级管理制度，对学生各方面做出了严格要求，班内形成了团结向上的优良班风。

（3）经常与任课教师取得联系，了解学生的学习情况，协同对学生进行学习目的教育，激发学习兴趣，培养刻苦学习的意志，教会学习方法，学好各门功课，并掌握学生的课业负担量。

4. 关心学生身体健康，指导开展丰富多彩的班级活动，积极参加学校组织的各项活动，搞好班级的经常性管理工作，对学生进行常规训练，培养学生养成良好的学习、生活习惯。

五、分管工作

作为学校教科室主任，分管学校教研和科研工作、学校直播班管理工作及高2014级年级组工作。坚决贯彻行政会议精神，积极履行岗位职责，主动配合其他部门开展工作，真诚对待他人，厘清角色，摆正位置，教研井然有序，教师培训扎实推进，科技创新成绩斐然。

六、教育教学及管理效果

在一年的教育教学工作中，我努力做好教育教学业各项工作，努力践行课改，勇挑重担，关心爱护学生，注重学生能力、素质的提高。在2014年上期，我班学生在全国高考中政治的平均分及优秀率都名列全区前茅，取得了高考上本科生省控线6人及专科线53人的好成绩。本学年组织教师发表和获奖论文30多篇，组织校级教研活动10余次，年级组教研活动数6次，先后派出70多位教师参加各级各类培训；组织青辅协会参加达川区第30届科技创新大赛，一名获县级一等奖，三名县级二等奖。我的工作得到了学校领导和老师们的高度评价，本人2014年4月被学校推举为"市级学科带头人"；2014年6月5日被中国教育技术协会评为"优秀教师"；2014年10月15日—11月4日被推荐到区进修学校参加达川区校长岗位和首届教务主任岗位培训。

七、今后努力的方向

加强学习，学习新课标下新的教学思想；学习新课标，挖掘教材，进一步把握知识点和考点；多听课，学习同科目教师先进的教学方法的教学理念；加强转差培优力度；加强教学反思，加大教学投入。

欲穷千里目，更上一层楼。在以后的教学中，我将更加努力为教育事业贡献自己的一份力量，使自己的各方面工作跃上新的台阶，使自己成为一名更优秀、更出色的人民教师，为党的教育事业做出自己更多的贡献。

2015年1月6日

扬鞭自励，奋勇拼搏

光阴荏苒，白驹过隙，转瞬间，2016 年已经过去。逝去的 2016 年是我履行教师职责、勉力耕耘、不断进取的 2016 年，立足现在，回顾本年度的工作，以期在来年扬鞭自励，奋勇拼搏，使自己的工作取得更大的进步

一、积极参加政治学习，努力提高自身的政治素养

积极参加学校组织的各级各类政治学习，及时做好笔记，撰写心得体会。坚持自学，特别是党的十八大以来的精神，以提高自身的政治素养。

二、认真搞好教育教学工作，不断提高自身的专业知识和技能水平

（一）力求做到教学"六认真"

在备课中，既备学生又备教材教法，根据教材内容及学生实际，设计课型，拟定教法，并对教学过程及时间都做了详细安排，认真写好教案。课堂做到"有备而来"，课前做充分准备，制作各种利于吸引学生注意力的有趣教具，课后及时总结，写好教学后记，并让学生整理知识要点，归纳成集；在批改作业中，作业布置有针对性、有层次性，力求让练习收到最大效果，及时批改作业，并做详细记录，将他们在作业中出现的问题分类总结、评讲，效果很好；在辅导学生上，我对不同层次的学生进行差异辅导，满足不同层次学生的需求。

（二）探索课堂改革，培养课堂特色

注重课堂提问的艺术，引入竞争机制，让学生上课积极思考。我在每一节课上课之前，都把在上课时提出的问题设置好，做到心中有数。我针对学生的掌握情况，分别叫不同的学生来回答问题。为了调动学生上课参与的积极性，我常常以小组为单位让学生自主探究发现、解决问题，这种方法很受学生欢迎，他们积极思考，气氛也相当热烈，教学收到了很好的效果。

（三）运用多媒体教学，提高课堂教学效率

多媒体教学集文字、声音、图像、动画于一身，有很强的可感性、趣味性，很受学生的欢迎。为了教学效果更好，我利用课余时间加紧钻研，自制课件，同时大量利用现代远程教育资源和网络教育资源，取得了比较好的教学效果。

三、班主任工作

（1）狠抓对学生的思想教育工作。

通过班会、政治课对学生进行爱祖国、爱人民、爱集体、爱学习、尊老师、讲卫生、守纪律、重安全等的思想教育，着重培养学生良好的道德品质、学习习惯、劳动习惯和文明行为习惯等，使班级养成了良好的班风、学风。

（2）大力培养干部。

干部是老师的左右手，所以我把培养得力干部作为班主任工作的重要内容，放手使用班干部，鼓励他们大胆工作，树立干部在同学中的威信；通过制定班级管理制度，对学生各方面严格要求，班内形成了团结向上的优良班风。

（3）经常与任课教师联系，了解学生的学习，协同对学生教育，激发学习兴趣，教会学习方法。

（4）关心学生身体健康，注意保护视力，指导开展丰富多彩的班级活动，积极参加学校组织的各项活动，搞好班级的经常性管理工作，对学生进行常规训练，培养学生养成良好的学习、生活习惯。

（5）经常与家长保持联系，互通情况，以取得家长的支持。通过我的努力，学生的纪律、学习、生活习惯等日常行为规范都有了较大转变，为今后的教育教学工作打好了基础。

（6）注重后进生的转化工作。一年来，我一直注重从以下几方面抓好后进生转化工作：

① 用发展的观点看学生。应当纵向地看到：后进生的今天比他的昨天好，即使不然，也应相信他的明天会比今天好。

② 因势利导，化消极为积极。首先帮助后进生找到优、缺点，以发扬优点，克服缺点。其次以平常心对待，肯定他们的进步。

四、教研科研工作

本年度，作为学校教科室主任，主抓学校的教研科研工作，春季还负责管理高三年级的教学工作。

（1）在主抓学校教科研工作中，我贯彻学校行政会议的决定，制订工作计划，召开教研会议，布置相关工作，确保工作的顺利落实；组织全校教师参与各种赛课活动，激发教师互动教研的积极性；指导各学科教研组开展教研活动，促进了他们之间的交流，发挥了教研组应有的作用。

（2）作为分管高三的第一把手，在负责高三教学工作中，主要抓了三方面的工作：

抓年级学生的安全教育工作。经常召开班主任会，分析各班在安全方面的现状，制定化解安全隐患的措施，确保了年级教学工作的顺利开展。

充分调动教师上课和教研的积极性。制订高考奖励方案，强化激励，分解任务，向任课教师压担子；召开年级教师会，召开诊断考试质量分析会，分析教学中存在的问题，为教师的教学指出工作方向；参与听课、查课，督促教师积极教学。

狠抓学生的应考指导。经常召开毕业班学生表彰大会，用表彰激发学生学习斗志，并介绍学科学习方法；每次诊断性考试后，找部分学生谈话，帮助他们分析试卷，制订学习计划，为学生学习鼓劲加油。

此外，在繁忙的教学工作之余，我也不断地学习、反思、积累，并将其作为自己提高发展的沃土，本年度3月15日—17日参加了百师联盟在成都举办的四川省高三教学研讨会，10月16日—20日参加四川省教育厅在西华师范大学举办的"四川省高中政治教师培训班"，在这两次参会期间，我撰写的论文《高考政治主观题的剖析级解题思路》《培训心得体会》在参会教师中交流，深受教师的好评。

五、考勤方面

我在做好各项教育教学工作的同时，严格遵守学校的各项规章制度。不论是学校分到的哪一项工作，我都配合同事尽自己的努力把工作做好。

六、工作业绩方面

由于我的努力，学生的成绩取得了长足进步，秋季，在学校组织的期中考试中，学生的平均成绩名列前茅。本年度我先后被学校和区教科局评为优秀教师。

当然，回顾过去的一年，除了取得的些许成绩，也发现自己的一些不足，还需要不断地学习，继续努力，扬鞭自励，奋勇拼搏，以期在后面取得更多的成果。

2017年1月7日

争做优秀教师

光阴如水，岁月如莲。恍惚中，充实的一年、忙碌的一年、紧张的一年就在不知不觉中流逝了。

一、思想工作方面——为人师表，力争做德之高标，当行之示范，做受学生尊敬的教师

刘备白帝托孤，给后主刘禅的遗言说："勿以善小而不为，勿以恶小而为之。"作为一名高中政治教师，我深谙"小处不可随便"之道，更知德高自正之理，所以我处处严要求，事事做表率。"土扶可成墙，积德为厚地。"一年来，我注重政治理论学习，加强自身理论修养，认真学习习近平的治国理政思想，深入践行科学发展观；深刻领会党的路线、方针、政策，忠诚人民的教育事业，头脑清醒，在思想上、行动上与党和政府保持高度一致；有强烈的事业责任心和严谨的工作作风，注重师德和师表。继续参加市级骨干教师培训并结业。通过学习,我分析问题的能力提高了，思想觉悟提高了，能勇于解剖自己，分析自己，正视自己，自觉遵守职业道德，在学生中树立良好的教师形象。

二、教学工作方面——教书育人，追求有效教学，做受学生欢迎的教师

作为一名教师，我始终把"教书育人"作为己任，把成为优秀教师作为自己的奋斗目标孜孜以求。一年来，我经常学习教材理论，不断增强自己的业务素养；深入钻研教材，严格按照学校的要求组织教学和辅导，认真批改作业，能按质按量完成教研组和备课组分配的各项任务；坚持教改，在教学中，贯彻新课程理念，根据学生的具体情况，及时调整教学计划和教法，讲解深入浅出，由易到难；巧设问题与情景，充分调动学习兴趣及学习积极性，激发学生的创造性思维，引导学生进行探究学习、合作学习、创新学习，以提高学生分析、解决问题的能力；根据学生的个性差异，因材施教，使学生的个性特长顺利发展，分析问题的能力得到提高。在执教过程中我严格要求自己，确实抓好教学工作的各个环节，在备课、辅导、考练

三个环节上下功夫。备课，在深入研究教材的基础上：做好"五备"，即备教材、备学生、备重点、备难点、备教法、备学法；辅导：对基础好的学生点拨式辅导，对基础较差的学生详细辅导和鼓励性辅导；考练：不超越"一纲二本"，注意考题的固定性和灵活性，考后认真改卷，及时反馈并查缺补漏，始终把学生的"学"放在核心位置上，把教学的有效性放在第一位，用乐趣去激发学生的求知欲，力争让学生把上政治课作为一种享受。

三、班主任工作——常态管理，细致入微，做受学生亲近的教师

本年度，我上期担任高 2010 级（2）班班主任，下期担任高 2013 级（5）班班主任，狠抓班级建设。

重视培养班干部。我首先通过各种途径了解、选拔那些关心集体、办事认真、有一定组织能力和特长的学生组成班委，然后针对每个干部的具体情况进行培训，明确分工，教给他们工作方法，提出要求，帮助他们树立威信，使他们成为同学们的榜样。

营造民主、宽松的学习氛围，努力与学生建立新型的师生关系，做学生的良师益友，为学生营造良好的成长环境。

强化学生的思想教育，关爱每一位学生，注重个别教育。在培养优秀学生的同时，不放松后进生的转化工作，对这部分学生进行持久的耐心细致的说服工作，动之以情、晓之以理，帮助学生树立正确的人生观、科学的世界观，培养学生养成勤奋学习，尊敬师长的良好习惯，注意激发学生奋力拼搏的信心与勇气，转化了一大批后进生，挽救了许多徘徊在辍学边缘的学生。

严抓勤管，落实常态管理。发现问题及时处理；发现错误，坦诚交流，既关心爱护又严格要求，以强烈的事业心和责任感、以满腔热情投身到党的教育事业中。在工作上敬业乐学，有强烈的事业心和责任感。

四、履职情况：坚持满勤，超量工作，做尽职尽责的教师

本人上期担任高 2009 级复习班和高 2010 级（1）（2）（3）班的思想政治课教学，周课时 17 节；下期担任高 2013 级（1）（2）（5）三个班的思想政治课教学，周课时 15 节，全年累计工作量 585 节，超额完成工作量。同时兼任高 2010 级（2）班的班主任工作。一学年来，本人从无迟到、旷工、旷会，坚持出满勤，有时尽管身体不舒服仍坚持上班，教育教学认真负责，努力争做一名尽职尽责的教师。

五、工作业绩与学术成果——负犁励耕，埋头教学，做勇于进取的科研型教师

一分耕耘，一分收获。我深知教师的生命力来自教育科研，教师的未来和未来的教师，都将与教育科研联系。从教以来，本人始终加强学习，埋头教育教学科研，及时反思自己的课堂教学，积极参加课题研究，注重理论与实践相结合。自加压力，努力提升自己的业务水平，入校以来，我多次在校内开设公开课，有多篇文章在校内交流。

本学年，由于本人工作认真负责，加之学生努力拼搏，我的教育教学与班级管理都取得了以下可喜的成绩：高 2013 级（1）（2）（5）三个班在参加年级组组织的中期考试中，思想政治的平均成绩分别为：81.5、79.6、75.4，高 2010 级（1）班的平均成绩全年级第一。在秋季篮球运动会上，我班获得了高中组团体第二名。

忆往昔，成绩只代表过去；看今朝，应放眼未来。我深感任重而道远，但依然会秉承博爱、创新、谦虚之心，在"博学而笃志，切问而近思"的座右铭指引下，一路求索，一路播撒，一路收获，一路放歌。

2010 年 1 月 6 日

充分信任，大胆起用

丹凤朝阳、桂花飘香。还是那令人陶醉的金秋九月，带着对大学的无限依恋的我满怀激情、憧憬着希望，欣然走上了神往的三尺讲台。而今，从教半年的我，已是60多个孩子的班主任、大哥和伙伴！回首逝去的岁月，我心潮澎湃……

9月1日开学，接受学校工作安排，我担任初一（5）班的班主任。班主任管理经验一片空白的我带着未知与挑战，在没有任何准备的情况下，开始了我的班主任之路……

从开学初，我没有预料学生的费用会由班主任代收，同时，我还要为学生安排寝室，还要到班上召集学生。我奔忙于年级办公室、男女生寝室、教室三点之间，被弄得手忙脚乱，这之前对我来说是望而生畏的，在跌跌撞撞中一天的工作就这样结束了！

晚上9:20，随着一阵紧促的铃声，该班主任下班到寝室查看学生了，我边走边在思考第二天的管理和教学，不知不觉地来到了女生宿舍，快到我班女生寝室门口了，这时一个女孩撞到我跟前，递给我一个信封。我一愣，哦，记起来了，她叫小宋，上午报名后，她还主动打扫过教室，后来还给我拉过家常呢。这个女孩对人热情，很有思想，不知道今天，她又……边想边匆忙打开信封。只见几个工整的大字映入眼帘：尊敬的老师，您好，你辛苦了。看到你今天匆忙的情形，我感到你是一位很负责的老师。我想当班长，很想成为您的助手和同学们一起为你分担忧愁。我眼前一亮，小家伙，真懂事。尽管半信半疑，我还是决定让她试试。

第二天，我就在班上宣布她为班长。同时我要求全班同学必须服从班长管理，如果我不在学校，班长可代为处理班上的事情。半年了，我对她的工作很满意，她不仅学习刻苦努力、工作认真负责，而且能起到很好的表率作用，我称她为小助手。这就是我可爱的学生。

反思："我劝天公重抖擞，不拘一格降人才。"在班级管理中，班主任要大胆用人。因为班级管理事无巨细，班主任不可能事必躬亲。必须在班上找到一位工作负责、敢管理的助手。一旦确定就要用人不疑，要给其权，树其威，发现不足，背后纠正，慢慢培养，使其能够独当一面，以减轻班主任管理工作的压力。

1998年1月

甘做伯乐，赏识学生

那是我在带初 2000 级（5）班的时候，我发现班上学生小孙性格内向、不善言表，但擅长画画，特别喜欢历史，他总在历史老师上完课后，根据听课内容，展开联想的翅膀，为课文勾画出一幅人物或背景图来；班级办黑板报，每次都会有他的杰作，图案清晰优美，版面新颖别致、风韵独存。

我经常在班上表扬他，肯定他对绘画的钟情与爱好，并把他的创作在教室后面的学习园地中展出，使他体验成功的喜悦。随着时间的流逝，慢慢地，他改变了内向、不善言语的性格，在前不久班上举办的六一儿童节演讲比赛中还获得了二等奖呢。

我认为，每个学生都有自己的理想王国，都有一片自己的情感乐园。作为教师就是要甘做伯乐，赏识学生的优点，发现每一个学生的智能强项，扶持它，呵护它，使它成为学生成长的起点；赞美它，奖赏它，让它成为学生腾飞的动力。

1998 年 7 月

疏导是处理学生早恋的一剂良方

　　下课了，我拿着教本回到办公室，还没坐下，就听到有人在呼"报告"，我抬眼望去，是我的"眼线"，连忙示意他进来，他告诉我班上小李（男）和小王（女）在课堂上传字条。我两眼发直，简直不敢相信，以为是自己听错了，因为这节课是我的课，我可是班主任哪，他们怎么不把我放在眼里呢？平时他们可是非常听话的呀，虽然前段时间我听到班上学生间有关传字条的事，说什么我也不会相信是他们。为了找证据，又不错怪同学，我在班级里穿插一个"眼线"。今天他的话着实让我非常震惊，经过了解确有其事。小李，是我班的数学课代表，性格内向，为人正直，对工作认真负责，学习刻苦努力。在班上，他的数学一直学得很好。我心里极不是滋味。既不能伤害，又要开导他。懊丧之余我只能细细地思考处理的方式。

　　中午，我利用下班察看同学们上自习之机，随便找了一个借口叫来小李谈话。我假装不知道他和小王的事。我问他近段时间的学习情况、生活情况及父母在外对他是否经常联系等，他告诉我英语学习很吃力，政治有些知识点记不住；生活还可勉强将就。父母经常给他打电话，问他在校的表现等，但他就是不谈及传字条的事，更没有说和小王的关系。通过谈话，我就更确定关于他那事一定是真实的。于是我就单刀直入问他是否在课堂上传过字条，是否在谈恋爱，他低下了头，但很快他又抬起头，承认了在和小王谈恋爱。我给他讲了我对早恋的看法。我说，你年龄小，对未来满怀希望，有这种现象是很正常的，但我话锋一转，又说，你成绩较好，很有潜力，是我们全体任课教师培养的对象；作为科代表，作为老师的得力助手，你可不能让老师们失望。趁热打铁，我给他讲了早恋的危害，并让他做小王的工作。

　　一个星期过去了，我再也没有听到关于他们的事了。为了巩固成效，我决定再次找小李谈话，首先我表扬他这一周的工作和努力，接着我又肯定他处事的果断与成熟，希望他继续努力学好各门功课。隔了一天，我利用读报时间下班，随便找了一个借口叫来小王谈话。我只问她开学以来的学习生活情况，激励她要发奋学好各门学科。

管理反思：早恋，对班主任来说是一个非常棘手的难题，它考量我们老师特别是班主任的耐心和细心，需要我们老师采取多种方法去疏导。

一、尊重学生的感情

老师首先树立正确的学生观，即能用全面、发展的观点看待学生。在大多数情况下，我们老师对男女学生的交往有点敏感，只要男女生站在一起说话，就认为苗头不对。经常采取过激措施：不是警告、检查甚至斥责、向家长告状。其实男女学生之间的正常交往是双方的一种心理需要，只要没有超出一定的界限，那就是正当的、纯洁的。我们没有必要谈虎色变，需要班主任多做细致耐心的工作，经常深入学生中去，主动跟学生交流感情，做学生的知心朋友，赢得学生的尊重。

二、善于引导男女生的正常交往。

早恋是老师和学生都不愿提及的话题，但又不得不提。如果对早恋问题避而不谈，势必会激发学生强烈的好奇心理，陷入误区。我们老师只有开诚布公地讲清楚，才可能收到更好的效果。所以我们只有利用班会课或其他时间经常给学生讲如何处理师生关系，如何处理同学之间的关系特别是男女同学之间的关系，鼓励他们之间的正常交往，帮他们掌握处理人际关系的技巧化解矛盾。

三、尊重学生的选择

对学生的早恋应该疏导而不是强行阻止，男女生之间的正常交往是可以的，只要把握好分寸就行。如果发现学生有超出范围、处理不好的时候，再适时适度加以提醒也不晚。发现早恋苗头一定要讲究方法，应让学生知道家长和社会培养他们的不易，让他们从小就有一份责任感，不能因自己的一时冲动而置自己的前途和家长、老师的期望于不顾。不要对他们的行为强加干涉，不能引发他们的逆反心理，逼他们向相反方向发展，而应该多一些耐心和尊重，让他们知道老师是理解他们的，和他们进行坦诚交流与有效沟通，等等。

四、要加强正确人生观和价值观的教育

在日常生活中，班主任要策划一些有益的、健康的文娱活动，在活动中引导学生正确认识人生价值，增强社会责任感；早恋的学生往往不同程度地存在着矛盾心理，既挣脱不了情网的束缚，又担心学习掉队和受到老师、家长的斥责，他们特别

希望得到别人的关心和理解，因此我们老师特别是班主任要帮助他们用理智勒住感情的野马，认识到自己的学习任务。对早恋的学生不能歧视，老师要多一些关怀、多一份理解和多一点尊重，增强他们对老师的信任感，帮助他们跳出情海。唯有如此，我们的教育目的才能实现。

2004 年 4 月

多管齐下，重在转化

光阴似箭，日月如梭，在不知不觉中，这一学期行将走到年末的尽头。本学期，由我担任高 2014 级（1）班班主任，一学期以来，在学校和年级领导的大力支持下，在各位任课教师的大力帮助下，我采取多方面的努力，教育转化学生，使班级开展的各项工作顺利完成，学习和班级管理方面都取得了长足的进步。回首来路，我感受颇多：

一、深入了解学生，强化班级管理

本学期学生基本稳定下来之后，针对班级内同学的特点，我利用各种时间，全面深入地了解学生。通过个别谈心、小组内谈心等方式，对学生的性格、学习习惯、思想动态进行了较为认真的了解。通过谈心，增强了班级凝聚力，对于以后的工作开展奠定了良好的基础。可以说，一学期以来，由于能够及时与学生谈心，班内未出现较严重的违纪现象。

在班级管理方面，开学伊始，在班内提出了"精、细、实、严"四字方针。对于班内出现的各种现象，及时进行了解，及时开展工作。对于课堂纪律、自习纪律、住宿等方面，大力选拔负责任的班委同学，配合班主任的工作。平时工作中，多了解学生的一些变化，以便尽早发现班内问题，防患于未然。对确有违纪的同学，做到处理不隔日。对心理上有压力和学习上有负担的同学，及时加以引导和思想沟通，使他们尽快以良好的精神面貌投入学习中。一学期以来，班级管理做到了稳步提升。

二、充分利用主题班会，教育引导学生

开学伊始，我对班会课进行了大力的改进。由原来的我的一言堂，变成学生为主体的教育阵地。分别召开了感恩主题、雷锋精神主题、增强凝聚力主题、热爱学校主题、直播教学下的自主学习等主题班会。通过主题班会，学生进行自我教育，收到良好效果。我还充分利用各种时间，向学生推荐各种励志、感恩、高考的主题的文章，与学生一起学习。利用每周班会后的自习课，在班内开展了每周书写周记

的活动。一学期以来，学生共书写周记近 20 篇，通过周记发现了班级内出现的问题和学生的思想动态，教育效果明显。

另外，我也十分重视班级文化的建设。通过展板、板报等方式对学生进行教育。

三、争取各任课教师的配合，发挥好纽带作用

针对我班学生学习特点，我主动找任课教师及时了解情况。不定期召开班教育组会，对学生的情况进行逐一分析，寻求解决对策。深入课堂，进行听课。对于听课过程中发现的问题，及时和任课教师进行沟通。利用各种机会拉近任课教师和学生之间的距离。在学业水平考试之前的一段时间，针对班内学生的情况，协调任课教师对学生进行辅导，学生学习动力有明显的提高。

四、进行学法指导，督促学生利用好学习时间

本学期面临学业水平考试，学生学习任务比较重。针对学业水平考试，一方面请任课教师进行学习方法指导，另一方面请班内学习优秀的同学进行学习经验介绍。学习上注重和学生交流，及时鼓励学生面对困难，迎难而上。在学习时间上，强调珍惜时间的重要性，早自习要求学生尽量早到学校学习，晚自习要求学生提前 10 分钟进教室。对班内学习靠前的同学进行思想教育，让他们充分利用好课间、下午上课前、晚自习前的时间进行学习，通过谈话，大多数同学能充分利用这些时间，对班内学习氛围的带动起到了良好的作用。

进入 2015 年 1 月之后，针对班内学习优秀的同学，及时帮助他们制订学习计划，及早开展期末备战。另外，我还从往届高一同学手中大量收集资料，分发给学习主动的同学，让他们提前进入期末一轮复习。

五、积极组织学生参加各项赛事，增强学生的集体荣誉感

本学期学校和年级分别举行了合唱比赛、达标运动会、篮球赛、跑操比赛等活动，班内也组织了乒乓球比赛。要求学生为活动献计献策，在活动中重在参与、全员参与，要赛出风格、要有班集体的荣誉感。通过比赛凝聚人心，培养了学生坚持不懈、拼搏进取的精神。

六、加强与学生家长的沟通与交流

针对班级同学基础比较薄弱的现状，我及时与家长进行沟通，召开了如何应对高一学习的小型家长会；针对住校生同学宿舍扣分较多的问题，召开了住校生家长

会；针对某些男生上课纪律松散、睡觉的情况，又召开了部分男生家长会。在平时的工作中，发现问题，首先向家长了解情况。在解决问题的过程中也及时征求家长的意见。让家长体会到作为班主任的真诚与良苦用心，让家长对班主任产生信任感。通过与家长的交流，我班家长也对我们的班级管理工作感到满意。

七、利用课余学习理论，不断提高自己的工作水平和艺术

班主任工作是一个需要不断学习、不断创新的艺术。所以，平时忙碌的工作之余，我也十分注重理论学习。本学期初，我从图书馆借阅了《做最好的班主任》《班主任工作漫谈》《班主任兵法》等书籍，利用课余时间学习阅读。学习中还不断地将所学到的知识运用到平时的工作中，收到了良好的效果。平时的工作之余我也积极认真撰写班主任工作日记，将每天的工作进行文字梳理，对自己工作中出现的问题进行认真反思，并和学生一起开通班级教育博客进行班级管理的沟通。

回顾一学期以来的工作，作为班主任，我始终严格要求自己，认真履行好班主任一日常规，努力做好班级各项工作。虽然本学期比较辛苦，但是辛苦中却满含着收获与幸福。当然，我还有很多不足之处，比如，对于后进生的教育不够耐心、细心，教育过程中常常会出现急躁、发脾气等现象。工作中还不能做到一丝不苟。这些都是我今后应该努力改正的。我相信，只要付出，就一定会有收获。我也会继续努力，争取早日成为一名优秀的班主任。

2015 年 1 月 20 日

特别的经历，难得的体验

——高一新生军训总结发言

尊敬的教官及学校领导，亲爱的老师们和同学们：

你们好！

今天，我们在这里隆重举行 2011 级学生军训总结大会，首先，请允许我代表高 2011 级全体同学向为我们付出艰辛劳动的教官致以崇高的军礼，尊敬的教官们，你们辛苦了！

一眨眼为期七天的军训结束了，留给我们的是辛、酸、苦、辣和我们永恒的记忆。

灼热的大地，火辣辣的阳光，汗流浃背的学生，构成了一道特别的"吃苦风景线"。流淌的汗水，酸痛的四肢，我们并不在乎，在乎的是我们学到了什么，学会了什么。吃苦不是时尚，需要用汗水和毅力去交换，吃苦给我们留下无尽的财富，强壮的体魄，雷厉风行的作风，和敢于战胜困难的勇气！

我感觉军训已把我们这一群十六七岁的人锻炼成了真正的高中生，让我们知道了什么是汗水，什么是坚持，什么是忍耐，什么是真正的快乐；让我们学会了怎样独立，怎样面对生活，面对困难，怎样去承担那份光荣而艰巨的责任；让我们掌握了一定的技能，明白了每个动作的深沉内涵。站军姿，给了我们炎黄子孙不屈的脊梁，也给了我们龙之传人无穷的毅力。练转身，体现了我们风华正茂的年轻人思维的敏捷，也体现了集体主义的伟大。"不积细流，无以成江海"，没有我们每个人的努力，就不可能有一个完整的、高质量的方队。训练的每一个动作，都让我深深地体会到了团结的力量、合作的力量，以及团队精神的重要。而军训更教会了我们超出这以外的东西，那就是认真对待自己的错误。我们能勇敢而负责任地说："我们错了，我们检讨，我们改正。"也许生命中的美丽也就在于袒露自己的错误。那是一种真实的美，不刻意隐瞒什么，不对就是不对。而在这种自然中流露的那种质朴是任何东西也粉饰不来的。学到的东西远不止这些，紧张而又愉快的训练中的亲身体验，严格而又恨铁不成钢的教官的谆谆教诲，都将成为我们一辈子的宝贵回忆。

同学们，军训真的结束了，结束并不意味着句号，而是漫长的高中生活中的一个逗号。需要我们努力的日子还很长，"路漫漫其修远兮，吾将上下而求索"。我们在对这段特别日子怀念的同时，一定要把在军训中明白的道理在生活学习中贯彻执行；一定时刻严格要求自己，不断锤炼自己，让吃苦耐劳的精神、坚忍不拔的意志、直面困难的勇气、良好的生活习惯在我们生命的路上忠实地陪伴我们前行。

最后我要代表全体同学说："学校的各位领导，感谢你们给我们提供了这样一次特别的机会，让我们有了一次特别的军训经历，有了难得的人生体验，我们一定不辜负你们的希望，用校纪班规约束自己，做一个合格的学生，为石桥中学增光添彩。"我也要对这几天与我们朝夕相处的教官说："感谢你们的尽职尽责，教会了我们很多知识与技能，你们是我们永远的长者，是我们一辈子的老师。你们诚恳的话语、和蔼的面容、严厉的教导、洪亮的歌声，都会在我们的记忆中，永远永远，感谢你们了！"

激情面对未来　信心助创佳绩

——高三教师动员大会上的讲话

尊敬的各位领导、各位老师：

大家上午好！

岁月不居，天道酬勤。金猴渐去，雄鸡将舞。过去的一年，知难而进的石桥中学在区委、区府的正确领导下，在区教科局的关怀和悉心指导下，在全校师生的大力支持下，高2016级全体教师齐心协力，众志成城，狠抓落实，奋勇拼搏，取得了一定的成绩：全校180人参考，上本科线仅有13人。但与社会和上级领导对我校的期望差距较大。

回顾所来径，苍苍曾翠微。明年的高考，我们将面临更严峻的挑战：因为本届人数少，基础差，底子薄。这个级共有学生340名，其中文化类考生272人，艺术考生68人。这些同学的中考成绩差，高一入校时的成绩A类仅5人，B类26人，其余全为C类；参加成都七中高一入学考试（语数外加理化），全年级最高分276分。尽管如此，老师们从没有泄气。我们深知，学校的生源质量无法改变，要改变的只能是我们自己的工作态度和教学方法；我们深信野百合也有春天。因此，我们只能满怀希望，坚定信心，激情面对未来，深抓细研，开拓进取。

安踏公司的广告词说得特别好："追求，永不止步。"是的，只有谦虚谨慎、兢兢业业、追求不止，我们才能战胜苦难，收获希望。面对即将到来的2017年高考，我们唯有全力以赴，方得无愧初心。下面，我就如何抓好高2017届的工作思路向大家做汇报。

一、一个目标（明确目标，落实责任）

古训："取法乎上，仅得其中。取法乎中，仅得其下。取法乎下，无所得矣。"这句名言告诉人们，如果制定了上等目标，最后仍然有可能达到中等目标；而如果制定了一个中等目标，最后有可能只能达到低等目标。因此，无论是治学还是做其他事情，一定要志存高远，确定切实可行的奋斗目标并为之努力奋斗，才有可能达到理想的效果。

根据前三届高考结果，结合本年级实际情况，经过学校和年级的反复商讨，学校确定了 2017 年高考目标，即重本实现零的突破；一般本科力争突破两位数。然后由年级把目标分解到各班，各班班主任再把目标对应的学生分解到任课教师，强化老师们的目标意识和责任意识，增强工作的主动性，盯紧教学的实效性，关注目标的达成度。

二、两个抓手（强化管理，主动作为；明确目标，落实责任）

（一）主动作为，强化管理

成立工作小组，搭建管理平台。一是校级领导亲临第一线，前置指挥：校级领导都要下沉每届高三年级组去蹲点，联点一个班、联点部分边缘生、联点一个备课组，亲临高三第一线，前置指挥教学。二是推行行政年级组负责制：以分管行政和年级组长为组长、包班行政为成员组成高三工作执行小组，具体负责高三的管理工作。三是成立以校长任组长、教务教科负责人为成员的高三工作督查小组，对高三的教学管理工作情况进行监督，督查小组成员按要求落实各项工作，促使各项教学举措落地。

（二）完善管理办法，以数据说话

针对班主任的出勤、班级的学风和考风，制定了达川区石桥中学高三年级班主任考核办法；为了激励学生学习，制定了达川区石桥中学高三年级奖励办法；针对学生的考试违纪，制定了达川区石桥中学高三年级考试违纪处理办法。

三、三个环节（抓住三个环节，确保备考过程有序）

（一）团队建设

贯彻"一切围绕教学，教学围绕高考"的工作方针，举全校之力于高三（重在财力、物力、人力上向高三倾斜）。修订科学合理的考核方案，激发老师们的工作热情。年级内部处理好领导、教师、班主任和管理人员的关系，各备课组协调统一，步调一致，根据考点既分工合作，又集体攻关，发挥集体智慧，打造心齐气顺的和谐团队，形成战斗和力。

（二）氛围营造

已经召开三次高三学生动员暨表彰大会；距高考还有 150 多天，各班举行元旦高考冲刺誓言；教室粘贴激励标语、悬高考倒计时牌；分别在 150 天、100 天、30 天、5 天等日子里再次进行高考冲刺指导；通过这些举措，激励学生，营造良好的学习氛围。

（三）管理落实

从高三开始，年级组制订各阶段的管理计划，按计划开展管理工作；围绕高考总体目标，制定高考奖惩办法，实行三包管理，即行政包班、年级任课行政包教师、教师包学生；行政包班每期做到"四个一"（听每个任课教师一节课、找每个任课教师谈一次话、一个月参加一次学情分析会、召开一次学生座谈会），班主任要求"五到班"（上午第一节课前、午休、下午第一节课前、晚自习前、晚睡）。通过这些努力，使管理真正落到了实处。

四、四项重点（突出四项重点，确保备考过程有效）

（一）落实细节

细节决定成败，精细滋生质量。深入薄弱学科、薄弱班级，深入管理的薄弱时段，深入师生活动的场所，摸实情、想实招、干实事，坚持"一手抓管理，一手抓教学"的原则，朝"管理要质量，过程求效率，习惯见成效"的方向努力。年级教学管理采取分管领导"守"，班主任"盯"，任课教师"包"的办法，做到层层有人抓，层层抓落实，目标明确，责任到位。年级和班级采取了各种措施，利用各种形式，营造高考氛围，鼓舞学生士气，增强学生的高考意识。同时重视发挥学生情商的作用，把优化非智力因素贯穿高三工作的全过程，落实于高三工作的每一个环节。

（二）用好课堂

精心组织每一次课堂教学是高考成功的基础。历史经验与教训告诉我们，高三的工作，最大的收益在课堂，最大的失误也在课堂。我们要向 40 分钟要质量，对授课内容深钻细研，一定要增强课堂的实效性。在高三复习阶段，对于如何组织课堂教学，我们提出了五个注重的要求：注重知识梳理，注重知识落实，注重学生参与，注重选题视角，注重条块串联。并强调，教学难度要有层次性，教学形式要有趣味性，德育思想要有渗透性。同时由年级组牵头外出参加各级备考研讨会，学习探讨提高高三复习效率的途径、方法。高三管理小组对高三的全体青年教师进行听课调研，促进其提高课堂教学效率。

（三）潜心教研

备课组将以教法为基点，以学法为基础，统一教学进度，统一教学资料，统一备课内容，统一评阅试卷，深钻细研。月考、周考评卷实行流水作业，答题标准研究统一，年级管理小组抽查，并将结果在高三各次考试总结工作报告会上反馈，保证备课组工作落到实处。

（四）落实辅导，个性定制，以生为本促提升

开展培优工作，辅弱联生并进。辅导工作是贯穿教学始终的，除此之外，对学有余力的学生，要求任课教师选好题让其进行拓展学习，打开视野，加深难度。对学习上有困难的学生，承包的任课教师负责落实双基过关，保障教学底线要求。此外，为了加强与学生的思想情感沟通，关注学习意志薄弱的学生，实行目标管理，承包的任课教师要经常与他们进行深层的思想交流，点对点地指导，心与心地交流，带来的是拨云见日般的效果！

各位领导，同志们，高 2017 届高考号角早已吹响！在这段激情燃烧的岁月中，我们定将振奋精神，勇往直前，全力以赴，用不怕苦不怕累、精诚团结、勇于拼搏、不畏艰辛、敢打硬仗的作风为重振石桥中学的雄风而努力奋斗，以优异的成绩回报各级领导、回报社会！我们相信石桥中学的明天会更加美好，达川区教育的明天会更加美好！

谢谢！

2016 年 8 月 11 日

同学，请为圆大学之梦而亮剑

——高三学生动员大会发言稿

尊敬的领导、老师，亲爱的同学们：

大家下午好！在这个距离高考已不足一年的庄严时刻，（具体我计算过，还有300天）我们高三师生齐聚在这里，为2017年高考谋篇布局。有句话叫作逢敌必亮剑，同学们，在高考战场上，我们是剑客，应该有亮剑精神，亮出战斗的气势，亮出剑客的尊严！我相信，你们有这样的勇气！

一、寻梦，我们坚定无悔

同学们，2014年8月，我们跨入了石中的校门，为了高考，为了圆大学梦，为了未来人生更加精彩；两年来我们披星戴月，寒暑不歇，风雨无阻。

两年的时光里，作为你们的老师，我们朝夕相伴，有幸陪同大家一同走过了你们生命中最亮丽的青春花季和雨季，那一个个阳光遍地书声琅琅的清晨，那一张张朴实真诚灿烂如花的笑脸，那一双双闪闪发亮专注投入的眼睛，那一个个激情四溢青春律动的身影，都将是停泊在我们心湖中最美好的回忆。

此时，我们站在了一个新的征程上，这是人生征途中的重要一站，是人生的一堵墙，是横跨在岁月面前的一条河流，跨越它，你的人生将焕发异彩！面对高考赫然醒目的战书，让我们咬紧牙关，背水一战，纵是千难万险前路漫漫我们也能力创辉煌。

高三是苦的，不苦，哪能是高三？那是学习的辛苦、单调的清苦、受挫的痛苦，但苦中自有真味。追求快乐，是一切动物的本能，而感悟痛苦则能锤炼高贵的人格。因为，战胜痛苦会实现自我的超越，苦中作乐能教给我们乐观的心境，俯视痛苦你的人生可以更加从容。一位拼过高三跨入理想大学的学子在文章中写道："唯有大苦，方能大乐，高三乃是大苦与大乐的最佳结合，高三促进了一次真正意义上的长大。把握住了高三，就拥有了可以把握整个人生的气势！"同学们，如此宝贵的高三，我们怎能不珍惜，怎能不好好享受？所以，让我们昂起头，大声说：高三，该来的都来吧，我静静地等着你！

让我们共同把握高三这个宝贵的瞬间：我们不能决定生命的长度，但可以决定它的厚度；我们不能改变他人，但可以掌控自己；我们不能预知明天，但可以利用今天；我们不能样样顺利，但可以事事尽心！

让我们把足够的耐心、高度的细心、坚定的决心、必胜的信心和一颗淡化自己的平常心装在行囊中，把紧张、焦虑、害怕、不安、悲观、失望抛在脑后，向着梦想的舞台前行。让我们踏着前人的足迹，把明清徽商的吃苦坚忍，把行知故里的好学之风，把古代南越人的隐忍坚强，都融在自己的血液里，拼搏出尤溪七中人的风采，誓与2017年高考一决高下。

二、师者情怀，爱心托起梦想

300天，在历史的长河中犹如沧海一粟，然而对于你们，它可以使时光倒流，完成十几年积淀的知识回顾；也可以让我们老师尽情施展点石成金、化腐朽为神奇的教学艺术，可以提升我们的教学水平，达到一个崭新的高度。

同学们，一路上，你们并不孤单。有同学的整日相伴，有父母的后勤保障，更有老师与你们并肩战斗：你在做题、读书和整理笔记，老师们在出题、阅卷和备课；你在为自己奋斗，老师们在为所有的学生奋斗；你不孤单——因为我们和你在一起！

当你遇到困难，无论是学习难点，还是心理压力，或是思想包袱，我们都会帮你化解。我们不仅是你们的老师，也是你们的战友、朋友。你们不是孤军奋战——因为我们和你在一起。因为，你们的理想弥补着老师们的遗憾，你们的努力延续着老师们青春的驿动，你们的成功就是老师们的追求与幸福！

我们高三教师队伍是一个能吃苦、能奉献、能战斗的集体；尤其是我们这一届的班主任和老师们，我们曾经战胜了一个又一个的困难，创造了七中历史上一个又一个令人振奋的成绩。在这300天的时间里，我们会继续发扬埋头苦干、求真务实的优良传统，关心每一位学生的生活，关注每一位学生的学习，关爱每一位学生的进步。心系高考，心系学生，全心全意倾注，倾尽全力奉献，去托起每一位学生的梦想。

"甘将心血化时雨，润出桃花一片红。"我们相信：通过全体师生的共同努力，以我们的智慧驾驭战场，定能用智慧唱响青春之歌。

三、谋动而后行，化难为易

《韩非子·喻志》说："天下之难事必作于易，天下之大事必作于细。"意思是远大的目标必须从小处做起才能实现。我体会这句话有两层含义：一是我们必须把远大的目标化为若干个小目标（如学科目标、阶段目标），每个小目标实现了，就向大目标靠近了一步，譬如我们高考大目标的实现，应该建立在月考、中期考试、达州市期末质检、省学业水平测试、达州市及成都市举行的各次诊断性测试目标的实现上，没有每一阶段考试的目标实现，就不可能有最后高考目标的实现；二是要实现我们确立的目标，不能停留在口头上，不能做说话的巨人行动的矮子，要从大处着眼小处着手，联系我们的学习，就应该从上好每一堂课开始，从做好每一道题开始，从考好每一次试开始。

高考的辉煌成绩，概括起来是这样几句话：向管理要成绩，向学习习惯和态度要成绩，向心理素质要成绩。下面我就这三句话略做说明。

第一句话是管理出生产力。管理出质量，管理好与坏、松与紧，直接关系到明年的高考成绩，没有良好的班风学风，不可能取得高考的胜利。每年高考分数下来后，很多同学在和老师交谈时说："老师，在高考成绩面前，我深深地理解了学校、理解了老师，严格管理、严格要求是对我们最根本的关心，最好的爱。"同学们，可见，理解并不都在成功前，真正的理解是在我们成功后。所以，我们要强化管理，建设良好的班风学风，为高考复习创造良好的环境。

第二句话就是向学习态度和习惯要成绩。态度可以改变习惯，态度和习惯决定你个人的成败，书写好坏、答题规范与否、审题细心与粗糙、计算准确与错误，都来自平时对学习的态度和学习习惯，所以，从现在开始，我们要端正态度，养成良好的习惯，为高考奠定知识基础和习惯基础。

第三句话是向心理素质要成绩。高三这一年，300个日日夜夜，有成功有失落，有喜悦有痛苦，对一个奋斗者来说太平常不过了，坚强者会勇敢地去面对，脆弱者会因同学间一次小误会而伤心痛哭、老师的一次批评而情绪低迷、一次考试失利而悲观失望，这种心理承受力怎么适应高考呢？高三这一年所走的路是你们人生中一段重要的经历，同学如果挺过来了，不仅收获的是高考成绩，也是历练人生的清修！

下面，作为年段长，我向同学们提出以下具体要求：

（一）要有时间的紧迫感

要迅速适应高三的学习生活，全身心地投入复习备考，做到与学习无关的事不做、影响自己前途的因素要排除，如不看小说、不玩游戏、不交朋结友等，把主要精力放在学习上。

（二）要确立明确的奋斗目标

有了理想和目标，行为就有了方向，学习就有了动力，对高三这一年紧张而有序的生活就会觉得充实而有希望，没有目标的人他会无所事事。当然，同学们一定要清楚地认识到：实现理想的道路并不是一帆风顺的，遇到挫折，我们要知道前进中的曲折性，要明白爱拼才会赢！

（三）服从管理，服从统一要求

每位同学要遵守学校纪律，听从年级组统一指挥，服从班主任管教，不允许任何人影响高考复习备考秩序。

（四）学习上要多听任课教师的指导

大多数同学成功经验中就有这一条，虚心接受老师知识上的传授、学习方法上的指导，包括答题的规范要求，那些自以为是、把老师的话当耳边风的人，高考中很多都是失利者。有什么学习困难，尽管找老师；有什么心理想法，尽管找老师；有什么意见建议，尽管找老师。

（五）要打下坚实的基础

高考题的难度分布为 30% 的简单题，50% 的中等题，20% 的难题。这意味着基础题占了 120 分，它是复习中练题的主要部分，决不能厌烦它，要知道高考不仅考你对知识的掌握程度，还要考做题的速度；许多同学就是在高考时因时间不够，丢掉了平时能做出来的中等题才考砸的，所以建议我学校的学生多花时间在中等难度及以下的题上，把基础题做熟练了，再做难题就会相对容易些，能力也会很快提高。复习一个知识点，夯实基础，稳操胜券。

（六）要建立一本错题集

也许大家都有这样的体会：每次考试后，教师与学生都有一大堆遗憾，许多题目讲过了、做过了、考过了，甚至不止考过一遍，最终还错了！这主要是因为我们知识结构的残缺和认识上的盲点造成的。要克服这一弊病，最佳的方法就是建立一本错题集。准备一本厚笔记本，把平时作业及考试中做错的典型性错误找出来，把从讲义或试卷上"剪切"下来，"粘贴"并整理编辑在笔记本上。它的好处：既是学生积累学习经验和学习资料的宝库，又是教师改进教学，探索规律，研究学生的重要依据，更是提高考试质量的有效措施。那么怎样建立错题集呢？下面介绍几种方法供各位参考。

首先要在错题的旁边注上完整的分析过程，四个部分：

（1）为什么错了？分析原因。

（2）应该怎样做？标明解题的正确方法及依据原理。

（3）有无其他方法？哪种方法更好？对比归纳，思维求异。

（4）第一，能否变通一下？一题多变，思维发散。第二，把错题按照科目分类，各自成为一个系统，以便查找和复习使用。

四、不为外撼，不以物移，而后可以任天下之事

高三这一年，是你们最值得去珍惜和拼搏的一年，命运就在自己手中。只要我们集中一切精力，排除一切干扰，树立必胜的信念，又贵在坚持、脚踏实地地不断地战胜自我，我相信，同学们明年的高考一定会梦想成真，石桥中学2017年高考定会取得辉煌的成绩。

同学们，高考是辛苦的，也是沉重的。辛苦的是学习，沉重的是心理，但甜美的是过程，更是结果。所以，希望在校的所有同学能珍惜点滴时间，在学习上不轻言放弃，在行为习惯上，做一个充实自己、战胜自己的人。

昨晚，我特地到教学东楼四楼，看着夜色中的县城，望着万家灯火，我就想："这些灯下，有许多人也在奋斗，尤其在城东的一中，有许多人和我们一起正经历着高三；我们与他们是一样的，我们不比他们差，都是在为自己的人生而奋斗！"其实，高三是一个为幸福奋斗的过程。常常，我们匆忙的脚步与急切的心情让我们忽视了这一过程本身的意义，而太多地感到压力与不安。其实当你试着静下心来，用心去体味，你会发现：可以奋斗，也可以感受，这追求幸福的过程，本身就是一种莫大的幸福，如果想到这一点，高三又何尝不是一段人生最值得珍惜的经历啊！那是一种成长和蜕变。那些大大小小的考试，那些伏案苦读的夜晚，也成了一种特别的美丽。每一个属于高三的细节，都可以用心收集，用心品味，真实而感人。高一时，我说过一句："三年磨一剑"，大家一定要打磨出一柄光亮的好剑，十二年的读书生涯，你准备好收获了吗？

高一时，我还说过一句："行百步而半九十。"这意味着把握最后关头的重要性，千万不可松懈啊！走过高一、高二，在高三，在冲刺高考的最后时光，一定要坚持到底争取胜利。

同学们，在未来的300天中，你们要面对山一样的书，海一样的作业，你们可能会因学习的压力而烦乱，会因成绩提高不快而徘徊，甚至会因恐惧高考而想放弃。

所以，我希望同学们能制订好计划，而后认真地执行计划。在实际学习中，执行计划要与懒惰做斗争，要与习惯做斗争，要与贪玩做斗争，要有毅力，要有坚强的意志，要耐得住寂寞，要淡泊宁静，严守规定，坚守时间，不为自己找借口，不允许例外。不仅能应付吃苦，还要提高抗挫折的能力。

　　300 天后，你们将结束高考，我们全体老师将为你们送别。站在终点，笑望来时的路。

2016 年 8 月 13 日

"雄关漫道真如铁，而今迈步从头越"

——2017 届学生家长会上的发言

尊敬的各位家长、各位同人，亲爱的同学们：

大家新年好！

首先，我代表学校、代表学校全体教职员工向大家拜年，对你们的到来表示热烈的欢迎和诚挚的谢意，感谢你们能在百忙之中抽身来到直播班家长会现场。你们的到来，不仅是对孩子学习的关心与鼓励，也是对学校及直播班教学管理的信任，更是对学校教学工作的支持。

成都七中创建于 1905 年，1978 年成为四川省重点中学。1986 年，被四川省教育厅确定为首批省级重点中学；同年，被确定为教育部在四川的定点联系学校；2000 年，被四川省教育厅评定为首批国家级示范性普通高中，并被教育部确定为国家级示范性高中建设项目样板学校。100 多年对教育孜孜不倦的追求，形成了七中独特的办学传统、教育思想和教育主张。百年七中，名师荟萃：享受国务院政府津贴获得者 4 人，全国优秀教师 9 人，四川省特级教师 25 人，四川省学术和技术带头人 4 人，四川省有突出贡献优秀专家 3 人，成都市学科带头人 32 人，成都市教坛新秀 6 人，成都市优秀青年教师 35 人。100 多位老师获得全国或省市赛课一等奖。百年七中，人才辈出：每年有 50% 以上学生考入北大、清华、复旦等国内著名高校，其中考入清华、北大两校学生人数维持在每年 40 人左右，占两校在川招生人数的近 1/3。每年有 100 余名学生考入如哈佛、耶鲁、麻省理工等国际著名高校，以及新加坡、中国香港等地著名大学。学校每年有 400 余学生在各类竞赛中获市级以上等级奖。五大学科竞赛每年获奖人数约占四川省获奖人数的 1/3，约占成都市获奖人数的1/2。

七中网校是成都七中于 2003 年创办的全日制远程直播教学教学模式，她是通过卫星将成都七中每一节课的教学内容、教师和学生的音视频同一时间呈现在远端学校。远端学生可在自己的学校、自己的教室跟成都七中的学生一起听七中老师上课，向老师提问并获得解答。网校老师们先进的教学理念、妙趣横生的课堂设置，深受孩子们的喜爱；网校跨越式稳定发展，稳定的专业师资、高效的多媒体教学与严谨的科学管理使她成为四川省中学培训界响当当的品牌。教师精益求精的工作态度，赢得了广大家长的一致好评。

网校十余年的直播教学实践，已深受社会、政府和合作学校师生的认可。目前，四川、云南、贵州、甘肃、重庆、山西共 180 余所学校和成都七中实现异地同堂教学，在校直播班级 760 个，学生 40000 余人。

我校自 2011 年 9 月加盟七中网校，开始招收网校班学生，到现在共办了四届共 6 个教学班，作为负责直播教学管理，处理直播日常事务的学校负责人，借此机会，我简单地向各位汇报一下这 6 个班的高考升学情况，2014 级（1）班共上本科线 13 人，2015 级（1）（5）班文理共上本科线 10 人，2016 级（1）班共上线 4 人，2017 级（1）（5）班文理共上本科线 15 人，其中 2 人上重本线。累计 6 个教学班共为高校输送了 40 余名本科生。特别是我们这一班人在 2014 年时，2014 年高考我校网班共有 54 名学生参加高考，其中任德军、何三芬、吴小丽、庞厚栋等 13 人考上本科（含艺体）、兰英等 9 人上一专线和其余 32 人上二专线，目前这些同学都已经在大学深造。

回顾来路，感慨良多，但总有一种感动，让人难忘！一路走来，我们始终满怀感恩之心，常思敬业之责。感谢您的一路陪伴，更感谢您的殷切关心！每一次，看到您无论严冬酷暑接送孩子的身影，我们感受到了您对孩子教育的倾注，更感受到了您对我校网班老师们的信任；每一次，看到孩子带着纯真烂漫的笑容走进课堂时，我们暗暗发誓一定要创造快乐高效的课堂；每一次，看到您凝视孩子的脸庞，我们知道那是您对孩子成长的殷切的期望，更感受到了我们的教育责任；每一次，看到孩子因为学习进步向您道一声恭贺时，您眼中闪烁的晶莹的泪光，我们觉得自己不是教书匠，而是孩子的导师。孩子是您一生的希望，每个家长都希望自己的孩子将来能出人头地，成为有用的栋梁之材。永远没有所谓的天赋神童，只有意志坚强的家长！只要家长对孩子的学习有恒心，有耐心，有信心，奇迹完全可以在你们家产生。我们致力于为孩子提供优质的教育资源，让孩子轻松乐学，培养正确的人生观、世界观、价值观、是非观。为家长提供科学的家庭教育指导，成就家庭的美好幸福。

七中网校在我校落户的时间并不长，可是它却是我们心中最重要、最宝贵、最温暖的记忆。可以说是"七中"品牌的智慧感召着我们，更是家长的真诚相托在激励着我们。成绩的取得离不开家长一如既往的支持和厚爱，也凝聚着老师们的辛勤汗水和智慧结晶。网班的各位老师像一朵朵鲜花，开放在美丽的校园里，芳香了孩子，芳香了自己。他们备课、上课、批改、教研，与家长沟通交流；他们创新教案，查阅资料；他们辛勤耕耘，无私奉献。为孩子指点迷津，平凡中孕育着伟大，无私中彰显着崇高！老师们以自己的勤劳与智慧、心血与汗水谱写了光辉的乐章。

"雄关漫道真如铁，而今迈步从头越。"2017年，将是我们网班收获硕果、再攀新高的一年，学校内部管理正在向科学化和规范化发展，社会各界和学生家长对我们的认识正在日益深入，对我们的教学质量寄予更高的期望和关注。千帆竞渡，百舸争流，艰难困苦，玉汝于成。新的一年里，全面提升办学水平、全面提高教育教学质量是我们的宗旨；让学生成才，让家长放心，让社会满意，把学校办成家长学校是我们的目标。我们要以最优秀的师资、最负责的管理、最真诚的付出教好每一个孩子。在此，我也请各位家长放心，来到石中网班，你的孩子一定会学有长进、大有所获，我们会帮助你的孩子放飞梦想。让我们扬起自信的风帆，以更加饱满的热情，携手迎接新的挑战，谱写更多彩、更绚丽的篇章！华耀2017！

马蹄声远去，山羊音长鸣。历史已翻开了崭新的一页。在此，我祝：各位家长朋友们春节愉快，事业成功、家庭幸福！祝愿各位同学健康成长、学业进步！也祝愿我们的学校蓬勃发展、前程似锦！最后祝大家借着洋洋的喜气，沐浴着新春暖暖的阳光，一起共创美好的未来。谢谢大家！

2015 年 2 月 5 日

迎战高考！赢在2017

——高三百日冲刺发言

尊敬的领导们、亲爱的老师们、可爱的同学们：

大家上午好！

又是一度春风起，再到高考冲刺时。

今天，我们在这里隆重集会，举行高考百日冲刺誓师大会！在此，我谨代表高三年级组向一直以来大力支持高三的各位领导表示真诚的感谢，请同学们用掌声向出席会议的各位领导，向默默奉献、乐于耕耘的全体高三老师表达你们的谢意。在这里我也要向勤奋好学、勇于拼搏的全体高三同学致以美好的祝愿。愿同学们今年都能考上自己心仪的大学。同时，也祝愿我们的学校今年能够高考大捷。

同学们，三年前，你们稚气未脱、带着亲人的嘱托、父母的希望，怀揣七彩梦想来到石中。弹指间，三年的光阴只剩百天，行百里者半九十，这剩下不到10%的高中学习时间，确实是这三年最关键、最具有决定性的时间，你的奋斗结果不仅取决于过去的995天，而是取决于接下来的100天。我相信在你过去十几年人生中，没有如何一个时间段比这100天更重要的了。因此，如何把握好这100天，不仅决定了你的高考，而且决定了你的人生走向。

每个人都渴望成功，但没有人能随随便便成功。不经风雨哪见彩虹？不经寒霜哪来梅花香？玉不琢不成器，铁不炼难成钢！同学们，你们必须从现在开始，把一天当成两天，把一节课当成两节课，逐点过关，完善自己的知识网络，提升自己的理解能力，打磨自己的答题能力，苦战百天，日日操练，在考试之日你们就一定能潇洒亮剑，在决战场上你们就一定能从容答卷。同学们，百日冲刺的枪声已经响起。此时此刻，我只想给同学们提出四点要求——

第一，一定要自信，自信，再自信。

三年苦学，你们已经打下了较为坚实的基础，高考是对你们高中学习的检验，没有翻不过的山，没有蹚不过的河，只要在老师的带领下紧抓这100天，认真梳理知识，查漏补缺，我相信一定能在高考中取得好成绩。

第二，一定要扎实，扎实，再扎实。

科学合理的备考可以帮我们提高学习效率。希望你们从现在开始制订自己的"百日冲刺计划"，并按计划抓好每一天，珍惜每一刻，用好每一秒。希望你们紧跟老师，珍惜每一个早读，上好每一节课，弄懂每一个题目，做好每一天的作业，不放过每一个疑点，通过这 100 天的积累和能力提升，就一定能够登上高考成功的阶梯。

第三，一定要吃苦，吃苦，再吃苦。

在剩下的 100 天里，大家一定要抛弃一切幻想，丢掉一切侥幸，排除一切干扰，做好吃大苦的准备，为了实现我们心中的目标，鼓足勇气，迎难而上，勇于吃苦，乐于吃苦，以坚定的信念和勇气，驾驭自己的生命之舟，驶向高考成功的彼岸！

第四，一定要坚持，坚持，再坚持。

如果把高考比作一次马拉松长跑，那么过去的日子里，我们已经跑了一圈、一圈又一圈，到今天仅剩下了最后一圈，冲刺的枪声已经打响了，但此时我们或许已经身心疲惫、力不从心，但成功只属于关键时刻能够坚持的人。如果我们知难而退、畏缩不前，那我们就会前功尽弃、饮恨高考、遗憾人生。所以，我们必须耐得住寂寞、忍得住痛苦，咬紧牙关！我们必须坚持，坚持，再坚持，迸发最大的毅力，发挥最大的耐力，以最快的速度冲向终点！

同学们，人生难得几回搏，此时不搏何时搏。既然选择了高山，我们就要有不畏艰险、采摘高山顶峰雪莲的勇气！既然选择了大海，我们就要有排除万难、获取大海深处瑰宝的雄心！既然选择了高考，我们就要有势在夺冠的斗志！

我们相信，有学校及年级分管领导的亲切关怀和全力支持，有父母做你们坚强的后盾，有朝夕相伴的老师与你们同舟共济，有你们"男儿有志出乡关，不获成功誓不还"的庄严承诺，全力拼搏 100 天，奋战 100 天，你们一定能够赢得高考！赢在 2017！

最后，祝老师们身体健康，工作顺利！再次祝愿全体同学在 2017 年高考中勇夺佳绩，铸就辉煌！

谢谢大家！

奋勇拼搏，谱写石中教研的辉煌

——2017 教科室述职述廉

一年来，教科室在区教科局的关怀下，在学校的正确领导下，在全体教职员工的热情支持和帮助下，坚持以"质量立校、教研兴校"统领教科研工作全局，以"规范管理，重点推进，狠抓落实"为教科研工作思路，教科室出色完成了学校的教育教学、年级管理和科研管理工作。下面就一年来教科室向大家做简单汇报，望各位批评指正。

一、关于 2017 年春季高三年级的管理工作

1. 多次召开会议，制定管理政策，细化班主任管理

在邱校长的直接领导下，召开高三专题会议，2017 届高考目标考核方案经年级组多次修改，学校行政反复论证，学校下达高考本专科任务，最后在学校行政会上通过；广泛征求意见，制订高考奖励方案，分解高考任务；多次召开年级班主任会议，研究解决年级存在的问题；制定年级组对班主任考核办法，将卫生、安全、出勤、学习、周末管理的具体数据纳入对班主任的考核。

2. 以考试为抓手，激发学生学习动力

在春季，我组织高三学生参加了三次诊断性考试，即"成都二诊"考试（2017年 3 月 19 日—20 日）、达州二诊考试（2017 年 4 月 24 日—25 日）和成都三诊考试（2017 年 5 月 12 日—13 日）；学生成绩正常。每次考试后，年级组都及时召开学生大会，公开表彰成绩优秀的学生，以此激发他们的学习动力。

3. 主持召开了考试分析会

针对学生存在的问题，在每次月考后，组织年级教师分析考试试卷，分析学生的应试情况，在此基础上，向每位教师提出要求，做到分析要有针对性，要求必有层次性。

4. 关注过程，勤于督查

我与李君主任进行分工，力争年级组每天有一人督查，特别是晚自习，发现教师不在岗，立即电话联系；发现学生出勤问题，立即联系班主任；发现教师在办公室逗留，立即催促其进教室上课。

5. 召开了百日冲刺誓师大会

在邱校长的直接领导下，2017 年 2 月 26 日，在石桥中学运动场召开了百日冲刺誓师大会。

二、学校工作方面

一年来，教科室严格按照学校工作安排和处室计划开展工作，勤勤恳恳，忠于职守，为学校的发展履行了自己的职责。开展的工作主要有：

1. 狠抓初三、高三备考研讨，促进教师教学转变

贯彻教科局文件，安排初三老师参加初三教研会。在 2017 年上半年，为了抓好初三，教科室积极安排我校相关学科的教师参加达川区教研室组织的初三备考研讨会。通过培训，打开了教师的视野，提高了应对中考或高考的能力，促进教师教学思想的转变。

落实责任，开好高三学科交流会。2017 年春，为了抓好高三，教科室积极安排教师参加南充市和成都市的高三备考研讨会。返校后，在学科教师会上，让他们传达会议精神，交流学习心得。让教师明晰考试方向，使教学工作做到有的放矢。

2. 抓业务提升，夯实教师专业知识

一所学校教育教学质量的提升，要有一支过硬的教师队伍。教师从事的是育人的工作，担负着培养建设者和接班人的重任。因此，必须注重教师自身素质提高。

（1）开好教研组长工作会议（每期教科室至少要组织两次以上的校级教研工作会议），抓好对学科领头羊——教研组长的业务知识培训，更新他们的教育理念，增强教师的改革意识。

（2）抓好教师培训——积极组织全校教师参加上级开展的各项培训活动。培训做到有方案、有计划、有步骤。

上学期，3 月，教科室安排高三 9 位老师到成都参加百师联盟组织的高 2017 届高考第二轮备考研讨会；4 月，组织高三 8 位教师参加市教科所组织的 2017 年达州市二诊评卷活动；5 月，先后安排理化教师参加技装所组织的中考实验操作培

训和青辅协会成员参加区青辅协会组织的科技辅导员培训；6月，教科室组织全校教师参加了《公需科目》理论培训学习；特别是今年暑假达川区中小学教师全员规范性培训，由于教科室积极组织，教师大力配合，在达川区进修校组织的两次培训中，我校共有182人参加培训，占学校在编教师的90%，超额完成教科局下达的培训任务。

（3）组织教师岗位练兵——"一师一优课、一课一名师"赛课。

学高为师，身正垂范。为了适应新课改，真正提高教师教育教学水平，落实省、市及区教育主管部门的相关文件精神，教科室制订"一师一优课、一课一名师"活动方案，即每期每个教研组组织每位教师上一节优质课，每位教师上传一个教案和课件，参加区、市、省及国家赛课的教师每人上一次公开课，教研组一次组内示范课，并将课堂实录上传。通过听课和评课课，教师实践中探索，相互学习，取长补短，参悟他人的先进教法，丰富了自己的教学方法。

一年来，教科室共组织了三次校级公开课，教师参加学校组织公开课累计达83次（4月公开课26次，5月32节，11月公开课25次），4月在初中开展的校级公开课，由去年年级组赛课活动中初中各学科推选出来的26位教师参加学校组织的校级赛课；5月7日在高二年级率先拉开年级赛课的序幕的校级公开课，到5月29日高中三个年级共有32名教师参加赛课；在11月，教科室组织的公开课活动中，有25名教师参加；在今年4—5月教科室为69位教师录制、剪辑并上传教学视频至四川省"一师一优课、一课一名师"管理平台，有13人次参加区电教馆组织的说课，通过这些活动，促使教师一专多能，建立了一支基本功扎实、专业理论水平高、教学能力强的骨干教师队伍。

两年来（2016年及2017年），教师自制课件到远程教室上课已蔚然成风，全校90%的教师都能自制课件，146人次上传了课件和教案，近40位教师上传了课堂实录，参与"一师一优课、一课一名师"活动，掀起了我校教师利用多媒体教学手段、掌握现代教学技术上课的高潮，通过活动培训教师，提高教师的业务素质，提高了教研质量。其中，黎明菊、杨晓学、周盈盈、邵光全、马精、陈俊全、马涛祥、肖玲、李英共9位教师的公开课获市级交流课；陈俊全、邵光全、肖玲、黎明菊、杨晓学、周盈盈、李英、马涛祥、马精共9位教师的公开课获区级优课；彭显勇、陈祥建、王明亮、何拓、丁静、周文平、李君、杨红、易小述、李远浪、蒲秀琼、何志、徐兴明、何峰、谢雪飞、陈勇共16位教师的公开课获区级交流课；彭显勇教师的《荷塘月色》（微课）获得达川区教育信息化大赛三等奖。

3. 抓课题研究，促进学校科研发展

与此同时，我们还抓好学校的课题研究工作，以科研促进学校的发展，鼓励教师积极参加课题研究、撰写教育教学论文。通过实践、研究、再实践，修改了我校的国家级电影课题"电影课与书本教材有效结合的研究"的系列校本教材《中国红色第一街》，使内容更加充实，修改后教材已送至省电教馆；同时召开初高中语文、英语、政治、历史部分教师座谈会，要求参会教师加班加点，围绕课题选好内容，做好准备编写 2 ～ 3 本校本教材，目前此工作正在紧张进行着。

4. 培养学生兴趣，青辅工作新气象

为抓好学校青辅工作，在学校青辅协会的领导下，在何才军的指导下，杨红老师、易小述老师放弃休息时间，多次为学生的创新进行打磨，有四件作品在达川区在逸夫小学召开的第 34 届科技创新大赛中获奖，并被推荐到参与达州市在万源组织的第 34 届科技创新大赛。

5. 规范管理，推进实验教学的标准化

今年我校实验管理主要做了以下三件大事：

（1）理化生实验管理员为我校初三学生参加达州市中考实验操作考试提供训练：随叫随到准备药品，提供器材。在他们的密切配合下，今年我校学生的中考实验操作考试取得了优异的成绩。

（2）配合教科局，成功组织了初三学生中考中的实验操作考试。

（3）义务教育均衡发展迎国检验收顺利通过，理化生数实验管理员和部分教师按照学校安排和专家组的建议，放弃周末休息时间，加班加点查漏补缺、完善相关资料，准备迎接 9 月的国检；认真清理各功能室卫生，重新完善墙上的标语及制度。最后，这项工作顺利通过验收。

6. 经验论文的撰写

教师在教学这块园地不但勤于探索，而且还善于总结，本期我校 18 位教师撰写了论文参加学校组织的征文大赛，经学校组织相关学科组的部分教师采用盲评方式打分，取得了历年来教学论文获奖的最好成绩。彭显勇教师的论文获得达州市2017 年度"文轩杯"中小学教师信息技术论文大赛二等奖。

7. 与其他处室密切配合，完成临时性任务

"鼓不打不响，锣不敲不鸣"，为搞好学校宣传，本期教科室与办公室、教务处一道制订方案，努力推进，顺利完成教科局在我校组织的 2017 中考实验考试。配

合办公室制定 2017 达川区石桥中学高一招生考核办法，先后到五四乡初中、香隆乡初中、关村初中及我校初中做招生宣传工作。

三、本年度我的教学工作

春季，我担任高 2014 级（1）（2）（7）班的政治教学工作，周课时 19 节，三个晚自习。学生参加全国高考（1）班上重本线一人，本科线 7 人，政治平均成绩 51.2 分，（7）班上本科线 2 人。

秋季，我担任高 2014 级（3）（8）班的政治教学工作，周课时 6 节，一个晚自习。学生参加年级组组织的中期考试（3）班政治平均成绩 57.6 分，（7）班政治平均成绩 49.7 分。

当然，以上成绩的取得是学校领导重视和各部门全力配合的结果。在过去的一年来，学校教研教改工作取得了一系列成绩，但还存在许多不足之处，如教法的探讨不够多样性、没有放开手脚、对学生的学法探讨不够、课题开展不够等。教科室决心在今后的工作中，大胆工作，努力拼搏，切实提高自身素质，努力多方面接受信息，扬长避短，为谱写石中教研的辉煌而奋勇前进。

2017 年 12 月 20 日

生命不息　探索不止

——四川省中小学教师远程培训之我见

今夏6—7月，按照学校的安排，我参加了四川省中小学教师远程培训学习，收获颇丰。在参训中，我聆听了各位专家精彩纷呈、风格各异的讲座，观看了名师娴熟精湛的课堂实录视频，他们利用信息技术将教学资源在教学中的灵活运用独具匠心、恰到好处，让我耳目一新、受益匪浅。通过这次培训，我提升了自己在教学中利用信息技术处理教学资源、高效授课的应用能力。

教育教学理念改天换日。这次培训的是信息技术应用能力。通过这次培训，我了解了信息技术引发的教育变革，让我对信息技术有了全新的认识，让我树立了"信息技术为教育教学服务"的理念，我明白了信息技术使教育教学赋予更多的内涵，信息技术的发展也促进教师专业的发展，改变教师的教和学生的学的方式，使我们的课堂更具活力，使我们的教学更具实效。

应用能力与日俱增。这次培训我认真学习了必修和选修的全部课程，做笔记、做作业、与同行交流，实实在在地学到了信息技术的应用知识。在课堂上我将信息技术融合到教学之中，利用网络资源、搜集信息、处理信息，多媒体在教学中的应用，改变了以往教师讲学生听，死板无味、无精打采的教学气氛。教师和多媒体、教学内容以及学生组合成了一个合理、协调、有创造性和发展性的学习整体，从而使学生的学习不再枯燥乏味。由于其视听结合、手眼并用的特点及其模拟、反馈、个别指导和游戏的内在感染力，故具有极大的吸引力，最终使学生成为学习的主人，提高了课堂教学的有效性。信息技术的应用，确实给教学带来了生机和活力，多媒体计算机把语言、声音、图像、文字、动画、音乐等经过处理后，形成一种全新的、图文并茂的、丰富多彩的形式呈现教学信息，弥补了以往课堂教学中的某些不足，对教学中重点的讲解、难点的突破有很大的辅助作用。同时，化抽象为具体，更加直观和具体地将信息传达给学生，不仅把学生的听觉、视觉等一起调动起来，使学生成为主动参与、发现、探究和建构知识的主体，这不仅激发学生的学习动机，也提高了教学效果和课堂效率。

　　课件制作今非昔比。通过学习，掌握多媒体技术，熟悉多媒体软件的使用，了解多媒体课件制作流程已成为当代教师应具备的基本素质，而制作课件既要讲究精美又要讲究实用。制作课件是一个艰苦的创作过程，将课件应融教育性、科学性、艺术性、技术性为一体，最大限度地发挥学生的潜能，强化教学效果，提高教学质量。所以通过此次培训使我学会从网上等多种途径下载视频、图片、flash 等资源，以及截取网页和视频等，并将它们整合到课件中等技术操作，从而制作出更加丰富多彩的多媒体课件，丰富学生的学习内容，更能激发学生的学习兴趣。

　　教学行为脱胎换骨。信息技术在教育中的广泛应用，教师不是像以前那样光是翻阅书本、备课写教案，单凭一张嘴、一支粉笔、一块黑板即可进行教学，而是综合应用多种媒体技术，利用多媒体网络查阅资料、制作课件、开展教学。

　　在这次的培训学习中，通过看专家的讲座、名师的课堂教学视频，与同行的交流，我找到了自身的不足之处，我将以此为起点，让"差距"成为自身发展的原动力，不断反思自我，促使自己不断成长。继续培训宛如涓涓细流，不断滋润着我们的心田，激荡着我们的思维，使我们的教学生命不息，探索不止。

"路漫漫其修远兮，吾将上下而求索"

——暑假全员培训之心得体会

教师继续教育是教师教育的重要组成部分，是提高全体在职中小学教师整体素质和促进教师专业化的有效途径，也是全面实施素质教育的关键。学习期间，我在与实际相结合不断的实践，取得了非常大的进步。下面我聊一聊在培训中的体会。

一、学到了新的教育思想，领悟到了其中的真谛

有人说，教师是春蚕，是蜡烛，是航标灯，是导航员。而我要说，教师就像一棵枝繁叶茂的大树，需要吸收多方面的营养：有科学的教育思想，有先进的教育理念，有符合时代特点的教育言论，有广博的学识，有令人佩服的教学艺术，有较强的人格魅力，有不断开拓进取的精神。同时，教师是学生成长的守护人。将教师角色定位于学习者、研究者、实践者。教师首先是学习者，不仅要善于向实践学习，向理论学习，而且要向学生学习。教师是研究者，带领学生主动积极参与科研课题的研究。教师是实践者，实践的内涵是"变革"。

对教师来说，研究是学习、反思、成长、发展的同义词，它是"以解决问题为目标的诊断性研究及实践者对自身实践情境和经验所做的多视角、多层次的分析和反省。通过学习，从"过去的我"与"现在的我"的对话交流，是努力摆脱"已成的我"，为不断获得新生的过程。努力研究自己，其目的就是为了提高自己、发展自己、更新自己。为了达到这一目标，我始终在做着一个"好学生"。

多年来，在培训中，我积极学习先进的教育教学理念。新课程改革这股春风吹来之后，我更感觉到如鱼得水，反复翻阅新课标，领会其中的真谛，在教学实践中不断反思。学校组织的各项活动，我都积极参加。

二、教育无小事

一个细节可能会影响学生的一生。一个教师最可贵的品质在于他能从日复一日的教学生涯中领悟和体会到教育的真谛，开掘出散发着新鲜芳香、体现着高尚情操

的教育细节。学生是具有极大可塑性的个体，是具有自立发展能力充满创造力的生命体。概括地说，教育的真谛在于启发自觉，在于给心灵以向真、善、美方向发展的引力和空间。

就人格而言，无论在任何时代、任何地域、任何学段，师生之间都应该是天然平等的。教师和学生不但在人格上、感情上是平等的朋友，而且也是在求知识的道路上共同探索前进的平等的志同道合者。

在教育中，教师要用自己的行动去感染学生，要用自己的言语去打动学生，把自己对人或事的真情实感流露出来，以此使师生间产生心灵的共鸣。学生只有感受到教师的善良和真诚爱心，才乐于听从教师的教诲。正所谓"亲其师，信其道"，教师要抓住机会，适时地把自己的喜、怒、哀、乐表现给学生，与学生通过交流达到心与心的沟通。教师的语言要有魅力，要富有人情味、趣味，同时又要富有理性。这样的语言才能让学生愿意接受，达到教育的目的。暖人话语，滋润心田。温暖的话语，可以使学生深深感到教师真诚的关爱，从而拉近师生的距离。教师对学生还要有一种充满责任感和理智感的爱，这种爱就是严格要求，严而有度，更要严而有理。

三、注重教学相长

"教师应有一种苦读苦学的精神。"苦读、苦学应该是教师的"天性"。学习研究新课标新课程，让我有了方向从学习中我懂得了"三人行必有我师焉"的道理。我在不断地学习，也在不断地研究、不断地探索，从教材、教参、课程标准中去触摸新课改的灵魂，准确把握教学的尺度。研究高考题，体会其中蕴含着的教学思想，教学方法。在同行身上学到的好方法也及时去应用。我和学生相互学习，共同成长。我想，所谓的教学相长就是这个意思吧！如此种种，我在做"好学生"的基础上，也在努力地做好教师。做"好学生"是磨炼我的重要历程，而做一名好教师是我的终极目标。

总之，继续教育学习的收获非常丰富，它引发我更多的思考，也让我收获了很多的知识。然而，憧憬未来，我知道前方的道路依然是曲折的，毕竟这些思考和理论需要我在今后的教学实践中不断地去尝试和运用，并最终将其转化为自身的东西，我想只有这样才算是真正达到培训的目的。最后用一句话和大家共勉：路漫漫其修远兮，吾将上下而求索！

后 记

我于 1973 年 4 月 22 日出生在四川省达县五四乡铧厂沟村枣树梁下一农家，在那片贫瘠的土地上，留下了我儿时的足迹和梦想，在那蓝天、白云与绿色的天地之间写下了我幼时的天真、儿时的快乐和少年的理想，在这片热土和具有和谐氛围的家庭环境中，铸就了今天的我。

我的父亲是一位有着 30 多年代课经历的农民，他因吹、拉、弹、唱在我们家乡小有名气而被称为文化人；母亲不识字，但却是厚道的农民。父亲的时间观念非常强烈，他要求我从小就要按既定的作息时间学习，这使我养成了良好时间观念，父亲那堆积如山的史书使青少年时期的我对未来憧憬着希望，对理想无限神往，使我从小就对历史情有独钟，为我后来大学选择政史专业奠定了基础。冉冉岁月送走了我天真无邪的童年，熠熠时光迎来了我灿烂浪漫的少年，进入了难忘而紧张的中学时代，那时的我辞别双亲，远离故土，来到我人生第二站——达县石桥中学求学。那是一片温馨的土地。在那里，我播下理想的种子，为了实现理想，我宛如一只矫健活泼的燕子在学海蓝天展翅翱翔，在知识的海洋里奋力拼搏，探寻理想的彼岸。

声声汽笛，载着成功的快乐和执着的信念把我送到了我人生的第三站——重庆文理学院，那是一个河畔垂柳依依、山上绿树葱葱、校园鸟语花香的新奇地方，它激励我上下求索。当一名合格的教师是我的理想，而理想的实现需要我们去奋斗，我深知要做一名合格教师自己还才疏学浅，必须在大学三年中，去尽情地吸取知识的甘露，充实自己、完善自己。在课堂上我全神贯注地听着恩师们讲课，不停地在书上记着，在阅览室里我如饥似渴地读着、写着。读得多了，记得多了，写得多了，运用也就自如了。岁月如梭，不知不觉中我在那里苦读了三年，足足饱尝了学海知识大餐。

雄心勃勃、自觉满腹经纶的我于 1997 年 7 月大学毕业后被分配到了石桥中学。站到了三尺讲台上，望着一双双求知的眸子，我很兴奋，更深知自己肩上的重任。我就凭着一种执着的爱——爱学生和爱教师工作至今，在 20 多年的工作中，我由任课教师、班主任到年级组长，再到学校教科室主任，每一样工作我都全力以赴，每一个任务我都力争完满。任课教师时，我教过初中数学、英语、政治等学科，1999 年开始上高中政治，2000 年送走了初 2000 级后，就一直在高中当班主任并教高中政治至今。在班主任工作中，学生成绩稳步上升，班级管理井然有序；在教学中，政治学科无论是平时测验、期末考试，还是高考都取得了较好的成绩，得到了领导、老师、学生的好评和认可。参加各种论文、优质课竞赛均能获得较好的奖次。学生参加中考、高考多次改写石桥中学的历史：2000 年学生参加中考，全县前三名均在我班，总分 600 以上全县 11 人，我班 6 人；2000 年学生参加高考，我班学生任明云的文综获全县第二名，上重本 1 人，本科 15 人（不含艺体）；2017 年我分管的高三年级学生参加高考，实现了 1991 年以来文理双上重本的突破，本科上线 19 人（含艺体），其中，我所执教的高 2014 级（1）班上线 11 人（重本 1 人，本科 2 人，艺体 8 人）。

"月落乌啼总是千年的风霜，涛声依旧不见当初的夜晚，许多年以后能不能接受彼此的改变。"是啊，弹指挥间，21 年过去了。我依旧在教海中奋力摇曳着，重复昨天的故事，急盼我的弟子再次登上我的客船。

2018 年 9 月